뼛속까지 교통경찰

김재량

A Traffic Police Officer to the Core

박영사

추천사

류부곤 경찰대학교 법학과 교수(석사 논문 지도교수)

저자가 중앙경찰학교에서의 자료를 들고 석사 논문을 쓰겠다고 저에게 찾아왔을 때, 대단히 놀랍고 흥미로웠을 뿐만 아니라, 한편으로는 '책상물림', '탁상공론'이라는 말이 왜 생겨났는지도 절감할 수 있었습니다. 논문을 작성하는 과정은 형식상 제가 지도하는 것이었지만 실질적으로는 법제도, 이론과 현장이 결합하여 새로운 진전을 이루어내는 모범적인 사례를 체험하는 것이었습니다. 이 책은 그러한 모범 사례를 교통현장의 전반으로 넓힌 것입니다. 교통의 현장에서 편리하고 안전한 사회를 구현하기 위해 애쓰는 경찰관들을 위해서도 필요하지만, 이 책은 '안전'이 중요한 화두인 이 시대의 시민들을 위해서도 매우 유용합니다. 왜냐하면 교통현장으로부터 자유로운 현대 시민은 거의 없을 것이며, 안전은 '무엇이 위험인지 아는 것'에서 시작하기 때문입니다. 이 책을 펼쳐 든 당신은 이제 '안전한 삶'으로 한 걸음 더 다가갈 수 있게 된 것입니다.

김면기 경찰대학교 법학과 교수(ISO/TC272 법과학 국제표준 전략협의체 공동위원장)

중앙경찰학교에서 후학을 양성 중인 저자는 '현장의 모든 길'을 겪어온 진정한 실무 전문가입니다. 이 책은 3천여 건의 사건을 처리하며 쌓아 올린 저자의 고뇌와 '살아있는 지혜'의 결정체입니다. 법전이 알려주지 못하는 현장의 무게와 형사사법 정의의 첫 단추를 끼우는 법을 배워야 할 신임 경찰관들에게, 이 책은 든든한 '나침반'이자 '방패'가 될 것입니다. 기쁜 마음으로 이 책을 추천합니다.

안성수 서울고등검찰청 검사

법은 물리적으로는 글자일 뿐이다. 그러나 법의 뒤에는 국민이 숨쉬고 있다. 법은 부당하고 불필요한 처벌 없이, 고단한 국민의 삶에 도움이 되도록, 자유와 창의, 효용성을 높이는 이성의 산물이어야 한다. 법은 넓게 보면 '개인과 사회가 어떻게 하면 잘 살 것인지'에 대해 질문하고, 답하는 일반 상식의 '앎'이라고도 할 수 있다. 법에 있어 '앎'은 '문자'보다 중요하다. 더욱 정확한 '앎'에 이르기 위해서는 권위에서 해방되고, 편향의 무게에서 벗어나, 고독하게 의심하는 개인의 노력이 필요하다. 저자는 그런 노력의 결실로 본서를 출간했다. 그의 바람처럼, 독자에게 이 책이 비평적 숙고와 통찰을 얻고 보람 있는 경찰관의 길을 걷는 데 실마리가 되기를 희망한다. 책의 발간을 진심으로 축하한다.

최상길 국립과학수사연구원 법과학부장

"책상에서 해결하려 하지 말고 현장에 답이 있다." 수많은 현장을 경험하며 다져진 김재량 교수의 철학이 한마디 말에 담겨 책 전체를 흐르고 있다. 같은 길을 가게 될 후배들에게 작은 빛이 되어주고 싶은 선배로서의 애정과 한 명의 경찰관으로서의 국민에 대한 사명감이 고스란히 담겨 있어 넘기는 매 장마다 그 마음이 느껴졌다. 관련 법의 해석과 적용에 있어 법률 목적 자체뿐만 아니라 대법원 판례와 입법 취지까지 통찰하여 담았기에 교통사고 현장 경찰관을 위한 완벽한 실무 지침서인 동시에 운전자들이 알아야 할 필수 바이블이 될 것이다.

류창형 법과학융합연구센터장

교통사고의 진실은 막연한 '감(感)'이 아닌, 현장의 차가운 '데이터'와 '증거' 속에 숨 쉬고 있습니다. 이 책은 사고 현장에서의 증거 확보부터 혈중알코올농도(BAC)와 호흡 측정 수치(BrAC) 간의 괴리를 좁히려는 치열한 과학적 분석까지, 교통 조사의 전 과정을 깊이 있게 파고듭니다. 단순한 법규 해설에 그치지 않고 '한국형 위드마크 공식'의 필요성을 역설하는 저자의 집요한 탐구 정신은 법과학자인 저에게도 깊은 울림을 주었습니다. 현장의 생생한 경험과 냉철한 과학적 시선이 완벽하게 조화된 이 책은, 진실을 쫓는 모든 수사관에게 가장 정밀하고 든든한 현미경이 되어줄 것입니다.

이동원 변호사(사법시험 50회)

법정에서의 교통사고 사건은 찰나의 순간을 두고 치열한 법리 공방이 오가는 전장(戰場)과도 같습니다. 도주차량과 사고후미조치의 미묘한 경계, 딜레마 존에서의 신호위반 판단 등 법조인들조차 난해해하는 쟁점들을 이토록 명쾌하게 풀어낸 책은 드뭅니다. 법전 속에 갇힌 죽은 문자가 아니라, 도로 위에서 살아 숨 쉬는 생생한 법리를 포착해 낸 저자의 통찰력에 감탄을 금할 수 없었습니다. 이 책은 현장 경찰관은 물론, 교통사고의 실체적 진실을 규명해야 하는 모든 법조인에게 귀중한 나침반이자 필독서가 될 수작(秀作)입니다.

남제현 치안감 제52대 중앙경찰학교 학교장

교육의 본질은 사람의 성장입니다. 가르치는 사람의 열정이 클수록 그 성장의 폭과 깊이가 달라집니다. 『뼛속까지 교통경찰』은 김재량 교수의 끝없는 열정이 고스란히 담긴 책입니다. 이론과 풍부한 현장 경험이 융합된 이 책이 교통현장 실무자들을 한층 더 성장시킬 것이라 믿습니다.

프롤로그

나는 중앙경찰학교 교통학과 교수요원으로 근무하고 있다. 경찰이 되기 전 나 역시 수많은 신임 경찰관들처럼 막막한 마음으로 순경 시험에 응시했고, 치열한 경쟁률을 뚫고 합격[1]했을 때의 그 떨림을 지금도 잊지 못하고 있다. 하지만 합격의 기쁨도 잠시 실제 현장에 나가보니 내가 배운 것만으로는 턱없이 부족했다. 교통사고 현장은 늘 예측 불가능했고, 피해자와 가해자의 목소리가 뒤엉키는 혼란 속에서 경찰관으로서 옳은 결정을 내려야 한다는 압박감은 내 어깨를 늘 무겁게 짓눌렀다. 그때마다 선배들의 경험 어린 조언이 큰 힘이 되었고 지금 돌아보면 바로 그 순간들이 모여 경찰관으로 성장하는 발판이 되었다.

세월이 흘러 이제는 내가 그 선배의 자리에 서 있다. 교통기동대, 영등포경찰서 교통조사계, 관광경찰대, 그리고 다시 교통조사계로 돌아와 수많은 사건을 경험했다. 출발드림팀 사회자의 음주 뺑소니 사건, 개그우먼의 보행자 사망사고, 거액의 보험사기를 노린 고의 교통사고까지 크고 작은 3천여 건의 사건을 처리하며 실무의 노하우와 교훈을 하나씩 쌓아올릴 수 있었다. 그 과정에서 때로는 좌절하기도 했지만, 결국은 경찰이라는 직업이 얼마나 무겁고도 가치 있는 일인지 더욱 깊이 깨닫게 되었다.

현장 경험에만 머무르지 않고 전문성을 높이기 위해 꾸준히 공부

1 2009년, 신임 제242기 선발 당시 서울 일반경찰 정원은 10명뿐이었고, 나는 128 대 1의 치열한 경쟁률을 뚫고 합격하였다. 특히 '마지막 일반기수'라는 상징적인 의미가 있었기에, 당시 합격의 기쁨은 더 크게 다가왔다.

를 이어왔다. 그 결과 공인중개사, 도로교통사고감정사, 보험조사분석사 등 다양한 자격을 취득하며 교통 분야 전반에 대한 이해와 분석 능력을 한층 넓혔다. 중앙경찰학교에 와서는 운전기능강사 자격증을 따고, 주말마다 외박을 나가는 교육생들을 위해 45인승 관광버스를 직접 운전하며 봉사하고 있는데, 이는 내게 큰 보람과 책임감을 느끼게 하는 일이다. 영어 공부도 게을리하지 않아 토익과 오픽 점수를 꾸준히 갱신하고 있고, 이러한 도전들은 모두 현장 경찰관으로서 더 깊이 있는 설명과 실무적 조언을 하기 위한 밑거름이 되었다.

국내 활동에 그치지 않고, 2025년 경찰청 치안전문가 인력풀에 선발되어 과테말라에 파견되었으며 그곳에서 우리나라 국과수에 해당하는 과학수사기관, 이나시프(INACIF)를 대상으로 교통사고 수사 기법을 전수하는 임무를 맡았다. 현지 경찰은 사실상 수사 능력이 전무한 상태로 초동조치부터 증거 보존, 보고서 작성, 심지어 모의 사고 현장 실습까지 하나하나 직접 가르쳐야 했다. 낯선 땅에서 진행된 교육이었지만, 한국 경찰이 쌓아온 노하우를 공유한다는 자부심이 있었고, 국제 치안 협력의 필요성을 누구보다도 강하게 느낄 수 있었다.

현재 국내에서도 법과학융합연구센터 교통사고 및 교통안전 전문위원으로 위촉되어 활동하고 있다. 아울러 국제 법과학 표준화(TC272) 전략협의체 전문위원(위촉 기간: ~2028.12.)으로도 참여하여 관련 분야의 연구와 제도 개선에 기여하고 있다. 현장의 경험과 과학적 분석을 연결하는 자리에서, 실무와 학문을 잇는 다리 역할을 수행 중이다.

돌이켜보면 내 경찰 인생은 언제나 새로운 도전과 배움의 연속이었다. 순경으로 첫발을 내디딘 순간부터 지금까지, 내가 겪은 경험

하나하나가 교훈이 되어 나를 성장시켜왔다. 그리고 이제는 그 경험을 나만의 것으로 두지 않고 후배 경찰관들과 나누고자 한다.

이 책은 교과서가 아니다. 이 책을 통해 신임 경찰관, 특히 교통조사계나 지구대·파출소에 새로 배치된 후배들이 현장에서 마주하는 다양한 문제를 보다 수월하게 해결할 수 있기를 바란다. 내가 겪었던 시행착오를 후배들은 반복하지 않고, 더 빨리 경찰관으로서의 자신감을 갖게 되기를 바라는 마음에서 글을 쓰게 되었다.

경찰의 길은 결코 쉽지 않다. 그러나 누군가의 생명과 안전을 지킨다는 사명은 그 어떤 어려움도 이겨낼 가치가 있다. 이 책이 그 길을 처음 걷기 시작하는 후배 경찰관들에게 작은 길잡이가 되기를 진심으로 바란다.

차례

제2부 현장 적용을 위한 법률과 제도 이해

제3부 유형별 교통사고와 법적 쟁점

제1부

현장에서 가장 먼저 알아야 할 것들

제1장

중앙경찰학교

경찰의 요람, 현장으로 첫발을 내딛다

1 중앙경찰학교의 역사와 역할

중앙경찰학교, 흔히 '중경'이라 불리는 이 기관은 대한민국 경찰의 요람이다. 경찰관으로 임용된 모든 신임 순경들은 이곳을 거쳐 현장으로 나가게 되며, 따라서 중앙경찰학교는 경찰 인생의 출발점이라고 할 수 있다.

1980년대에 접어들며 대한민국은 고도 경제성장을 맞이했고, 동시에 치안 수요 역시 폭발적으로 증가했다. 교통량 증가, 도시화, 범죄 양상 다양화 등은 경찰관의 대규모 충원을 불가피하게 만들었다. 그러나 단순히 숫자만 늘리는 것으로는 한계가 있었다. '경찰관다운 경찰관'을 길러내기 위한 전문 교육기관이 필요하다는 사회적 요구 속에서 중앙경찰학교가 본격적으로 자리매김하게 된 것이다.

중앙경찰학교는 충북 충주에 위치해 있으며, 넓은 부지 안에 강의동, 실습장, 사격장, 체력 단련장, 기숙사, 교통 실습장 등 다양한 시설을 갖추고 있다. 이곳에서 교육생들은 약 8개월간의 과정을 거친다. 중앙경찰학교에서 6개월간 교육을 받고, 이어서 2개월 동안 현장 실습을 수행한다. 이 기간 동안 경찰관으로서 필요한 기초 체력, KICS 활용, 여성·청소년 업무, 교통, 수사서류 작성, 사격, 체포술 등 다양한 분야의 기본 소양을 익히게 된다. "대한민국 경찰은 중앙경찰학교에서 태어난다"라는 말이 괜히 나온 게 아니다.

2 교통학과의 위치와 교육 목표

중앙경찰학교 내 교통학과는 경찰 실무 중에서도 가장 기초적이고 중요한 분야를 담당한다. 우리 사회에서 가장 많이 발생하는 사건 유형이 바로 교통사고이고, 교통법규 위반 단속 역시 일선 경찰관의 주요 임무다.

교통학과에서는 「도로교통법」을 비롯해 「자동차관리법」, 교통사고 처리 절차, 음주운전, 무면허 등을 체계적으로 교육한다. 단순히 법조문을 암기하는 데 그치지 않고, 실제 사건을 바탕으로 한 사례 중심 교육을 통해 신임 경찰관들이 현장에서 바로 적용할 수 있도록 돕는다.

예컨대 음주운전 단속 실습에서는 교육생들이 직접 감지기와 측정기를 다뤄보고, 폴리폰[1]을 사용해 보는 등 실제 단속 절차를 숙지한다. 또한 모의 교통사고 현장을 재현해, 초동조치 방법과 증거 보존 요령을 실습한다. 도로 위에서 피 흘리는 피해자와 술에 취해 언성을 높이는 가해자를 동시에 마주했을 때 어떻게 대응해야 하는지 등 다양한 상황을 훈련하는 곳이다.

1 경찰이 사용하는 휴대용 단말기(PDA, Mobile Data Terminal)로 교통법규 위반에 대한 범칙금 부과, 운전자 및 차량 정보 조회, 교통사고 접수 등 각종 현장 업무를 신속하게 처리하기 위해 활용되는 장비이다.

3 필자의 경험과 전문성

현재 중앙경찰학교 교통학과 교수요원으로 재직 중이며, 신임 제303기(2020년 7월)부터 현재 제319기까지 수천 명의 교육생을 가르쳐왔다. 교통학과가 단순한 지식 전달의 장을 넘어, '현장 실무의 첫걸음'을 체득하는 공간이라는 사실을 누구보다 깊이 실감하고 있다.

"현장 경험이 없는 교육은 공허하다." 영등포경찰서 교통조사계에서 수많은 교통사고를 직접 처리하며 실무적 감각을 쌓았다. 음주운전, 보험사기, 뺑소니 등 다양한 사건을 다룬 경험은 지금 강의에서 실제 사례로 녹아들어, 신임 경찰관들이 현장에서 바로 적용할 수 있도록 돕고 있다.

또한 해외 파견을 통해 얻은 교훈도 교육에 반영하고 있으며, 과테말라 현지 경찰에게 교통사고 수사 기법을 전수하고 확인한 것은, "사건 현장에서 경찰의 역할은 세계 어디서나 같다"는 점이었다. 이런 경험은 교육생들에게 경찰관으로서 자부심과 보편적 기준을 함께 심어주는 데 중요한 자산이 되고 있다.

4 중앙경찰학교의 의미와 나의 교육 철학

중앙경찰학교는 단순히 경찰관을 양성하는 곳이 아니라, 한 사람의 인생을 바꾸는 공간이다. 교육생들은 여기서 처음으로 경찰복을 입고, 제복이 가진 무게와 책임을 체감한다. 기상나팔 소리에 일어나 체력훈련을 하고 생활관에서 동기들과 부대끼며, 강의실과 실습장에서 수없이 반복 훈련을 받는다. 이 과정에서 그들은 단순한 개인이 아니라, 국민을 지키는 경찰관으로 다시 태어난다.

이곳에서 교육생들에게 단순히 법조문을 설명하지 않는다. 현장에서 경험했던 생생한 사건들, 국제 무대에서 배운 교훈, 자격증 취득 과정에서 쌓은 전문성을 곁들여 가르친다. 왜냐하면 경찰관에게 필요한 것은 단순한 지식이 아니라, '현장에서 바로 써먹을 수 있는 실무력'이기 때문이다.

이 책은 교과서처럼 딱딱하지 않게, 그러나 실제 사건 기록처럼 생생하게 쓰여질 것이다. 내가 현장에서 경험한 수많은 사건과 교훈이 이 책에 고스란히 담겨 있다. 후배 경찰관들이 책장을 넘기면서 "아, 이런 상황에서 이렇게 대응하면 되는구나!" 하고 공감할 수 있다면, 그걸로 충분하다.

결국 이 책은 나 개인의 자서전이 아니라, 현장에서 곧 마주하게 될 후배 경찰관들을 위한 작은 길잡이다. 지금 이 순간에도 전국 각지의 지구대, 파출소, 교통조사계에서 땀 흘리고 있을 후배들에게 내가 먼저 겪은 길을 조금이라도 더 환하게 비춰주고 싶다. 앞으로 이어질 장에서, 나는 그들에게 꼭 필요한 이야기들을 하나씩 풀어낼 것이다.

제2장

음주운전

한 잔의 대가, 처벌은 피할 수 없다

1 음주운전의 사회적 위험성과 입법 배경

음주운전은 단순히 개인의 방심이나 실수로 끝나는 것이 아니다. 한 순간의 잘못된 선택이 수많은 사람의 생명을 앗아가고, 평생 장애를 남길 수 있는 중대한 사회적 범죄행위다. 실제로 경찰청 통계에 따르면 전체 교통사고 사망자 중 상당 비율이 음주운전과 직간접적으로 연관[2]되어 있으며, 이 때문에 각국은 음주운전에 대해 강력한 규제와 처벌을 두고 있다.

아래 <표 2-1> 참조.

2 실제로 경찰청이 발표한 2023년 교통사고 통계에 따르면, 음주운전 교통사고 사망자 수는 159명으로 집계되었다. 전체 교통사고 사망자 수와 비교했을 때 음주운전으로 인한 사망자의 비율은 매년 조금씩 변동이 있지만, 꾸준히 전체 사망자의 상당 부분(약 5~10% 수준)을 차지하고 있다. 2023년 전체 교통사고 사망자가 2,551명이었음을 고려하면, 음주운전 사고 사망자 159명은 전체의 약 6.2%에 해당한다.

표 2-1 국가별 음주운전 규제 농도(BAC)[3]

국가	음주운전 규제농도(BAC)
미국	0.080% 상업 운전자는 0.040%
영국	0.080% 스코틀랜드는 0.050%
독일	0.005% 초보 운전자 및 직업 운전자는 0.000%
프랑스	0.050% 버스 운전자는 0.020%
일본	0.030%
중국	면허 정지: 0.020%, 면허 취소: 0.080%
호주	0.050%, 상업 운전자는 0.020%

우리나라는 과거 0.050% 기준을 유지하다가 2018년 「윤창호법」[4] 제정 이후 0.030%로 강화되었다. 이는 "한 잔 정도는 괜찮다"라는 잘못된 인식을 바로잡고, 초기 음주단계에서부터 단속할 수 있도록 하기 위함이다.

2 음주운전 처벌 방식

세계적으로 두 가지 처벌 방식이 있다.

① per se 방식: 혈중알코올농도(BAC)가 일정 기준 이상이면 무조건 처벌.

3 2025년 제2기 지능형 음주범죄수사실무과정, 국립과학수사연구원 자료

4 윤창호법은 2019년부터 시행되어 혈중알코올농도 단속 기준이 강화되었으며, 이후 반복 음주운전자에 대한 가중처벌 조항이 2022년 헌법재판소로부터 위헌 판결을 받았다(헌법재판소 2022. 5. 26. 선고 2021헌가30 전원합의체 결정). 다만 단속 기준(0.030%) 자체는 현재까지 유효하다.

② presumptive 방식: 단순히 수치가 아니라 운전자의 주행능력, 판단능력 저하 여부를 종합적으로 고려.

우리나라의 「도로교통법」은 per se 방식을 택한다. 즉, 「도로교통법」 제44조 제1항은 술에 취한 상태에서 운전을 금지하고, 같은 조 제4항에서 BAC 0.030% 이상을 술에 취한 상태로 정의한다. 제148조의2는 이를 위반할 경우 형사처벌을 규정한다. 대법원 판례 역시 "혈중알코올농도가 특정되지 않은 경우에는 음주운전을 인정할 수 없다"[5]라고 명확히 하고 있다. 따라서 경찰관이 현장에서 어떤 방식으로 BAC를 특정하느냐가 사건 성립의 핵심이다.

3 혈중알코올농도(BAC) 측정 방식

음주운전 단속에서 혈중알코올농도(BAC, Blood Alcohol Concentration)를 특정하는 방법은 여러 가지가 있다. 이론적으로는 대뇌 혈관 속 알코올 농도를 직접 측정하는 것이 가장 정확하다. 그러나 현실적으로는 불가능하기 때문에 실무에서는 다음과 같은 방식이 활용된다.

1) 채혈

혈액 속 알코올 농도를 직접 확인하기 때문에 법적 증거능력이 가장 확실하다. 다만, 채혈에 의한 혈중알코올농도 측정은 호흡측정보다 통상 10~20% 이상 높게 나타나는 경향[6]이 있다. 이 때문에 운

5 대법원 2003. 4. 25. 선고 2002도6762 판결

6 호흡 측정은 폐포 모세혈관의 혈액에서 기화된 알코올 분자가 날숨으로 배출되는 양을 측정하는 간접적 방식이다. 이 과정은 개인의 체온, 호흡 상태, 체내 수분에 대한 알코올의 분배 정도 등 다양한 생리적 요인에 영향을 받는다. 반면 채혈은 혈액

전자들은 채혈이 자신에게 불리하다는 점을 이미 잘 알고 있어, 실제로는 채혈을 요구하지 않는 경우가 대부분이다. 또한 경찰 입장에서도 음주측정기를 통해 간단히 절차를 마무리할 수 있는데, 굳이 채혈 동의서를 받고 병원으로 임의동행하여 채혈한 후 4℃ 냉장보관, 국과수에 감정의뢰까지 해야 하는 번거로운 과정을 거치는 것은 현실적으로 부담이 크다. 따라서 실제 현장에서는 채혈 방식이 자주 활용되지는 않는다.

2) 호흡측정(Breath Alcohol2 Concentration)

현장에서 가장 널리 쓰이는 방법이며 「도로교통법」 역시 이를 전제로 하고 있다. 구강 내 잔류 알코올이 측정에 영향을 줄 수 있어, 측정 전에는 200ml 이상의 물을 제공해 입안을 헹구도록 규정되어 있다.

3) 위드마크 공식

운전 시점에 채혈이나 호흡측정이 이루어지지 못했을 경우, 음주량, 체중, 성별, 시간 등을 대입해 당시 혈중알코올농도를 수학적으로 추정하는 방식이다. 우리나라에서는 1986년에 도입[7]되었고 지금도 활용되고 있지만, 계산식이 피의자에게 불리하게 작용될 수 있다는 비판이 꾸준히 제기되어 왔다. 이에 따라 대법원은 위드마크 공식을 적용할 때 항상 피의자에게 가장 유리한 상수를 사용해야 한다는 입장을 밝혔다.[8] 따라서 실제 법정에서는 위드마크 공식의 계산 결과만으로는 증명력이 제한적이다. 그렇기 때문에 경찰관은 현장

내 알코올 농도를 직접 분석하므로 이러한 변수의 영향을 거의 받지 않아 정확도가 높으며, 일반적으로 호흡 측정보다 다소 높은 수치가 나타나는 것이 통상적이다.

7 연합뉴스, "이창명 사건으로 주목받는 음주측정 '위드마크 공식'", 2016. 4. 27. 보도

8 대법원 2003. 4. 25. 선고 2002도6762 판결

에서의 기초 자료 확보에 더욱 주의를 기울여야 한다. 구체적으로는 피의자의 키·몸무게·음주량·최종 음주시각 등을 정확히 기록·확보하여, 위드마크 공식 적용의 전제가 되는 요소들을 명확하게 입증할 필요가 있다.

4) 측정거부

이는 BAC를 직접 특정하지 못하게 하는 대표적 상황으로, 「도로교통법」 제148조의2는 음주측정 요구에 불응하거나 도주한 경우 역시 처벌할 수 있도록 규정하고 있다. 측정거부 유형으로는 명시적 거부, '5분·3회·15분', 도주가 있다. 명시적 거부는 경찰관이 측정을 요구했을 때 대놓고 불응하는 경우이고, '5분·3회·15분'이란 경찰관이 5분 간격으로 3회, 총 15분 동안 측정을 요구했음에도 불구하고, 그동안 요구된 호흡량을 끝까지 불어 넣지 않은 경우를 말한다. 도주는 경찰관이 음주측정기를 내밀어 측정을 요구했음에도 불구하고, 그대로 현장을 이탈한 경우를 말한다.

실무에서는 5분 간격으로 세 차례, 총 15분 동안 측정을 요구하고 그 과정을 영상으로 촬영해 증거를 남겨야 한다. 이는 법정에서 피의자가 "측정을 거부한 적이 없다"고 주장할 때를 대비하기 위함이다. 과거에는 스마트폰이 없어 증거 확보에 어려움이 많아 입증 자체가 쉽지 않았지만, 오늘날은 바디캠과 스마트폰이 보편화되면서 채증 과정이 훨씬 수월해졌다.

4 단속 절차 - 감지기와 측정기의 구분

음주운전 단속에서 반드시 기억해야 할 것이 있다. 바로 감지기와 측정기의 구분이다. 두 장비는 모두 음주 여부를 확인하는 데 쓰이지만, 성격과 법적 의미가 전혀 다르다.

우선 감지기는 술을 마셨는지를 확인하는 1차적 장비다. 액정이 없고, 운전자가 숨을 불면 적색 또는 녹색 불빛으로만 표시된다. 즉, 수치화된 결과가 나오지 않기 때문에 법적 증거능력은 없다. 단순히 '이 운전자에게 술 냄새가 감지된다'는 정도를 확인하기 위한 도구로 사용된다. 감지기는 센텍사의 알코스캔과 삼안전자의 SA-2004 그리고 디에이텍사의 AF-100D[9]로 나뉜다. 특히 복합감지기는 코로나19 시기에 도입되었는데, 차 안에 감지기를 넣고 버튼만 누르면 비접촉 방식으로 감지가 가능하다. 동시에 기존처럼 운전자가 직접 불어 넣어도 작동한다는 점에서 활용도가 높다.

그림 2-1 경찰 사용 감지기 - 알코스캔, SA-2004, 복합감지기

(출처: 각 제조사 공식 홈페이지)

반면, 측정기는 혈중알코올농도를 수치로 산출하는 장비다. 여기서 나온 결과만이 법정에서 증거로 인정된다. 측정기는 반드시 일회

9 흔히 '복합감지기'로 불리며, 이하에서는 편의상 '복합감지기'로 통일하여 표기한다.

용 불대를 사용해야 하며, 무엇보다도 기종에 맞는 불대를 정확히 장착하는 것이 중요하다. 현재 경찰이 운용 중인 음주측정기는 크게 세 가지 모델로, 삼안전자, 아세아통상, 센텍에서 제작한 장비가 사용되고 있다. 각각 규격이 다르기 때문에 잘못된 불대를 사용하면 아예 측정이 되지 않으므로 현장 경찰관은 반드시 올바른 불대를 준비해 두어야 한다.

실무 절차를 보면 먼저 운전자의 호흡에서 술 냄새가 감지되면 경찰관은 운전자를 차에서 내려 안전한 장소로 이동시킨다. 이때 교통 흐름을 방해하지 않기 위해 두 명의 경찰관이 역할을 나눈다. 한 명은 운전자와 함께 음주측정을 진행하고, 다른 한 명은 도로에 위치한 해당 차량을 안전한 위치로 옮긴다. 일부에서는 이 과정에서 사고가 발생하면 책임 문제가 제기될 수 있다고 우려하지만, 실제로는 경찰관이 공무 수행 중 운전을 하다가 사고가 나더라도 보상 체계가 마련되어 있다. 2025년 기준으로 모든 경찰 차량은 삼성화재를 통해 '공무수행 중 타차량 운전 담보특약'에 가입되어 있으며, 경찰관 개인 역시 이 특약에 의해 보호받는다. 따라서 현장에서는 안심하고 차량을 이동시켜도 된다. 다만 슈퍼카나 외제 고급 차량의 경우 시동 버튼, 기어 조작 방식 등이 다르므로 사전에 조작 방법을 숙지해 두는 것이 좋다.

측정에 들어가기 전에는 반드시 200ml 이상의 물을 제공해야 하는데, 이는 구강 내 잔류 알코올이 측정에 반영되는 것을 막기 위한 조치다. 종이컵 한 컵이 약 180ml(±오차범위 5ml)이므로 두 컵 정도를 제공하면 충분하다. 그 후 불대를 사용해 측정을 진행한다.

아래 <그림 2-2>는 현재 경찰 실무에서 운용 중인 음주측정기의 종류를 보여준다.

그림 2 -2 음주측정기

삼안전자 아세아 통상 센텍

(출처: 각 제조사 공식 홈페이지)

5 단속 후 서류 작성과 기록의 중요성

음주단속 현장에서 가장 많은 시간을 차지하는 것은 사실 '측정'이 아니라 그 이후의 보고서 작성이다. 경찰관은 음주측정이 끝나면 두 가지 서류를 반드시 작성해야 한다. 바로 주취운전자 적발보고서와 정황진술보고서[10]이다.

적발보고서는 음주측정 수치를 기록하는 서류로, 발부 후에는 음주운전자에게도 한 부를 추가로 출력하여 교부하도록 되어 있다.[11]

10 「교통단속처리지침」 별지 제7호서식 '주취운전자 정황진술보고서' 및 별지 제8호서식의 '수사보고(주취운전자 정황보고)'를 이하 '정황진술보고서'라고 한다.

11 「교통단속처리지침」 제36조(발급)

정황진술보고서는 피의자가 언제, 어디서, 누구와, 어떤 술을 얼마나 마셨는지, 그리고 어디로 향하던 중이었는지 등 피의자의 객관적 · 주관적인 상태를 기록하는 문서이다. 두 서류 모두 향후 법정 증거자료로 활용되며, 현재는 폴리폰을 통해 작성이 가능하다. 특히 적발보고서는 일선 경찰관들 사이에서 흔히 '음주 딱지'라고 불리는데, 현재는 전부 폴리폰으로 작성[12]되고 있고, 정황진술보고서 역시 폴리폰으로 전환되는 추세에 있다. 특히 TCS[13]를 통해 출력할 경우, 기존 수기 서류와 동일한 형식으로 교부된다.[14] 따라서, 수기로 작성된 정황진술보고서와 폴리폰으로 작성된 정황진술보고서의 실질적 차이는 운전자의 자필 진술 여부, 즉 필체 확인 가능성에만 존재한다. 이 부분이 개선된다면, 정황진술보고서의 완전한 전산 전환이 사실상 마무리 단계에 이르렀다고 볼 수 있다.

12 초기에는 강제입력 기능이 지원되지 않아, 외국인이나 미성년자가 단속된 경우에는 수기로 적발보고서를 작성하였다. 그러나 현재는 전산이 마비된 경우를 제외하고는, 폴리폰을 이용해 적발보고서를 작성·출력·교부하고 있다. (「교통단속처리지침」 제27조)

13 TCS(Traffic Cop Information Management System)란 '교통경찰업무관리시스템'의 약자로, 교통단속·사고조사·운전면허 행정 등 교통경찰의 전반적인 업무를 전산화하여 처리하는 내부 시스템이다. 폴리폰(단속용 휴대단말기)과 KICS(형사사법정보시스템)과도 연계되어, 단속 단계에서부터 수사·송치 단계까지 폭넓게 활용되고 있다.

14 KICS 전산화에 따라 수기로 작성된 정황진술보고서도 스캔하여 전산 등록하고 있으며, 이에 따라 조사계 내부에서도 폴리폰 작성 후 TCS 출력 방식을 선호하는 추세다.

그림 2-3 폴리폰으로 작성한 정황진술보고서 및 수사보고서를 TCS로 출력한 예시[15]

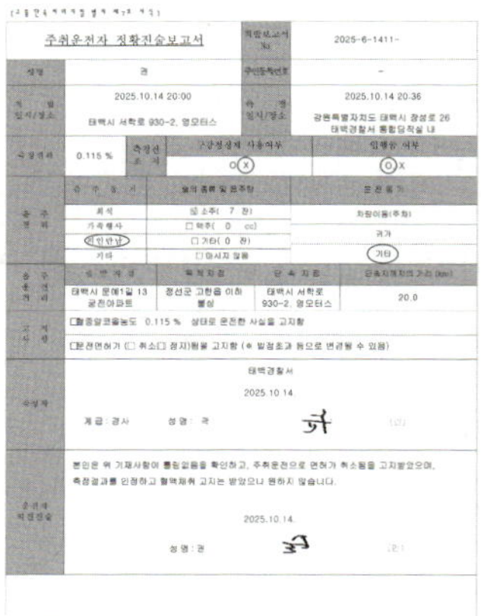

주취운전자 정황진술보고서

적발보고서 No	2025-6-1411-

성명	권	주민등록번호	-
적발 일시/장소	2025.10.14 20:00 태백시 서학로 930-2, 엠모터스	측정 일시/장소	2025.10.14 20:36 강원특별자치도 태백시 창성로 26 태백경찰서 통합당직실 내
측정결과	0.115 %	구강청정제 사용여부	O Ⓧ
		입헹굼 여부	Ⓞ X

음주 경위	음주동기	술의 종류 및 음주량	운전동기
	회식	☑ 소주(7 잔)	차량이동(주차)
	가족행사	☐ 맥주(0 cc)	귀가
	(지인만남)	☐ 기타(0 잔)	(기타)
	기타	☐ 마시지 않음	

음주 운전 거리	출발지점	목적지점	단속지점	단속지까지의 거리(km)
	태백시 문예1길 13 궁전아파트	정선군 고한읍 이하 불상	태백시 서학로 930-2, 엠모터스	20.0

고지사항
☐혈중알코올농도 0.115 % 상태로 운전한 사실을 고지함
☐운전면허가 (☐ 취소☐ 정지)됨을 고지함 (※ 벌점초과 등으로 변경될 수 있음)

작성자
태백경찰서
2025.10.14
계급: 경사 성명: 곽 (인)

운전자 확인진술
본인은 위 기재사항이 틀림없음을 확인하고, 주취운전으로 면허가 취소됨을 고지받았으며, 측정결과를 인정하고 혈액채취 고지는 받았으나 원하지 않습니다.
2025.10.14.
성명: 권 (인)

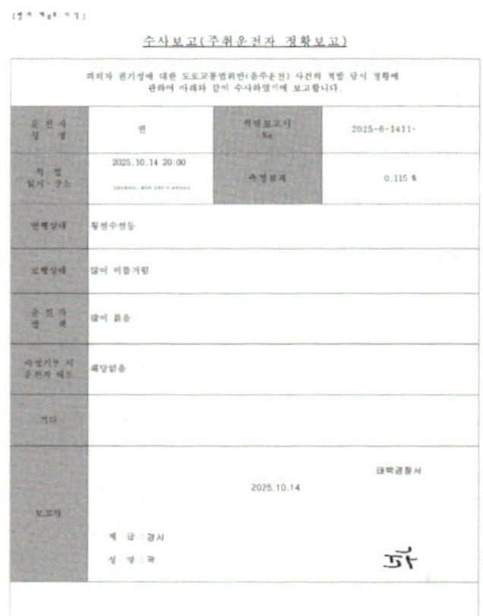

수사보고(주취운전자 정황보고)

피의자 권기성에 대한 도로교통법위반(음주운전) 사건의 적발 당시 정황에 관하여 아래와 같이 수사하였기에 보고합니다.

운전자 성명	권	적발보고서 No	2025-6-1411-
적발 일시·장소	2025.10.14 20:00	측정결과	0.115 %
언행상태	횡설수설등		
보행상태	많이 비틀거림		
운전자 혈색	많이 붉음		
측정거부 시 운전자 태도	해당없음		
기타			

보고자
태백경찰서
2025.10.14
계급: 경사
성명: 곽

음주서류를 작성할 때는 현장에서 종이에 운전자 진술을 간단히 메모해 두는 습관을 들이는 것이 좋다. “언제까지 마셨습니까?” “어디로 가던길인가요?” “어디서 누구와 마셨습니까?” “어떤 술을 얼마나 마셨습니까?” 같은 질문을 음주운전자에게 한꺼번에 물어본 뒤 A4용지에 적어두면, 보고서를 작성할 때 시간을 크게 줄일 수 있다.[16] 그리고 나중에 운전자가 말을 번복하더라도 최초 진술을 토대로 일관성을 확보할 수 있다.

또한 모든 서류에는 사건과 관련된 일시를 정확히 구분해 기재해

15 TCS 적발보고서 관리에서 조회 후 ‘운전자 정황진술’ ‘동승자 정황진술’ ‘수사보고(정황보고)’ 중 선택하여 인쇄 또는 파일로 저장이 가능하다.

16 술에 취한 사람을 상대로 조사를 진행하다 보면, 질문 하나를 하고 답을 적은 뒤 다시 질문을 하는 식으로 진행되기 때문에 속도가 느릴 수밖에 없다. 경찰관 입장에서는 모든 내용을 기록으로 남겨야 하므로 불가피하지만, 음주운전자 입장에서는 이미 단속에 걸려 짜증이 난 상황에서 계속 캐묻는 것처럼 느껴져 시비가 붙는 경우도 종종 발생한다.

야 한다. 구체적으로는 최종 음주일시, 감지일시, 측정일시, 측정 종료일시, 적발일시, 발생일시, 단속일시가 각각 따로 존재한다. 그러나 현장에서는 오래 근무한 경찰관들조차 이 개념을 혼동하는 사례가 적지 않다. 따라서 교통경찰관은 각 일시의 의미와 차이를 명확히 숙지하고, 기록 과정에서 혼동이 없도록 철저히 확인해야 한다.

최종음주일시: 운전자에게 직접 확인. 영수증, 카드 결제 내역도 참고 가능

감지일시: 감지기를 사용한 시각. 액정이 없으므로 측정시각에서 역산 가능

측정일시: 측정기에 기록된 시각

측정종료일시: 측정시간 + 1분

적발일시 = 발생일시 : 감지보고일시와 동일하다.

위반일시 = 범죄일시[17] = 단속일시[18] = 실제로 단속이 된 시점, 즉, 측정일시와 동일함

이런 작은 차이가 훗날 법적 분쟁에서 경찰관의 전문성과 신뢰성을 좌우한다.

---

17 음주운전의 범죄일시는 운전을 개시한 시점으로 본다. 다만 실무에서는 운전 개시 시점을 명확히 입증하기 어렵기 때문에, 통상 단속 당시의 위반일시를 범죄일시로 보고 처리하고 있다.

18 음주사고는 사고 발생 시에 단속되므로 사고 발생 시간으로 입력한다.

6 채혈의 절차와 유의사항

채혈을 실시하는 유형은 대표적으로 다음과 같다.

- 호흡 측정 결과에 불복하는 경우
- 교통사고로 인해 폐·기관지 상 등으로 호흡측정 자체가 불가능한 경우
  → 이 경우에는 운전자의 동의를 얻어 채혈을 실시한다.
- 운전자가 의식을 잃어 동의를 받을 수 없는 경우
  → 법원의 영장을 받아 강제로 채혈한다.

채혈은 혈액 속 알코올 농도를 직접 확인하기 때문에 가장 신뢰도가 높은 방식이지만, 동시에 현장에서 가장 까다로운 절차이기도 하다. 먼저, 채혈 요구는 현장에서 음주측정 직후 30분 이내에 이루어져야 한다.[19] 이는 '30분 안에 채혈을 요구해야 한다'는 뜻이지, 30분 안에 채혈 절차를 모두 마쳐야 한다는 의미는 아니다. 실제 현장에서는 병원 이동·접수·채혈까지 완료하는 데 상당한 시간이 소요되므로, 현실적으로 30분 내 채혈까지 끝내는 것은 불가능하다. 따라서 요구만 30분 안에 이루어졌다면, 실제 채혈은 시간이 다소 경과하더라도 적법[20]하다. 다만, 30분이 지난 뒤 채혈을 요구한 경우

19 대법원 2002. 3. 15. 선고 2001도7121 판결은 채혈요구의 시점을 '호흡측정 후 상당한 시간 내'로 한정하면서, 그 '상당한 시간'의 기준을 경찰청 교통단속처리지침에 따라 10분 간격 3회, 즉 30분 이내로 보았다. 다만 현재 교통단속처리지침은 5분 간격 3회, 즉 15분 경과 시 측정거부로 처리하도록 개정되었으므로, 법리상으로는 채혈요구 역시 호흡측정 후 15분 이내에 이루어져야 정당한 요구로 보아야 할 것이다. 그럼에도 불구하고 이에 관한 구체적인 법령상·행정상 지침은 아직 마련되어 있지 않은 것이 현실이다.

20 주취운전자 적발보고서가 작성·완료된 이후에는 경과 시간과 관계없이 채혈을 요

에도 경찰관은 이를 거부하지 말고 응해야 하며, 이 경우 채혈 결과는 '참고자료'로만 활용되고 처벌의 기준은 여전히 호흡 측정 수치가 된다.[21]

채혈 과정에서는 반드시 몇 가지를 지켜야 한다.

첫째, 채혈 시간과 채혈을 시행한 의료인의 인적사항(이름, 직책)을 정확히 기록해 두어야 한다. 이 기록은 혈액 샘플 보관용기에 부착하고, 나중에 법정에서도 증거의 연속성을 입증하는 자료가 된다.

둘째, 소독 시에는 반드시 비알코올성 소독제를 사용해야 한다. 이는 알코올 성분이 들어 있는 소독제를 사용할 경우 혈액에 섞여 수치가 왜곡될 수 있기 때문이다. 채혈용 키트에는 포비돈 요오드액[22]과 같은 붉은색 소독 면봉이 포함되어 있으므로 이를 사용하도록 간호사에게 반드시 안내해야 하며, 5cc[23]를 채혈하여 용기에 넣어 밀봉해 달라고 요구 해야한다.

구할 수 없다. 교통단속처리지침 제31조(음주측정 후속조치)

21 서울중앙지방법원 2015.5.21. 선고 2014노4643 판결
한편, 대구지방법원 2023. 11. 8. 선고 2023구단1311 판결에서는 대법원 2001도7121 판결에서 제시한 '30분' 기준은 일응의 참고기준일 뿐이며, 채혈요구가 늦어진 경위나 사정을 종합적으로 고려하여 개별적으로 판단하여야 한다고 판시하였다. 따라서 채혈 요구시간이 49분 경과하였다는 이유만으로 이를 단순한 참고자료로 한정하는 것은 부당하다고 본 지방법원 판례도 있으므로, 업무 수행 시 이러한 점을 함께 참고하기 바란다.

22 비알코올성 소독약 <그림 2-4> 참조

23 교통단속처리지침 별지 제9호 서식에는 채혈 의뢰 시 혈액 채취량을 5cc로 명확히 규정하고 있으나, 실제 현장에서 사용되는 채혈용기(회색튜브)에는 4cc라고 표기되어 있다. 규정상 요구되는 채혈량과 실무에서 사용되는 용기 용량이 서로 맞지 않는 모순이 존재하는 것이다. 이는 채혈 결과의 신뢰성과 법적 정합성에 직결될 수 있는 문제이므로, 현행 지침과 장비 현실을 일치시키는 방향으로 법령과 제도의 정비가 시급하다. 이에 현장에서는 채혈을 실시할 경우, 압수목록에 채취한 혈액의 양을 실제 단위(예: 3cc, 4cc 등)로 정확히 기재하여 지침과 현실의 불일치를 보완해야 할 것이다.

이렇게 채혈한 혈액은 경찰서 교통조사계 냉장고 4℃에서 보관해야 하며, 분석을 위해 국립과학수사연구원에 인계될 때까지 보관 체계를 명확히 해야 한다. 작은 부주의로 혈액이 변질되면 증거능력이 상실되기 때문이다.

특히 운전자가 교통사고로 의식을 잃은 상태에서 술 냄새가 나 BAC 확인을 위한 채혈이 필요한 경우에는 다음 사항을 유의해야 한다. 일반적으로 알코올이 희석되기 전, 즉 링거를 맞기 전에 채혈을 해야 한다. 치료가 시작되면 혈중 알코올 농도가 희석되어 음주 사실 자체를 입증하기 어려워지기 때문이다. 그러나 이 과정에서 병원 측이 협조하지 않으면 현실적으로 많은 어려움이 따른다. 병원 측은 "영장을 제시해야만 채혈하겠다"는 입장을 고수하는 경우가 많으나, 실제로 영장이 발부되는 데에는 아무리 빨라도 3~4시간이 소요된다.

이러한 상황에서 수사관은 간호사에게 "채혈 과정에는 일절 관여하지 않겠으니, 채혈 후 냉장 보관해 달라. 영장이 발부되면 그때 혈액을 수거하겠다"는 취지로 협조를 요청하는 것이 바람직하다.

이때 착각하기 쉬운 부분이 있다. '그렇다면 압수수색 사전영장을 받아야 하는 것이 아닌가?'라고 생각할 수 있지만, 그렇지 않다. 이미 채혈이 이루어져 냉장 보관된 시점부터 해당 혈액은 경찰의 공권력 범위 내에 들어간 것으로 본다. 따라서 이 경우에는 반드시 사후영장을 발부받아 집행해야 한다.[24]

실무 경험상, 채혈 요구는 피의자가 음주측정기 결과에 불신을 표하거나, 호흡 측정 과정에서 잔류 알코올 때문에 수치가 과대 측정되었다고 주장할 때 주로 이루어진다. 따라서 경찰관은 채혈 과정에서 발생할 수 있는 절차적 하자를 최소화하고, 나중에 법정에서 증

24 대법원 2011. 4. 28. 선고 2009도2109 판결

거로서 배척되지 않도록 꼼꼼히 기록해야 한다. 채혈은 현장에서 자주 일어나는 절차는 아니지만, 한 번 이루어지면 사건의 핵심 증거가 된다. 따라서 경찰관은 채혈의 법적 의미와 절차, 그리고 유의사항을 반드시 숙지해야 한다.

그림 2 -4 경찰에서 사용하는 채혈용구 세트

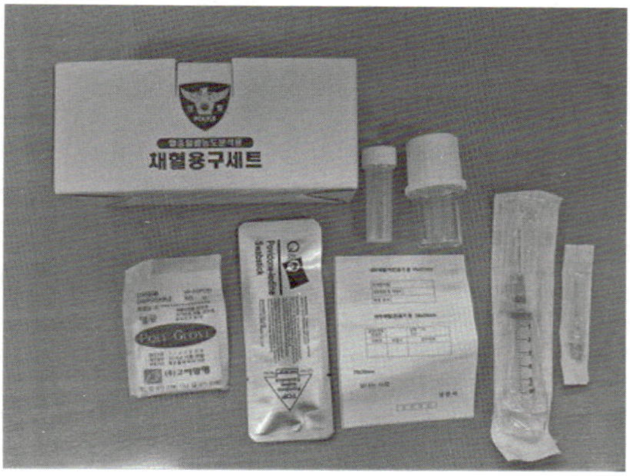

(직접 촬영)

7 측정거부와 그 대응

음주측정 거부는 현장에서 가장 까다로운 상황 중 하나다. 운전자들은 자신이 이미 술을 마셨음을 알기 때문에, 측정기에 불어 넣는 순간 수치가 특정되어 처벌을 피할 수 없다는 사실을 잘 알고 있다. 그래서 여러 가지 방식으로 단속을 회피하려 하지만, 법과 판례는 이러한 행위를 모두 음주측정 거부로 간주하고 있다.

첫 번째 유형은 명시적 거부다. 경찰관이 측정을 요구했을 때, 운전자가 “나는 안 하겠다” “변호사 오기 전에는 못 한다” “불법 단속이니 응하지 않겠다"라는 식으로 공개적으로 불응하는 경우로, 가장 전형적이고도 분명한 형태의 거부이다.

두 번째 유형은 흔히 5분 · 3회 · 15분 원칙이라고 불린다. 「도로교통법」과 교통단속처리지침에 따르면 음주측정 거부 여부를 판단할 때는 5분 간격으로 3회, 총 15분 동안 측정을 시도해야 한다. 그러나 여기에는 중요한 주의사항이 있다.

1회: 00분

2회: 05분

3회: 10분

이렇게 세 차례만 시도한 뒤 운전자가 계속 불응한다고 하여 10분 시점에서 곧바로 거부로 처리하는 것은 적절하지 않다. 규정은 '5분마다 3회 시도, 총 15분간'을 모두 충족하도록 되어 있으므로 마지막 15분 시점에도 반드시 한 차례 더 기회를 주어야 한다.

따라서 실무적으로는 4회차, 즉 15분 경과 시점까지 시도했음에도 운전자가 불응할 때 비로소 음주측정 거부가 완성된다고 보는 것이 타당하다.[25] 이는 절차적 정당성을 확보하고, 재판에서 증거능력을 유지하기 위해 반드시 지켜야 하는 부분이다. 결국 경찰관은 5분 간격으로 총 15분간 측정을 요구해야 하며, 운전자는 이에 응할 법적 의무가 있다. 「도로교통법」 제44조 제2항은 "경찰공무원은 교통의 안전과 위험 방지를 위하여 필요하다고 인정하거나 제1항을 위반하여 술에 취한 상태에서 자동차등, 자전거, 노면전차를 운전하였다고 인정할 만한 상당한 이유가 있는 경우[26]에는 운전자에게 측정을

25 서울중앙지법 2022.3.16. 선고 2021고단5201 판결

26 경찰관의 단순한 주관적 추정이 아니라, 객관적 정황상 술에 취한 상태에서 운전하였다고 인정할 만한 상당한 이유가 있는 경우를 말한다.

요구할 수 있고, 이 경우 운전자는 경찰공무원의 측정에 응하여야 한다"라고 규정하고 있다. 따라서 운전자가 측정기에 입을 대지 않거나, 불어야 할 시점에 고의로 불지 않고 시간을 끄는 등의 행위는 모두 음주측정 거부 유형에 해당한다.

세 번째 유형은 도주다. 경찰관이 측정기를 내밀고 측정을 요구했음에도 운전자가 차량을 몰고 현장을 떠나는 경우다. 이는 가장 위험한 형태로, 단속 경찰관뿐 아니라 주변 교통에도 큰 위험을 초래한다. 이러한 경우 즉시 음주측정 거부로 간주된다.

현장에서는 이 세 가지 유형 모두를 명확히 입증하는 것이 중요하다. 특히 두 번째 유형인 측정 불응은 법정에서 피의자가 "나는 분명히 불었다"라고 주장하며 공방을 벌이는 경우가 많다. 따라서 경찰관은 반드시 5분 간격으로 반복 측정 요구를 하는 장면을 영상으로 촬영해 두어야 한다. 스마트폰이나 바디캠을 활용해 운전자가 불대를 입에 대지 않고 버티는 모습, 측정 요구를 3회 이상 반복했음에도 응하지 않은 사실을 남겨두면 법정에서 강력한 증거가 된다.

여기서 주목해야 할 부분은 경찰관들의 대응 방식이다. 과거에는 음주측정 거부 상황이 발생하면 거의 관행처럼 곧바로 현행범체포(현체) 조치가 이루어졌다. 이는 단순한 엄격 집행이 아니라, 당시 수사 환경의 제약과도 밀접한 관련이 있었다. 지금처럼 바디캠이나 스마트폰이 보급되기 전에는 피의자가 실제로 측정을 거부했는지를 객관적으로 입증하기가 쉽지 않았기 때문이다. 따라서 경찰이 5분 · 3회 · 15분 원칙을 정확히 준수했다는 점을 입증하기 위해서는, 현장에서 곧바로 피의자를 체포해 교통조사계로 압송하고 피의자신문조서를 작성하는 것이 가장 확실한 방법이었다.

그러나 현재는 상황이 크게 달라졌다. 바디캠과 스마트폰 촬영,

더 나아가 주변의 CCTV까지 활용할 수 있어, 음주측정 거부 과정 전체를 영상으로 기록하는 것이 매우 용이해졌다. 따라서 이제는 과거처럼 현행범체포에만 의존하지 않아도, 충분히 증거를 확보하고 사법처리를 진행할 수 있다. 그럼에도 불구하고 여전히 많은 현장에서는 경찰관들이 측정거부자를 '습관적으로' 현행범체포하는 관행을 이어가고 있다. 이는 마치 언제든지 폭발할 수 있는 도화선과 같다. 이러한 관행은 향후 국가인권위원회나 법원에서 인권 침해로 지적될 가능성이 충분하다. 따라서 현장 경찰관들은 현행범체포가 반드시 필요한 상황인지를 신중히 따져야 한다. 피의자가 도주하거나 신분 확인이 불가능한 경우라면 현행범체포가 불가피할 수 있지만, 단순히 "거부했으니 무조건 현행범체포지"라는 기계적인 접근은 시대 변화와 증거 확보 환경을 반영하지 못한 구시대적 발상이다. 앞으로는 영상 기록과 보고서를 통해 충분히 입증이 가능하다는 점을 명심하고, 불필요한 현행범체포는 지양해야 할 것이다.

8 음주운전 단속 현장의 쟁점과 유의사항

음주운전 단속은 단순히 감지기와 측정기로 끝나지 않는다. 실제 현장에서는 교과서에 나오지 않는 수많은 변수가 발생한다. 그중 대표적인 것이 바로 도로 외 음주운전 문제와 단거리 운전 문제다.

1) 도로 외 음주운전

「도로교통법」은 원칙적으로 '도로'에서의 음주운전을 처벌한다. 그러나 예외적으로 도로 외라고 하더라도 사고후미조치, 도주차량, 음주운전은 처벌할 수 있도록 특별 규정을 두고 있다. 예컨대 시청 내 광장주차장, 농로와 같이 일반 보행자나 차량이 자유롭게 통행하는 장소는 사실상 도로로 간주된다. 따라서 이곳에서 음주운전을 하면 그대로 형사처벌 대상이 된다. 다만, 농가 마당이나 공사장 내부, 오피스텔 지하주차장 등 사유지는 일반적으로 「도로교통법」상 '도로'에 해당하지 않으므로, 이러한 장소에서의 운전은 음주운전죄로 형사처벌은 가능하더라도, 운전면허의 정지·취소 등 행정처분 대상에서는 제외되는 특수한 상황이 발생한다. 현장 경찰관은 이와 같은 장소에 임장할 때, 바리케이드 설치 여부나 차량 진입 차단 시설 등 현장의 객관적 상황을 사진으로 명확히 촬영·기록해 두어야 한다. 이는 해당 장소가 '도로 외 지역'임을 입증하는 핵심 자료가 되며, 이후 운전면허 정지·취소 등 행정처분 면제 사유를 설명할 때 중요한 근거가 된다.

2) 단거리 운전(이른바 1m 운전)

현장에서 종종 "술은 마셨지만 차를 움직인 건 1m도 안 된다"라는 항변이 나온다. 그러나 「도로교통법」상 운전이라 함은 단순히 핸들을 잡고 시동을 걸어 차량을 움직인 순간부터 성립한다. 따라서 불과 1m를 옆 칸으로 이동시켰더라도 엄연히 음주운전으로 처벌 가능하다. 실제로 주차장에서 옆자리로 차량을 이동시킨 사례에서도 법원은 이를 명백히 음주운전으로 인정했다. 다만, 이 경우에도 해당 장소가 일반의 교통에 제공되지 않는 사유지로서 '도로'의 요건을 충족하지 못한다면, 행정처분은 적용할 수 없고 오로지 형사처벌만 가능하다.

이처럼 현장에서는 운전자의 항변이나 장소적 특수성을 이유로 단속 자체를 회피하려는 시도가 잦다. 그러나 법과 판례는 명확하다.

운전이란 단 한 번의 핸들 조작, 단 몇 센티미터의 이동이라도 포함[27] 되며, 도로 외라고 하더라도 음주운전 자체는 형사처벌의 대상이다. 경찰관은 이 원칙을 확실히 숙지하고, 현장에서 어떤 상황이 벌어지더라도 흔들림 없이 대응해야 한다.

9 최신 쟁점과 질문 사례

현장에서 교육생이나 신임 경찰관들이 가장 많이 묻는 질문은 '교과서에는 없지만 실제 단속 때 마주치는 문제들'이다. 최근 몇 년간 특히 다음과 같은 쟁점들이 자주 제기된다.

1) 신형 차량의 원격 조작과 음주운전 성립 여부

최근 아이오닉5와 같은 차량은 스마트키 리모컨만으로도 시동을 걸지 않고 5~6m 정도 전·후진이 가능하다. 그렇다면 술에 취한 사람이 단순히 리모컨 버튼을 눌러 차량을 움직였을 때도 음주운전에 해당할까?

이에 대해 2023년 9월 29일자 서울특별시경찰청 질의회시는 명확한 답변을 내렸다. 「도로교통법」 제2조 제26호에서 규정하는 '운전'의 범위에는 단순한 핸들 조작뿐만 아니라 리모컨이나 자율주행 시스템 등을 통한 조종까지 포함된다는 것이다. 따라서 음주자가 리모컨을 사용해 차량을 움직였다면 이는 차량조작에 해당되어 「도로교통법」상 운전에 해당하고, 주취 상태에서 이를 했다면 당연히 음주운전으로 인정된다.

27 「도로교통법」 제2조(정의) 제26호, 대법원 2021.1.14. 선고 2017도10815 판결, 대법원 2004.4.23. 선고 2004도1109 판결

더 나아가, 술에 취한 것으로 의심되는 상태에서 리모컨으로 시동을 거는 등 원격 조작을 하고도 음주측정을 거부한 경우, 「도로교통법」 제148조의2 제2항의 음주측정거부죄가 성립한다는 것이 서울경찰청의 공식 해석이다. 실제로 해당 운전자는 음주측정거부 혐의로 약식기소되어 벌금 500만 원을 선고받고 확정되었다.

즉, 원격 조작이라고 해서 '운전'의 개념에서 벗어나는 것은 아니다. 기술의 발전이 새로운 법적 쟁점을 낳고 있지만, 현행 법령은 이미 이러한 행위를 포괄하고 있음을 서울청의 유권해석이 보여준 사례라 할 수 있다.

2) 자전거등[28]의 도로 외 음주운전

현행 「도로교통법」은 자전거와 개인형 이동장치(PM)의 음주운전에 대해 다음과 같이 범칙금을 규정하고 있다. 자전거는 단순 음주 시 3만 원, 측정 거부 시 10만 원이며, 개인형 이동장치는 단순 음주 시 10만 원, 측정 거부 시 13만 원이다. 그렇다면 도로 외에서 PM을 음주 운전한 경우에도 처벌이 가능할까? 결론부터 말하면 현시점에서는 처벌 규정이 없어 범칙금을 부과할 수도 없고, 피의자신문조서를 작성하여 송치할 수도 없다. 이는 법령 체계의 미비가 만들어낸 공백으로, 제14장 '개인형 이동장치(PM)'의 8번 3)항에서 구체적 근거와 이유를 다시 다루겠다. 결국 도로 외 자전거등의 음주운전 문제는 입법적으로 반드시 보완되어야 할 과제로 남아 있다

3) 음주측정 전 물 200ml 제공 규정

「도로교통법」 시행규칙에 따르면 경찰관은 음주측정에 앞서 운전자에게 물 200ml를 제공해야 한다. 그런데 현장에서 자주 나오는

28 자전거와 개인형이동장치를 통칭한다.

질문은 "물을 마셔야 하는가, 헹궈서 뱉어야 하는가, 아니면 단순히 주기만 하면 되는가?"라는 것이다. 법적으로는 '제공'이 핵심이다. 즉, 경찰관은 물을 200ml 이상 제공하기만 하면 된다. 마시는지, 헹구고 뱉는지는 운전자의 선택이다. 경찰관이 이를 강제할 권한은 없으며, 강제한다면 불필요한 분쟁을 불러일으킬 수 있다. 따라서 현장에서는 "물을 드립니다, 원하시면 마시거나 헹구고 뱉으셔도 됩니다"라고 안내만 하면 충분하다.

4) 음주운전 방조의 성립 요건

음주운전은 단순히 운전자 개인의 문제가 아니다. 주변에서 이를 묵인하거나 조장하는 사람들 또한 형사적 책임을 질 수 있다. 이를 음주운전 방조라고 한다. 그러나 현장에서는 "어디까지가 방조냐"라는 질문이 가장 많이 제기된다.

먼저, 단순히 술자리에 같이 있었다는 사실만으로는 음주 방조가 성립하지 않는다. 형법상 방조범이 되려면 단순히 동석하는 것만으로는 부족하고, 적극적인 작위 행위가 있어야 한다. 예컨대,

"내가 더 취했으니 네가 운전해라"라며 본인의 차키를 건네는 행위, 술에 취한 동료가 운전대를 잡는 것을 알면서도 이를 적극적으로 권유하거나 격려하는 행위 등이 이에 해당한다.

그렇다면 단순히 같이 차에 타 있는 것은 어떨까? 일반적인 친구관계라면 단순 동승만으로는 방조가 성립하지 않는다. 그러나 상하관계가 존재하는 경우 이야기가 달라진다. 예를 들어 교수와 교육생, 상사와 부하 직원, 팀장과 팀원의 관계에서는 뒷좌석에 타 있기만 해도 방조가 성립할 수 있다. 이는 권력관계에서 오는 사실상 지배력 때문이다. 즉, 상급자가 동승 자체로 운전자의 행위를 묵인하거나 승인한 것으로 평가될 수 있기 때문이다.

중앙경찰학교에서는 실제로 교육생들에게 이 부분을 강조하기 위해, 같이 술자리에 있었고, 동승까지 했다면 음주 방조로 인정하여 벌점을 부과하고 있다. 이는 실제 법리보다 엄격한 기준을 적용하는 것으로, 교육적 목적에서 비롯된 것이다. 하지만 실무상 법원에서는 단순 동승만으로는 방조를 인정하지 않고, 적극적 행위가 있었는지 여부를 중심으로 판단한다.

정리하자면,

일반 친구 관계: 술을 같이 마셨다는 사실만으로는 부족. 반드시 차키 제공, 운전 권유, 탑승 제안 같은 적극적 행위가 있어야 함.

상하관계: 단순 동승만으로도 방조 인정 가능. 사실상 지배·감독적 위치에 있기 때문.

교육적 차원(중앙경찰학교): 예방적 목적에서 법리보다 넓게 방조를 인정하여 벌점 부과.

5) 숙취운전

많은 교육생들이 마지막 수업에 꼭 빼먹지 않고하는 질문이 바로 숙취운전의 고민이다.

"교수님, 어떻게 해야 숙취운전에 안 걸릴 수 있나요?"

답은 사실 간단하다. 일찍, 적당히 마시는 것 외에는 방법이 없다. 새벽 2~3시까지 소주 3~4병을 마셔 놓고, 아침 7~8시에 출근길에 음주단속에 걸리지 않을 수 있겠는가. 몸은 그렇게 빠르게 알코올을 분해하지 못한다.

국립과학수사연구원의 자료에 따르면,

호기식 측정으로는 음주 후 약 8시간까지 검출이 가능,

혈액 검사로는 15시간까지,

소변 내 음주 대사체로는 최대 72시간까지 확인할 수 있다.

즉, "자는 동안 다 깼겠지"라는 생각은 매우 위험한 착각이다. 특히 책 말미에 수록된 부록[29]을 참고하면, 독자는 자신의 체중과 키를 이용해 BMI를 산출한 뒤, 부록에 제시된 유사한 BMI 사례와 비교할 수 있다. 이를 통해 음주 종류와 섭취량에 따라 어느 정도 시간이 지나야 훈방 수준에 이를 수 있는지를 가늠할 수 있을 것이다.

물론 이것은 어디까지나 자기 점검을 위한 참고 자료일 뿐, 음주운전을 정당화하거나 권하는 것이 아님을 분명히 해둔다. 결국 답은 하나다. 음주 후에는 운전대를 잡지 않는 것, 그것이 가장 확실한 숙취운전 예방책이다.

6) 시중 음주측정기의 위험성

현재 경찰이 사용하는 음주측정기는 총 세 가지[30] 종류다. 이 장비들은 모두 4개월에 한 번씩 정기적으로 검·교정을 받아[31]야만 현장에서 사용할 수 있다. 그만큼 측정 결과의 정확성을 담보하기 위한 절차가 철저히 마련되어 있는 것이다.

그럼에도 불구하고 직접 연구한 자료[32]에 따르면, 동일한 사람이 동일한 양의 술을 마신 뒤, 동시에 세 가지 음주측정기를 통해 측정해 보았는데 결과는 서로 달랐다. 즉, 국가가 관리하는 정밀 장비조

29 경찰대학교 치안대학원 석사학위 논문을 준비하면서 작성한 자료로, 실제 421명의 교육생이 음주 후 90분이 지난 시점에 호기식 측정기로 측정한 결과를 정리한 원 자료이다.

30 <그림 2-2> 참조

31 「교통단속처리지침」 제34조(음주측정기 사용·관리)

32 향후 논문을 위해 현재 데이터 분석 중이며 이번에는 부록보다 많은 교육생과 함께 실습을 실시하여 30분, 60분, 90분 세 번을 측정하였고 이전 논문 때에는 하지 못했던 인지반응 능력과 호기식 측정수치 간의 상관관계도 같이 다루었다.

차 기기 특성이나 환경적 요인에 따라 편차[33]를 보이는 것이다.

하물며 인터넷에서 판매되는 시중 음주측정기는 어떨까. 수업이나 외부강의에서 이 질문을 수없이 받았다. "교수님, 제가 인터넷에서 산 음주측정기로도 믿을 만한 결과가 나오나요?"라는 것이다. 나의 대답은 언제나 같다.

"알 수 없다."

왜냐하면 시중 기기는 검·교정 절차가 없고, 측정 방식이나 분배계수 적용이 제각각이기 때문이다. 결국 운전자의 안전과 법적 책임을 좌우할 중요한 문제를, 검증되지 않은 기기에 의존하는 것은 무모한 일이다.

따라서 음주 여부를 인터넷에서 판매되는 음주측정기에 기대는 것은 위험하다. 기기마다 편차가 존재하고, 동일 조건에서도 서로 다른 결과가 나올 수 있기 때문이다. 결국 답은 단순하다. 음주 후에는 운전대를 잡지 않는 것, 그것이 유일하고도 확실한 대처다.

7) 정황진술보고서는 공문서일까, 사문서일까?

최근 일선 경찰서에서도 "정황보고서상 운전자 의견진술란에 운전자 서명을 받을 때, 본인이 아닌 타인의 인적사항을 기재하거나 서명한 경우 이 부분이 공문서인지 사문서인지 논란이 많다"는 의견이 자주 제기된다.

가장 중요한 기준은 '누가 그 문서를 작성할 권한을 가졌는가(작성명의인)'이다. 경찰관이 작성하는 정황진술보고서 전체는 직무상 작성물이므로 원칙적으로 공문서에 해당하지만, 그 안의 '운전자 의견진술란'과 '서명란'은 피의자 본인이 직접 기재하는 사적 영역이

---

33 음주측정기의 편차 요인과 구조적 한계에 대해서는 뒤 제27장에서 보다 자세히 다루도록 하겠다.

므로 사문서로 본다. 따라서 피의자가 타인의 인적사항을 기재하거나 대리 서명하는 경우, 공문서위조가 아니라 사문서위조죄(형법 제231조), 위조사문서행사죄(형법 제234조)가 성립한다. 결국 정황진술보고서 전체는 공문서지만, 그 안의 피의자 작성 부분은 사문서로 봐야한다.[34]

또한 현장 경찰관들이 정황진술보고서와 함께 혼동하기 쉬운 서류가 바로 '음주측정결과통보서'이다. 이 문서 역시 경찰관이 작성하여 피의자에게 서명을 받기 때문에 혼동하는 경우가 많은데, 이에 대해 판례는 일관되게 "경찰관이 직무상 작성한 본문 부분은 공문서이지만, 피의자가 자신의 이름이나 인적사항을 직접 기재·서명하는 부분은 경찰관의 직무범위 밖의 사적 행위이므로 사문서에 해당한다"고 판시하고 있다.[35]

즉, 서명란이나 운전자 확인란은 피의자 개인이 작성한 사문서 영역으로 구분되며, 타인 명의로 서명할 경우 사문서위조죄(형법 제231조) 또는 전자단말기에 입력한 경우 사전자기록위작죄(형법 제232조의2)가 성립한다.

따라서 현장 경찰관은 누가, 어떤 권한으로, 어떤 부분을 작성했는지를 명확히 인식하고, 서명 대필이나 인적사항 대리 기재 시 사문서위조 여부를 반드시 검토해야 한다.

---

34 인천지방법원 2020.7.22. 선고 2020고단3596 판결
서울중앙지방법원 2021.6.9. 선고 2021고단1060 판결
청주지방법원 2023.9.21. 선고 2023고단652 판결

35 수원지방법원 안양지원 2015.9.10. 선고 2015고단1826 판결
춘천지방법원 원주지원 2017.7.6. 선고 2017고단257 판결
인천지방법원 2021.8.12. 선고 2021고단3124, 2021고단678(병합) 판결

제3장

무면허 운전

면허 없는 순간, 형사처벌은 곧바로 시작된다

1 무면허 운전의 개념과 법적 근거

무면허 운전은 「도로교통법」 제43조에 규정되어 있다.

"누구든지 제80조에 따른 운전면허를 받지 아니하고 자동차 등을 운전하여서는 아니 된다."

즉, 국가가 발급한 유효한 운전면허가 없거나, 발급받았더라도 그 효력이 정지된 상태에서 운전을 하는 경우 무면허 운전에 해당한다. 여기서 중요한 점은 단순히 '면허증이 없다'는 물리적 상태만을 의미하지 않는다는 것이다.

대표적인 사례는 다음과 같다.

- 운전면허를 전혀 취득하지 않은 경우(일반 무면허)
- 음주운전, 벌점 초과 등으로 정지 처분을 받고도 운전하는 경우(정지 중 무면허)
- 종별에 맞지 않는 차량을 운전하는 경우
- 적성검사 미필로 인해 면허가 자동 취소된 사실을 모른 채 운전하는 경우

이처럼 무면허 운전은 유형별로 나뉘며, 현장 경찰관은 이를 구분하여 정확히 조치해야 한다.

2 무면허 운전 단속 시 주의사항

무면허 운전 사건에서 가장 중요한 핵심은 결격 기간의 즉시 입력이다. 이를 현장에서 곧바로 입력하지 않으면 여러 문제가 발생한다.[36] 첫째, 피의자가 다음날 면허시험장에 가서 새로운 면허를 취득해 버리는 경우가 생길 수 있는데, 사후적으로 이를 취소하기 위해서는 상당한 행정 절차와 노력이 필요하다.

둘째, 결격 입력이 누락된 상태에서 무면허 운전이 다시 적발되는 경우에는 전산 처리상 큰 문제가 발생한다. 예를 들어, 피의자가 실제로는 3회째 무면허 운전으로 적발되었음에도 불구하고, 이전에 결격 입력을 하지 않아 전산상 '2회 적발'로만 기록된다면 어떻게 될까?

실제 상황: 무면허 3회 적발 → 결격 2년 부과 대상
전산 기록: 무면허 2회 적발로만 입력 → 결격 1년 부과

이처럼 전산과 실제 적발 횟수가 불일치하면, 결격 기간이 축소되어 잘못 부여된다. 이후 이를 바로잡기 위해서는 초기화와 재입력 같은 복잡한 절차를 거쳐야 하며, 경우에 따라 행정처분의 정당성까지 다투어지는 상황이 생긴다. 따라서 무면허 운전 사건은 단순히

36 「자동차운전면허업무지침」 제62조 제3항 제1호는 무면허운전 등 법규위반 사실을 '지체 없이 입력'하도록 규정하고 있으며, 제71조 제1항은 면허 취소 상신을 '임시운전증명서 발부일로부터 5일 이내'에 하도록 정하고 있다. 따라서 결격기간 부여를 위한 전산 입력은 사실관계 확정 즉시, 취소상신은 5일 이내에 완료해야 한다.

단속이나 송치에서 끝나는 것이 아니다. 결격 기간 입력을 통해 재범을 예방하는 것이야말로 현장 경찰관의 가장 중요한 역할이라 할 수 있다.

3 무면허 운전의 유형

무면허 운전은 크게 네 가지로 나눌 수 있다.

1) 일반 무면허 운전

운전면허를 전혀 취득하지 않은 사람이 운전하는 경우다. 이 경우에는 형사처벌과 함께 일정 기간 결격이 부여[37]된다.

2) 정지기간 중 무면허 운전

음주운전, 벌점 초과[38] 등으로 인해 면허가 '정지'된 상태에서 운전하는 경우로 면허 취소를 반드시 해야한다.

실무에서 정지기간 중 운전자를 단속하다 보면 "무면허 운전이니까 결격을 입력해야지"라고 생각하고 결격을 입력하려다, 아무리 입력해도 되지 않았던 경험이 한번쯤은 있을 것이다. 그러나 이는 잘 따져보면 당연한 일이다. 정지기간 중이라는 것은 운전면허 자체가 여전히 유효하다는 의미이기 때문이다. 즉, 면허가 없는 사람에게는

37 「도로교통법」 제82조(운전면허의 결격사유)에 따르면, 무면허 운전으로 적발된 경우 1회 위반 시에는 1년(원동기장치자전거의 경우 6개월)의 결격기간이 부과된다. 또한 3회 이상 적발될 경우에는 결격기간이 2년으로 연장되는 등, 법에서는 다양한 상황에 따른 결격사유를 세분화하여 규정하고 있다.

38 1년에 121점, 2년에 201점, 3년에 271점이 누적되면 면허증은 취소 된다. 반면 정지처분은 벌점이 40점 이상 누적될 경우부터 적용되며, 1점당 1일의 정지기간으로 계산된다.

'결격기간'을 부여하지만, 이미 유효한 면허가 존재하는 사람의 경우에는 그 면허를 '취소'하는 처분을 해야 한다. 따라서 정지기간 중 운전행위는 단순히 결격 입력의 대상이 아니라 면허취소 처분의 대상임을 반드시 유념해야 한다. 이 경우 행정처분의 주체는 지구대나 파출소가 아니라 교통조사계이며, 담당 수사관이 피의자신문조서를 작성하고 최종 면허취소 처분까지 진행하게 된다.

3) 종별 무면허 운전

면허를 가지고 있더라도 종별에 맞지 않는 차량을 운전하는 경우다. 예컨대 2종 보통 면허만 소지한 사람이 11인승 카니발을 운전하거나, 원동기장치자전거(이하 '원동기'라 한다) 면허로 125cc 초과 이륜차를 운전하는 경우다. 종별 무면허 역시 형사처벌 대상이며, 면허취소와 함께 결격이 부과된다.

4) 적성검사 미필 무면허 운전

시민들이 의도치 않게 단속되는 유형 중 하나가 적성검사 미필로 인한 무면허 운전이다. 운전면허증에는 반드시 적성검사 기간이 기재돼 있으며, 이를 넘겨 1년이 경과하면 면허는 자동으로 취소된다. 문제는 본인이 이 사실을 모르고 운전하다가 적발되는 경우가 많다는 점이다. 특히 주소지를 이전하면서 변경 신고를 하지 않아 안내통지가 구 주소로 발송되는 경우, 본인은 통지를 받지 못한 채 무면허 상태에 놓이는 사례가 빈번하다.

이와 관련하여 판례의 입장은 엇갈린다.

① 대법원 2004. 12. 10. 선고 2004도6480 판결은 "면허증에 적성검사 기간과 경고 문구가 기재돼 있다는 사실만으로, 운전자

가 면허 취소 사실을 인식했다고 단정하기 어렵다"며 무죄를 인정하였다.

② 대법원 2014. 4. 10. 선고 2012도8374 판결은 "안내 통지는 법적 의무가 아닌 편의 제공에 불과하며, 운전자가 직접 면허증에 기재된 기간을 확인하지 않은 것은 미필적 고의에 해당한다"고 보아 유죄를 선고하였다.

즉, 최신 판례는 운전자가 스스로 면허증에 기재된 적성검사 기간을 확인해야 할 의무가 있다고 보고 있어, 경찰관 역시 이를 근거로 적극적으로 처벌하고 있는 추세다. 결국 운전자 개개인이 본인의 면허증을 꼼꼼히 확인하여 불필요한 무면허 운전으로 단속되지 않도록 주의해야 할 것이다.

4 무면허 운전과 결격 기간

'결격'이란 쉽게 말해 운전면허 학원 등록도 할 수 없는 기간을 뜻한다. 다시 말해, 일정 기간 동안은 면허시험을 응시할 자격조차 박탈되는 것이다. 예를 들어, 음주 상태로 인적 피해 교통사고 야기 후 조치 불이행시 5년, 뺑소니 4년, 음주교통사고 2회 3년, 음주운전 2회 2년, 단순 무면허 운전 1년 등(운전면허 발급 시 6개월) 등 「도로교통법」 제82조(운전면허의 결격사유)에 규정되어 있다. 이러한 결격 제도는 단순한 형벌보다 훨씬 실질적인 제재 효과를 가진다. 벌금형이 일시적 처벌에 그치는 반면, 결격은 일정 기간 동안 운전 자격을 원천적으로 제한해 피의자의 생활 전반과 진로 선택에 직접적인 제약을 가하기 때문이다.

다만 모든 면허취소 사유에 결격이 부과되는 것은 아니다. 예를 들어, 적성검사 미필로 면허가 취소된 상태에서 운전한 경우에는 무면허운전에 해당하더라도 결격기간이 적용되지 않는다. 이때는 취소 직후라도 곧바로 필기시험 · 기능시험 · 도로주행시험을 거쳐 다시 면허를 취득할 수 있다.

5 실무 적용 예시

질문: 다음 <그림 3-1>에서 도로에서 운행할 때 운전면허가 필요한 것은 무엇인가?

그림 3 -1

(출처: MLMotors 공식 홈페이지)

정답은 네 가지 모두 면허증이 필요하다. 다만, 예외적으로 ATV가 농기계[39]로 사용되는 경우에는 면허가 필요하지 않다. 이를 쉽게 기억하는 방법은 다음과 같다.

모터가 달려 있으면 원칙적으로 원동기에 해당하므로 면허가 필요하다. 다만, 125cc를 초과하거나 전기를 동력으로 하는 경우, 정격

39 무면허 운전은 「도로교통법」상 '자동차 등'의 운전에 한정된다. 농기계는 법률상 '차'로 분류될 뿐 '자동차 등'에 해당하지 않으므로, 현행 법제와 법치주의 원칙상 농기계를 운전한 경우에는 무면허 운전으로 처벌할 수 없다.

출력 11kW를 초과하는 경우[40]에는 원동기 면허가 아니라 2종 소형 면허가 필요하다. 이 원칙을 현장에서 숙지하고 있으면, 학생들이 자주 묻는 "이건 면허가 필요한가요?"라는 질문에 단번에 답할 수 있다. 또한 신종 개인형 이동수단(PM)들이 등장하고 있는 현실에서, '모터 + 배기량 기준 → 면허 필요'라는 틀을 갖고 있으면 혼동을 크게 줄일 수 있다.

6 [사례] 전동킥보드 음주운전 사건

무면허 운전이라는 말을 들으면 자연스레 떠오르는 사건이 있다. 2022년 12월, 중앙경찰학교 제311기 교육생 한 명이 외박을 나갔다가 벌어진 일이다. 경기도 부천에 사는 그는 친구들과 술자리를 가진 뒤 자정을 훌쩍 넘겨 귀가하려 했지만 택시가 잡히지 않았다. 그때 눈앞에 전동킥보드가 보였고, 지금이야 음주 상태에서의 전동킥보드 운전에 대한 사회적 인식이 매우 높지만, 당시만 해도 위법임을 알면서도 이를 가볍게 여기는 분위기가 남아 있었다. 결국 그는 술에 취한 채 전동킥보드를 타고 귀가를 시도하다 단속에 적발되었다.

사건은 여기서 끝나지 않았다. 나는 수업 때마다 교육생들에게 내 휴대전화 번호를 알려주는데, 혹시 교통사고가 발생하거나 법적 조언이 필요할 때 언제든 연락하라는 취지였다. 그러나 그는 나에게 연락하지 않고 네이버 지식인에 "저는 중앙경찰학교 신임 제311기 교육생인데요, 전동킥보드를 타고 음주운전하다 단속되었는데 무사히 졸업할 수 있을까요?"라는 질문을 올렸고, 이 글은 곧바로 기자의 눈에 띄어 새벽 1시경 기사화되었다.

40 편의상 이후에는 이륜자동차의 구별기준을 배기량 125cc 초과로 한정하여 기록하도록 하겠다.

다음 날 새벽 5시 반, 전화벨이 요란하게 울렸다.

이 시간에 걸려올 전화가 없는데 누구지 싶어 전화를 받았다.

교수지원센터장 심○○ 경정이었다.

"재량 교수, 지금 교육생 한 명이 전동킥보드 음주운전에 걸렸는데 교통 측면에서 어떻게 봐야 할까?"

나는 잠시 생각에 잠겼다가, 이윽고 아쉬운 듯 말을 이었다.

"저한테 전화만 했더라면 아무 일도 없었을 텐데요. 안타깝네요." 내가 어떤 힘이라도 있다는 뜻이 아니라, 절차를 알았더라면 불필요한 사단을 피할 수 있었다는 의미였다.

내가 심 경정에게 설명한 내용은 이렇다.

우선 경찰이 범죄를 저지르면 담당 형사가 소속기관장에게 범죄사실을 통보해야 하지만, 이는 입건된 사건에 한정된 절차다. 전동킥보드 음주운전은 범칙금 10만 원으로 입건이 필요 없는 사건이므로 범죄개시통보 대상이 아니었고, 따라서 가만히 있었다면 학교에 통보될 일도 없었다. 하지만 그는 지식인에 질문을 올려 스스로 사건을 드러냈고, 그로 인해 학교 측이 알게 되는 빌미를 제공한 셈이다.

다음은 운전면허다.

그렇다면 경찰관은 운전면허가 없어도 신분을 유지할 수 있을까? 이는 임용의 요건일까, 아니면 단순히 채용시험의 응시 요건일까? 이 사건을 계기로 관련 규정을 찾아보았다. 그 결과, 운전면허는 채용시험의 응시 요건일 뿐, 임용이나 신분 유지의 요건은 아니었다.[41]

따라서 면허가 정지되거나 취소되더라도 경찰관의 자격 자체에는 영향을 미치지 않는 것이였다.

마지막으로, 음주로 면허가 정지된 상태에서 중앙경찰학교 교육

41 「경찰공무원 임용령」 제39조 제4항

을 무사히 마치려면 문제가 되는 부분이 있었다.

바로 '긴급자동차 운전 수업'이었다.

그렇다면 면허증 없이 이 수업을 이수할 수 있을까?

정답은 "그렇다"이다.

예전에는 긴급자동차 운전 수업이 중앙경찰학교 정문 밖 도로로 나가 실제 주행을 하기도 했으나, 교육생 중 한 명이 큰 사고를 낸 이후로는 모든 긴급자동차 운전 수업이 학교 내 '도로 외' 구간에서만 이루어지고 있다.

따라서 운전면허가 정지 또는 취소된 상태라 하더라도, '도로 외' 장소에서의 운전은 「도로교통법」상 무면허 운전에 해당하지 않으므로 문제 없이 수업을 이수할 수 있었던 것이다.

결국 수업 참여에도 아무런 제약이 없었고, 그는 그저 가만히 있었더라면 평범하게 졸업했을 것이다. 그러나 이미 사건이 외부로 알려진 이상 징계 절차는 피할 수 없었다. 당시 학칙에는 전동킥보드 음주운전에 해당하는 조항이 없었고, 징계위원회는 벌점 15점 부과와 퇴교 사이에서 고민하다 결국 벌점 15점 처분으로 결론을 내렸다. 여기에는 당시 학교장의 처지도 어느 정도 작용했을 것으로 보인다. 당시 학교장은 인재개발원장 재직 시 골프장을 사적으로 이용했다는 의혹으로 내부 고발을 당해 징계 절차가 진행 중이었기 때문이다. 그런 상황에서 신임 교육생을 퇴교시키는 결정을 내리기란 쉽지 않았을 것이다.

결과적으로 그는 벌점만 받고 무사히 졸업할 수 있었다.

그러나 이 사건을 계기로 학교 학칙이 개정되어, 현재는 교육 기간 중 음주운전 비위가 적발될 경우 '당연 퇴교'가 원칙으로 정해졌다.

한 교육생의 선택이 제도를 바꿔놓은 셈이며, 이 사건은 경찰이라는 직업에서 법과 절차를 정확히 이해하는 것이 얼마나 중요한지를 잘 보여주는 사건이었다. 그리고 무엇보다도 '도로 외' 무면허 운전은 처벌되지 않는다는 명확한 사실을 다시 한 번 일깨워준 사례로 남았다.

제4장

도주차량과 사고후미조치

뺑소니, 흔적은 반드시 남는다

1 문제제기: 사고 후 현장이탈의 법적성격

교통사고 수사에서 가장 민감한 주제 중 하나가 바로 사고 후 현장 이탈이다. 일반적으로 국민들은 이를 단순히 '뺑소니'라고 이해하지만, 실제 법률적으로는 「특정범죄가중처벌등에관한법률」(이하 특가법) 제5조의3 도주차량과 「도로교통법」 제54조 사고후미조치로 구분된다.

두 죄명은 모두 교통사고 이후 가해자가 필요한 조치를 취하지 않고 현장을 떠났을 때 성립하는 범죄지만, 법적 성격과 성립 요건에는 중요한 차이가 있다. 현장 경찰관이 이를 제대로 구분하지 못하면, 억울한 가해자가 생기거나 반대로 피해자가 제대로 보호받지 못하는 결과가 발생할 수 있다.

2 특가법(도주차량)

특가법 제5조의3(도주차량)이 적용되기 위해서는 세 가지 요건이 필요하다.

첫째, 교통으로 인한 사고 발생이 있어야 하고, 둘째, 형법 제268조(업무상과실·중과실치사상)에 해당하는 결과, 즉 사람을 사망하게 하거나 상해에 이르게 해야 하며, 셋째, 피해자 구호 등 필요한 조치를 취하지 않은 채 도주한 것이다.

즉, 교통사고가 성립해야 도주차량죄도 성립한다는 공식이 성립하게 된다.[42] 따라서 교통사고 자체가 성립하지 않는 경우에는 「특정범죄가중처벌등에관한법률」상 도주차량으로 처벌할 수 없다.

다만 「도로교통법」 제54조(사고 후 미조치) 위반으로 처벌이 가능하다.

3 사고후미조치죄(「도로교통법」)

「도로교통법」 제54조에 규정된 사고 후 미조치죄의 성립 범위는, 「특정범죄 가중처벌 등에 관한 법률」상 도주차량죄의 성립 범위보다 더 넓다. 「도로교통법」의 입법 목적은 "도로교통의 안전과 원활"[43]을 확보하는 것이므로, 교특법과 달리 교통사고 성립 요건에 구속되지 않는다. 즉, 과실 여부나 교특법상의 교통사고 여부와 무관하게, 단순히 사고가 발생한 후 필요한 조치(구호, 인적사항 제공, 신

42 대법원 2016. 9. 28. 선고 2016도7549 판결(항소심: 대구지방법원 2016. 5. 12. 선고 2015노1979, 제1심: 대구지방법원 2015. 4. 30. 선고 2014고단4522)

43 「도로교통법」 제1조(목적) 이 법은 도로에서 일어나는 교통상의 모든 위험과 장해를 방지하고 제거하여 안전하고 원활한 교통을 확보함을 목적으로 한다.

고 등)를 하지 않고 현장을 이탈하면 사고후미조치죄로 처벌될 수 있다. 이 때문에 특가법상 도주차량은 엄격한 요건을 충족해야 성립하는 반면, 「도로교통법」상 사고후미조치는 더 폭넓게 적용될 수 있다.

4 현장실무 처리현황

도주차량과 사고후미조치는 법적으로는 다른 개념이지만, 현장의 실무에서는 사실상 구별하지 않고 처리되는 경우가 많다. 현재 실무에서는 인적 피해가 발생한 경우에는 도주차량으로 송치하고, 물적 피해만 발생한 경우에는 사고후미조치로 송치하는 것이 일반적이다. 또한 인적 피해와 물적 피해가 동시에 발생한 경우에는 두 죄명을 상상적 경합으로 처리하고 있다. 이처럼 편의적 구분에 따라 송치가 이루어지고 있고, 인적 피해가 있는 경우에는 운전면허 결격기간 4년이 동일하게 부여된다는 점에서도 큰 구분 없이 적용하고 있는 실태다.

5 실제 사례: 목동교 사건

내가 직접 담당했던 사건을 소개한다. 서울 목동교 자동차전용도로에서 발생한 교통사고였다. 한 여대생이 무단횡단을 시도하다가 1차로를 달리던 광역버스(1차 충돌)에 먼저 충격을 당했다. 충격의 힘으로 피해자는 반대편 차선까지 튕겨 나갔고, 마침 그곳을 직진하던 광역버스(2차 충돌)의 좌측 앞바퀴에 역과[44]되었다. 불행히도 그

44 역과(歷過): 차량의 바퀴나 차체가 사람의 몸 위를 지나가 압착·짓밟는 것을 말한다. 일반적인 충격(collision)보다 훨씬 치명적이며, 사망사고에서 흔히 사용되는 용어다.

직후 뒤따르던 택시(3차 충돌)에도 재차 역과되었고, 피해자는 급히 이대목동병원으로 후송되었으나 끝내 사망하였다.

문제는 두 번째로 피해자를 충돌한 광역버스 운전자의 태도였다. 첫 번째 버스 운전자와 세 번째 택시 운전자와 달리, 그는 피해자가 자신의 차량에 치여 사망한 사실을 인식할 수 있었음에도 아무런 구호 조치 없이 현장을 이탈하였다. 이는 단순히 놀라 도망간 수준이 아니라, 법이 요구하는 최소한의 구호 의무조차 이행하지 않은 것이다.

특히 세 번째로 뒤따르던 택시 차량의 블랙박스 영상을 확인한 결과, 두 번째 버스는 자동차전용도로 1차로에서 피해자를 역과한 순간부터 약 3초간 후미등에 제동등이 점등된 것으로 확인되었다. 이는 운전자가 사이드미러를 통해 충돌 직후의 상황을 인지하고 있었다는 점을 명확히 뒷받침하는 근거로 볼 수 있다.

이 사건은 교통사고의 유형별 구분, 특히 '도주차량'과 '사고 후 미조치'의 경계를 다시금 환기시킨 대표적인 사례였다. 당시 실무 처리 과정에서도 "이 사건은 인적 피해가 발생한 도주차량으로 송치해야 한다"는 의견이 지배적이었다.

1) 단서 확보

사건은 이렇게 시작되었다.

어느날 야간근무 중 밤 12시가 조금 넘은 시각, 요란한 전화벨 소리가 울렸다. 목동교 위에서 교통사고 사망 사건이 발생했으니 즉시 출동해 달라는 보고였다. 현장에 도착해 보니 여대생이 버스에 역과된 사고였고, 문제는 두 번째 버스가 그대로 현장을 이탈했다는 점이었다.

우선 사람의 생명이 급하니 피해자를 서둘러 119 구급차로 이대목동병원에 이송시켰다. 이어 침착하게 현장 조치를 진행했다. 첫 번째 버스 기사와 세 번째 택시 기사를 지구대 경찰관들과 함께 교통조사계로 임의동행 형식으로 보내고, 현장 사진을 촬영하며 목격자 확보에 나섰다. 조사 과정에서 최초 신고자가 피해자를 목동교 갓길에 내려준 택시 기사였다는 사실도 확인되었고, 해당 택시 블랙박스까지 확보할 수 있었다. 하지만 안타깝게도 이대목동병원에서 피해자가 끝내 사망했다는 소식이 전해졌다. 나는 유족들에게 이 사실을 알리고, 검시 절차를 진행[45]하기 위해 영안실로 향했다. 모든 조치를 마치니 시각은 이미 새벽 4시. 그러나 쉬기도 전에 또 다른 교통사고 현장으로 불려가 사건을 처리해야 했다. 모든 사건을 끝냈을 때는 이미 해가 밝아 있었다.

잠시 눈을 붙이고 일어나 샤워를 마친 뒤, 부사수와 함께 두 번째 버스를 잡기 위해 DSLR 카메라[46]를 들고 다시 현장으로 향했다. 현재까지 확보된 단서는 세 번째 택시 블랙박스에 찍힌 하늘색 계열 광고판이 달린 신형 광역버스라는 정보뿐이었다.

45 경찰의 여러 형사 부서 가운데 지금까지도 직접 시신을 검시하는 업무를 수행하는 곳은 교통조사계가 사실상 유일하다. 교통사고로 사망자가 발생하면 조사관은 단순히 현장을 확인하는 데 그치지 않고, 시신을 직접 살펴야 한다. 머리부터 발끝까지 손으로 만져 충격 부위와 역과 부위를 확인하고, 시반(屍斑)의 형성 여부를 살피며, 골절 부위를 하나씩 점검한다. 이렇게 세밀한 절차를 거쳐 작성된 검시조서는 수사 기록의 핵심이자, 이후 공판에서 중요한 증거로 활용된다.

46 당시에는 스마트폰 화소가 낮아, 교통조사계에서는 디지털 카메라나 DSLR 카메라를 사용하였다.

그림 4 -1 실제 세 번째 택시 블랙박스에 나타난 두 번째 광역버스

부사수와 함께 버스가 운행하는 노선을 따라가며 한 시간 넘게 광역버스들을 일일이 촬영하고 확인했다.

그 결과, 해당 광고판을 사용하는 버스 회사를 특정할 수 있었고 노선 번호도 두 개로 압축할 수 있었다. 그러나 그것만으로는 충분하지 않았다. 결정적 단서가 더 필요했다. 부사수와 함께 버스가 다니는 노선을 따라가며 주변을 확인하던 중, 길가에 위치한 강아지 용품 가게의 CCTV가 눈에 들어왔다. 영상을 확보해 확인해 보니 문제의 버스가 화면 속을 스쳐 지나갔다. 그 순간, 앞문 계단에 설치된 파란색 LED 조명등이 은은하게 켜져 있는 모습이 분명히 포착되었다.

그림 4-2 실제 가게 CCTV에 찍힌 광역버스 장면

이로써 사건 해결을 위한 조합이 완성됐다. 부천 소재 A 교통의 '하늘색 광고판 + 파란 LED 계단등'이라는 두 가지 특징이 겹쳐지면서 피의 차량을 특정할 수 있었던 것이다. 작은 퍼즐 조각이 하나 둘 맞춰지듯, 단순한 디테일이 결국 사건을 해결하는 열쇠가 되었다. 추가적으로, 전날 현장조사 과정에서 촬영해 둔 버스정류장 노선표를 활용해 BMS(Bus Management System) 수사까지 시도했다. BMS란 버스정류장 노선표에 기재된 정류소 ID번호를 입력하면, 특정 시간대에 해당 정류장을 지난 모든 버스의 차량번호와 노선번호가 기록된 자료를 조회할 수 있는 시스템으로, 사건 해결에 결정적인 단서를 제공할 수 있다. 그러나 마치 영화 같은 장면처럼, 하필 그날 밤 자정부터 서버 정검이 시작되어 해당 자료를 활용할 수 없었다. 수사의 흐름이 한순간 멈추는 듯한 순간이었다.

그림 4 -3 실제 버스정류장 노선 안내판

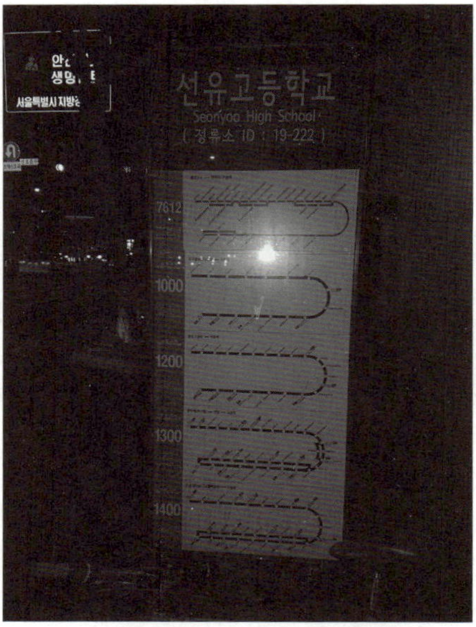

2) 피의자 특정

BMS 수사를 위해 세종로 사거리까지 직접 갔지만, 마침 서버 점검으로 전산 확인이 불가능했다. 결국 아무런 성과도 얻지 못한 채 빈손으로 영등포경찰서로 돌아올 수밖에 없었다. 허탈한 마음으로 부사수와 마주 앉아 "일단 점심이나 먹자"며 영등포경찰서 맞은편 순대국밥집으로 향했다. 그런데 순대국밥을 먹던 도중, 드라마 <이상한 변호사 우영우>에서 주인공 우영우가 사건 해결의 실마리를 찾았을 때처럼 고래 한 마리가 튀어오르는 듯한 깨달음이 찾아왔다. 바로 생각의 전환이었다.

"지금까지는 그 버스가 정상적으로 노선을 따라 운행 중일 것이라 단정했는데, 문득 이런 생각이 들었다. 혹시 그 버스가 이미 차고지로 들어가 멈춰 있는 건 아닐까? 버스기사가 충격 사실을 알고 다음 날 아예 휴가를 내고 운행에 투입되지 않은 것은 아닐까?"

수사의 전제는 '두 번째 버스 기사가 충돌 사실을 인지했을 것'이라는 가정이었다. 만약 당신이 버스기사라면, 피해자를 역과한 뒤에도 아무렇지 않게 다음 날 다시 핸들을 잡을 수 있겠는가? 상식적으로는 어렵다. 충격의 크기를 생각하면, 오히려 휴가를 내고 잠적했을 가능성이 더 높다는 생각이 불현 듯 떠오른 것이다.

이미 용의 차량은 특정 노선번호와 A 교통까지 좁혀 놓은 상태였기에, 우리는 지체하지 않고 곧장 부천에 있는 해당 회사 차고지로 달려갔다. 그리고 차고지에 도착한 순간, 눈앞에 있던 것은 바로 문제의 버스였다. 뒷광고판은 하늘색, 계단에는 파란 LED 조명. 단서와 완전히 일치하는 차량이었다. 즉시 회사의 사고 담당자(사고 상무)를 불러 운전자가 어디 있는지 물었다. 그런데 그는 "어제 새벽에 갑자기 시골집에 다녀오겠다며 휴가를 냈다"고 대답했다. 이 말만으로도 이미 강한 의심이 들었다. 바로 차량을 리프트에 올려 확인을 지시했다. 그 결과는 충격적이었다. 좌측 앞바퀴 휠에는 피해자의 머리카락이 감겨 있었고, 좌측 앞바퀴 휠베이스에서 뒷바퀴까지 피가 길게 흘러내려 있었으며, 군데군데 살점이 4~5개 붙어 있었다. 이 순간, 피의 차량임이 명백해졌다. 차량을 곧바로 압수하기보다는 우선 증거물을 하나하나 채취했다. 머리카락과 살점은 핀셋으로 비닐 수거함에 담았고, 혈흔은 면봉으로 채취했다. 그리고 차량의 앞뒤 바퀴를 분리하여 국립과학수사연구원에 감정을 의뢰했다.

3) 법적 판단

국립과학수사연구원에 감정을 의뢰한 결과, 버스 휠에서 채취한 머리카락과 혈흔은 피해자의 DNA와 완벽히 일치했다. 이를 통해 피의 차량이 확정되었고, 해당 광역버스 운전자는 결국 검거되었다.

조사 과정에서 블랙박스를 정밀히 분석해 본 결과, 피해자는 이미 1차 충격으로 반대편 차선까지 튕겨 나간 상태였다. 그리고 마침 맞은편 1차로에서 직진하던 광역버스의 좌측 앞바퀴 쪽으로 머리가 들어가 버렸다. 이런 상황에서 광역버스 운전자가 이를 미리 인지하고 회피하는 것은 사실상 불가능했다. 따라서 교통사고 자체에 대한 과실은 인정되기 어려웠다. 그러나 문제는 사고 직후의 태도였다. 피해자가 충격을 당해 쓰러져 있는 상황에서, 운전자는 정차하여 구호 조치를 취하기는 커녕 그대로 현장을 이탈했다. 이는 법적으로 명백히 위법한 행위였다. 이에 따라 나는 이 사건을 특가법상 도주차량이 아닌, 「도로교통법」상 사고후미조치죄로 의율해야 한다고 판단했다. 결국 이 죄명으로 기소되었고, 재판에서도 동일한 법리 판단이 유지되어 유죄가 확정되었다.

다시 말하자면, 도주차량은 교통사고가 성립[47]해야 하므로 운전자의 과실이 존재해야만 성립한다. 그러나 이 사건은 과실이 없는 교통사고였기에 도주차량으로 의율하는 것은 옳지 않았다. 반면, 「도로교통법」상 사고후미조치죄는 「도로교통법」 제1조에 규정된 목적[48]을 실현하기 위한 규정이다. 피해자가 도로 위에 쓰러져 있음에도 운전자가 아무런 조치를 취하지 않은 것은 도로교통의 안전과 원활한 흐름을 심각하게 저해하는 행위였기에, 해당 조항을 적용하는데 무리가 없었다. 결국, 이러한 법리적 판단을 근거로 「도로교통법」 위반으로 기소되었고, 그대로 유죄가 확정되었던 것이다.

47 교통사고 성립요건: 차의 교통으로 업무상 과실 또는 중대한 과실로 결과가 발생해야 한다.

48 도로에서의 위험 방지와 원활한 소통

그림 4-4 피해자가 2차 버스에 충돌되는 장면

이처럼 목동교 사건은 도주차량과 사고후미조치의 경계를 명확히 보여준 사례였다. 그렇다면 자동차가 아닌 다른 교통수단, 예컨대 자전거의 경우는 어떨까? "자전거로 사람을 치고 도망가면 뺑소니인가?"라는 질문은 현장에서 자주 제기되는 논점이다.

6 자전거 뺑소니의 법적 성격

지구대에 앉아 있는데 한 아주머니가 급히 달려와 "우리 아들이 자전거에 치여 병원에 있는데, 그 자전거 운전자가 도망갔다. 뺑소니로 처벌해 달라"고 호소했다.

과연 이 경우, 특가법(도주차량)으로 처벌할 수 있을까?

현행 특가법은 도주차량의 주체를 '자동차 등'으로 한정하고 있다. 따라서 법률상 '차'에 해당하더라도, 자동차에 포함되지 않는 자전거는 특가법상 도주차량의 주체가 될 수 없다. 즉, 법적으로는 자전거를 도주차량으로 처벌할 수 없는 것이다. 많은 사람들이 "말이 되느냐, 자전거에 치여도 도망가면 뺑소니지"라고 생각할 수 있다. 하지만 법치주의를 채택한 우리나라 법제에서, 문언에 없는 것을 확장해석하거나 유추해석해 처벌할 수는 없다. 그렇다면 아무 처벌도 불가능한 것일까? 그렇지는 않다. 「도로교통법」은 '차'를 규율 대상으로 하고 있으며, 여기에는 자전거도 포함된다. 따라서 자전거 운전자가 인적·물적 피해를 야기한 뒤 필요한 구호조치를 하지 않고 도주했다면, 「도로교통법」상 사고후미조치로 처벌할 수 있는 것이다.

결론적으로, 자전거 사고의 경우 도주차량 적용은 불가능하지만, 「도로교통법」 위반(사고후미조치) 적용은 가능하다. 이 구별은 현장 경찰관이 반드시 숙지해야 할 중요한 논점이다.

7 정리

도주차량(특가법 제5조의3)은 반드시 교통사고가 성립해야만 적용된다. 즉, 차의 교통으로 업무상 과실 또는 중대한 과실로 사망이나 상해라는 결과가 발생해야 도주차량이 성립한다. 따라서 운전자의 과실이 없는 사건에서는 비록 피해자가 발생했더라도 특가법상 도주차량으로 의율할 수 없다.

반면, 「도로교통법」 위반(사고후미조치)는 교통사고 성립 여부와 무관하게, 사고 발생 후 필요한 조치를 하지 않고 현장을 떠남으로써 도로 위 안전과 원활한 교통 흐름을 해치는 경우에 성립한다. 즉, 도주차량이 '과실 여부'에 방점을 둔다면, 사고후미조치는 '도로교통 소통의 방해 여부'에 초점이 맞춰져 있는 것이다.

자전거의 경우 특가법상 '자동차 등'에 포함되지 않으므로 도주차량 적용은 불가능하다. 그러나 「도로교통법」상 자전거는 '차'로 규정되어 있으므로, 자전거 운전자가 사고 후 필요한 조치를 하지 않고 현장을 이탈한 경우에는 「도로교통법」 위반(사고후미조치)으로 처벌할 수 있다.

결론적으로, 도주차량은 교통사고 성립과 운전자의 과실 여부, 사고후미조치는 도로 위 안전·소통을 해쳤는지 여부, 자전거는 특가법은 불가하나 「도로교통법」 적용은 가능이라는 구도를 반드시 구분해 두어야 한다. 현장 경찰관은 이 차이를 명확히 이해하고 적용해야 억울한 가해자를 만들지 않고, 동시에 피해자 보호와 교통질서 확립이라는 입법 목적을 달성할 수 있다.

제5장

자진신고

자진신고, 도주의사 없음을 입증하라

1 문제 제기

현장에서 초임 경찰관이나 일반 운전자들이 가장 많이 혼란스러워하는 부분 중 하나가 바로 '자진신고'다. 실제로 한 제자가 다음과 같은 질문을 해온 적이 있다.

"교수님 안녕하십니까! 교수님께 수업을 받았던 315기 50학급 순경 김○○입니다. 쉬는 날 연락드려 죄송합니다. 어제 18시 06분경 야간 출근 중 차량이 많이 막히는 도로에서 직진차선을 따라가던 중이었습니다. 그런데 갑자기 조수석 앞부분에서 '쿵' 하는 소리가 들렸습니다. 놀라 비상등을 켜고 창문을 내려 확인했는데, 부딪힌 차량이 어떤 차량인지도 알 수 없었고, 상대방 차량 역시 아무런 반응을 보이지 않았습니다. 도로가 워낙 정체된 상태여서인지 그대로 출근할 수밖에 없었습니다. 그런데 나중에 블랙박스를 확인해 보니 하필 충격 장면만 재생이 되지 않았습니다. 이런 경우 SD카드를 들고 관할 경찰서 교통사고조사계로 가보는 게 맞을까요?"

이와 같이 사고의 경중이 불분명하고 상대방 차량조차 특정하기 어려운 상황에서 운전자들은 뺑소니 혐의를 받을 수 있을지 두려워한다. 이러한 불안을 해소하는 제도가 바로 자진신고이다.

2 법적 근거와 해석

교통사고 사건은 일반 형사사건과 달리 현장조사가 반드시 필요하다. 사고 약도 작성, 충돌 흔적 확인, 목격자 진술 청취 등은 모두 현장에서 확보해야 하는 자료이기 때문이다. 따라서 교통사고조사규칙에서는 교통사고 발생 시 사고지점을 관할하는 경찰서 교통조사계에 접수하도록 규정[49]하고 있다. 다른 지역 경찰서는 팩스나 유선으로 보조할 수는 있으나, 최종 조사와 종결은 사고지점 관할 경찰서에서 이루어진다.

이때 '사고를 숨기려는 의도가 없었다'는 점을 입증하기 위해 운전자가 활용할 수 있는 제도가 바로 자진신고다. 이는 「도로교통법」에 직접적으로 규정된 제도는 아니지만, 오랜 기간 실무 관행으로 자리 잡은 장치로서 법적 해석상 '도주의사 부재'를 입증하는 중요한 근거가 된다.

49 교통사고 사건은 반드시 관할 경찰서 교통조사계에서 접수해야 한다고 명문으로 규정되어 있는 것은 아니다. 그러나 「교통사고 조사규칙」 제4조에서는 "다른 경찰서 관내의 교통사고 현장에 출동한 경찰공무원은 필요한 초동조치를 취한 후 신속히 해당 경찰서에 통보하여 그 경찰서에서 출동·조사하게 하여야 한다"고 명확히 규정하고 있다. 이는 결국 초동조치를 마친 경찰관은 사건을 해당 사고지점을 관할하는 경찰서로 신속히 이관하여 처리해야 함을 간접적으로 선언한 것이라 할 수 있다.

3 자진신고 절차

각 경찰서 교통조사계에는 자진신고 수기 접수철[50]이 비치되어 있다. 자진신고 접수철에는 다음 사항을 기재해야 한다.

기재 사항: 사고 일시 · 장소, 차량번호 및 차종, 차량 색상, 운전자 인적사항, 사건 개요

이렇게 작성된 자진신고는 이후 상대방이 뒤늦게 "상대방 운전자가 사고 후 조치를 하지 않고 도주하였다. 뺑소니로 처벌해 달라"고 신고하는 경우, 교통조사관이 가장 먼저 확인하는 자료가 된다. 이미 자진신고가 되어 있다면 이는 곧 운전자가 사고 사실을 숨기거나 도주하려는 의도가 없었다는 강력한 증거가 된다. 따라서 12대 중과실 사고나 중상해와 같이 수사기관의 강제 개입이 필요한 경우를 제외하고는, 조사관은 자진신고 내역을 바탕으로 양 당사자를 연결하여 보험처리로 종결하는 것이 일반적이다.

또한 자진신고 후에도 상대방이 끝내 접수를 하지 않거나 연락이 없는 경우, 해당 건은 더 이상 진행되지 않고 그대로 종결된다. 즉, 자진신고는 '가접수'의 성격을 가지며, 상대방이 통상 1~2주 내에 정식 접수를 하지 않으면 사건화되지 않고 종결 처리된다.

자진신고 방식에는 다소 차이가 있다. 현재 대부분의 경찰서에서는 전화 접수만으로도 자진신고를 받아들이고 있으며, 이를 토대로 조사관이 자진신고철에 내용을 기재해 둔다. 다만 일부 경찰서에서

50 교통사고는 사건 발생지 관할 경찰서에 접수해야 한다는 원칙이 있기 때문에, 자진신고철이 설령 수기로 작성되더라도 관리에는 지장이 없다.

는 여전히 운전자가 직접 교통조사계를 방문해 수기 접수철에 기재하도록 안내하기도 한다. 따라서 실제 사고 발생 시에는 관할 교통조사계에 먼저 연락하여 해당 관서에서 요구하는 절차를 확인한 후 진행하는 것이 안전하다.

4 현장 적용

실무적으로 자진신고는 운전자를 불필요한 뺑소니 혐의에서 지켜주는 방패막이 역할을 한다. 상대방 차량이 사고 사실을 인지하지 못하거나, 경미한 접촉이라 서로 그냥 지나친 경우라도 나중에 뒤늦게 사고 접수가 이루어질 수 있다. 이때 자진신고 여부는 사건 처리의 향방을 크게 좌우한다.

특히 경찰관들은 이러한 상황에서 민원인으로부터 자주 질문을 받는다. “사고가 있었는지 확실하지 않은데 신고해야 하느냐?”라는 물음에 대한 답은 분명하다. 가능한 한 즉시 관할 경찰서 교통조사계에 자진 신고하도록 안내하는 것이 가장 바람직하다. 이는 운전자를 불필요한 법적 위험으로부터 보호할 뿐 아니라, 조사관에게도 사건을 신속히 종결할 수 있는 근거가 된다.

제6장

교통사고 현장에서의 증거 확보와 현장 조치

첫 대응이 수사의 절반이다

1 블랙박스

우리나라는 전 세계적으로도 드물게 블랙박스 보급률이 매우 높은 나라다. 다나와 리서치(2023)에 따르면 국내 차량의 블랙박스 보급률은 100%에 육박할 정도로 높다. 특히 신차 출고 단계에서부터 내장형 블랙박스가 기본 장착되면서, 별도로 온라인에서 구매하려는 수요조차 줄어드는 등 이러한 흐름이 뚜렷하게 나타나고 있다.

그러나 필자가 교통조사를 처음 시작했던 2012년만 해도 상황은 지금과 달랐다. 당시에는 블랙박스가 장착된 차량을 찾기 어려웠고, 교통사고 수사는 차량의 물리적 흔적, 노면 흔적, 운전자와 목격자의 진술에 크게 의존했다. 그런데 불과 3~4년 사이에 블랙박스가 폭발적으로 보급되었고, 지금은 도로 위 대부분의 차량이 블랙박스를 장착하고 있다. 블랙박스 보급이 급격히 늘어난 이유에 대해서는 여러 설이 있다. 보험사가 블랙박스 장착 차량에 보험료를 할인해 주었기 때문이라는 분석도 있고, 한국 사회 특유의 '한번 유행이 시작되면 너도나도 따라 하는' 집단적 성향 때문이라는 해석도 있다. 이유야

어찌 되었든, 오늘날 블랙박스가 모든 교통사고 조사와 분쟁 해결의 핵심 증거로 자리 잡은 것은 분명한 사실이다. 그렇다면 중요한 문제는 "블랙박스를 어떻게 관리하느냐"이다. 많은 운전자들이 화소나 브랜드에만 신경 쓰지만, 실제 수사에서 핵심은 고화질이 아니라 저장 용량이다. 특히 사고 영상이 확보되지 못한 사례 상당수는 저장 공간 부족이 원인이었다.

수업시간마다 이렇게 말한다.

"아직도 부모님들 중에는 차량 블랙박스에 8GB SD카드를 달고 다니시는 분들이 계실 것이다. 그런데 8GB 메모리 카드는 사고가 발생해 경찰서에 도착하기도 전에 영상이 지워진다. 저장 용량이 주행 중 녹화뿐 아니라 이벤트 녹화, 상시 녹화 등 여러 기능에 분산되기 때문이다."

결국 블랙박스 관리에서 가장 중요한 것은 SD카드 용량이다. 아무리 고가의 제품이라도 비 오는 날이나 야간 상황에서는 옆 차로 차량 번호판을 식별하기 어렵다. 그래서 교통조사계에서는 화질보다 저장 용량을 훨씬 더 중요하게 본다. 실제 현장에서는 "신호등과 차선만 보여도 충분하다"는 말이 있을 정도다. 그렇다면 블랙박스 SD카드 용량은 어느 정도가 적절할까. 최소 32GB 이상[51]은 되어야 안정적으로 녹화가 가능하다. 또한 원칙적으로는 6개월에 한 번씩 교체하는 것이 권장된다. 그러나 현실은 다르다. 실제로는 6개월마다 교체하는 운전자는 거의 없고, 아예 평생 한 번도 교체하지 않고 사용하는 경우가 대부분이다. 그래서 권장하는 방법은 간단하다.

51 필자는 현재 128GB 용량의 Micro SD 카드를 사용하고 있다.

부모님 차량에 32GB 이상의 Micro SD카드를 하나 선물해드리고, 기존 구형 카드는 버리지 말고 글로브박스(다시방)에 보관해 두라는 것이다. 사고가 발생하면 블랙박스에서 새 카드를 빼서 증거 보존용으로 확보하고, 보관해 두던 구형 카드를 꽂아 사용하면 된다. 이렇게 하면 첫째, 사고 영상은 안전하게 보존되고 둘째, 사고 후 이동 중 발생할 수 있는 2차 사고에도 대비할 수 있다. 작은 습관이지만 억울한 피해를 막는 강력한 방패가 되는 셈이다.

2 사진촬영

아무리 블랙박스를 잘 관리해도 아이러니한 현실이 있다. 정작 사고 순간만 찍히지 않는 경우가 의외로 많다는 것이다. 그래서 강조하는 것이 바로 '사진 촬영'이다.

블랙박스 영상은 사고 수습 이후에야 확인할 수 있기 때문에, 그때 가서 현장을 찍으려 해도 이미 늦어버린다. 사고 직후 즉각적으로 사진을 남기는 습관이 몸에 배어 있어야 한다. 말 그대로 사고가 나면 자동적으로 카메라부터 꺼내야 한다. 사진 촬영은 교통사고 수사에서 선택이 아니라 필수다. 영상이 놓치는 빈틈을 메워주고, 훗날 법적 판단에서 결정적 증거가 되기 때문이다.

사진촬영 요령에 대해 교과서[52]에서는 이렇게 정리하고 있다.

"넓은 장면에서 좁은 장면으로, 이동·손실되기 쉬운 물건부터, 가능한 한 많이 촬영할 것"

실제로 교재의 지침대로 넓은 장면에서 좁은 장면으로 차례차례

52 중앙경찰학교 교통단속 및 교통사고초동조치 제319기 교재 191페이지에 수록되어 있으며 법과학 사진 촬영의 기본원칙이기도 하다.

촬영하다 보면, 한 건의 사고당 40~50장의 사진을 찍어야 한다. 그러나 그렇게 많은 사진을 남겨도 정작 수사에 실질적으로 도움이 되는 것은 극히 일부에 불과하다. 결국 "이 정도면 건질 게 있겠지"라는 막연한 기대감에 의존한 촬영은 현장을 제대로 담아내지 못하고, 오히려 핵심을 흐리는 결과를 낳는다. 따라서 이러한 확신 없는 사진촬영 방법은 지양해야 하며, 수사에 필요한 재현 가능성을 확보할 수 있는 '정확한 방향과 충돌 지점을 담은 사진'에 집중하는 것이 바람직하다. 그래서 필자가 늘 강조하는 원칙은 바로 "재현 가능한 사진을 찍어라"이다. 교통사고 현장은 말보다 사진이 증거가 된다. 예를 들어 십자형 교차로에서 #1차량과 #2차량이 <그림 6-1>과 같이 충돌한 경우, 기본적으로 5장의 사진이면 충분하다. 물론 대형사고나 사망사고처럼 사건의 규모가 크거나 쟁점이 많은 경우에는, 앞서 언급한 일반적인 사진 촬영의 기본원칙에 따라 추가 촬영을 하는 것이 바람직하나 일반적인 교통사고라면, 차량의 위치와 충돌 형태, 도로 환경, 제동 흔적, 신호체계 등을 포함한 다섯 장의 사진으로도 사고 상황을 충분히 재현할 수 있다.

그림 6-1 올바른 촬영 사례 - 진행방향, 역방향, 충돌부위가 모두 담겨 전체 상황 파악 가능

#1차량 진행방향 뒤로 열 걸음 물러나 촬영

#1차량 진행 역방향 뒤로 열 걸음 지나 촬영

#2차량 진행방향 뒤로 열 걸음 물러나 촬영

#2차량 진행 역방향 뒤로 열 걸음 지나 촬영

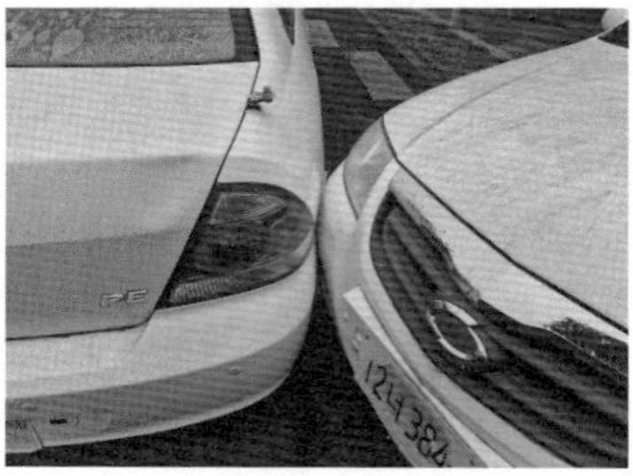

#양차량 충돌부분 근접 촬영

차량을 갓길로 옮겼다고 해서, 그 이유가 무엇이든 현장 촬영을 포기해서는 안 된다. 현장 경찰관들이 "이미 차량이 이동했으니 어쩔 수 없다"고 생각하지만, 이는 잘못된 판단이다. 교통 흐름이 원활해 차로 진입이 위험하다고 판단되는 상황이라 하더라도, 갓길에 정차한 상태에서라도 진행방향과 역방향에서 각각 한 장씩은 반드시 촬영해야 하며, 충돌 부분 역시 빠짐없이 남겨야 한다. 이 사진 한 장이 훗날 사고의 과실 판단과 책임 소재를 가르는 결정적 단서가 될 수 있기 때문이다.

이렇게 사진 촬영을 강조하는 이유는, 블랙박스가 언제나 사고의 전 과정을 완벽히 담아주지 않기 때문이다. 실제 조사 현장에서 보면, 교통사고 차량 중 약 20~30%는 사고 순간의 영상이 아예 없거나, 충돌 직전까지만 녹화되고 정작 핵심 장면이 빠져 있는 경우가 적지 않다. 심지어 SD카드를 아예 빼놓은 경우도 허다하다. 이런 상황에서는 차량 파편, 노면 흔적, 정확한 사고 위치 같은 물리적 단서[53]가 사실상 유일한 판단 근거가 된다. 현장사진이 확보되지 않으면, 사고 재현에 결정적 단서를 놓칠 수밖에 없다. 따라서 차량이 이미 갓길로 이동된 경우라도, 현장사진 촬영을 소홀히 해서는 안 된다.

아래 <그림 6-2>은 중앙경찰학교 실습장에서 촬영한 사진으로 진행방향, 역방향, 충돌부위가 모두 드러나 있고, 주변 환경과 차로 구성이 사진 속에 자연스럽게 담겨 있다. 따라서 사진만 보아도 "실습장 편도 2차로 교차로 내에서 진행방향 좌측에서 우측으로 진행하던 차량과 충돌한 사고"임을 쉽게 파악할 수 있다.

그림 6 -2

53 교통조사계 조사관도 현장에 직접 출동해 조사를 진행하지만, 사고 직후에만 존재하는 물리적 흔적을 놓치지 않는 것이 무엇보다 중요하다. 브레이크 자국, 유류 흔적, 파편의 위치처럼 시간이 지나면 쉽게 사라지거나 치워지는 증거는 다시 확보할 수 없기 때문에, 초기 사진 기록이 사건의 진실을 밝히는 핵심 근거가 된다. 특히 블랙박스 영상까지 없는 상황에서 이러한 흔적마저 사라져 버리면 사건 경위를 입증할 단서가 거의 남지 않아 수사가 극도로 어려워진다. 이 때문에 현장에서의 즉각적인 사진 촬영은 선택이 아니라 필수다.

반면, 아래 <그림 6-3>은 303기 교육생이 같은 방법을 배운 뒤 실제 현장에서 촬영한 사진이다. 진행방향, 역방향, 접촉부 촬영은 나름대로 했지만, 차로 수나 도로 구조가 전혀 드러나지 않아 사고 재현이 불가능하다. 블랙박스도 두 차량에 모두 달려 있었지만 사고 장면은 촬영되지 않았다.

그림 6 -3 잘못된 교통사고 촬영 사례

이런 현장사진을 받을 때마다

"이건 나보고 무당이 되란 소리다. 나더러 작두를 타란 것이냐." 라는 농담을 할 수밖에 없다.

그만큼 이런 사진만으로는 사고 전 상황을 전혀 유추할 수 없기 때문이다.

위 사고처럼, 동일 방향으로 진행 중이던 차량들이 진로를 변경하다가 교통사고가 발생한 경우에는 <그림 6-4>과 같이 진행 방향, 진행 역방향, 접촉 부분을 각각 촬영한 3장의 사진이면 충분하다.

그림 6 -4

③ 교통사고 현장에서 차를 빼야할까?

여기서 많은 운전자들이 혼란스러워하는 문제가 있다. 사고가 나면 차량을 그대로 두고 경찰이나 보험사가 올 때까지 기다려야 하나? 아니면 사진만 찍고 바로 갓길로 빼야 하나?

정답은 명확하다. 먼저 사람, 그다음 사진이다. 즉, 사고가 발생하면 가장 먼저 해야 할 일은 상대방의 신체 상태를 확인하고 필요하다면 119를 부르는 것이다. 그다음 최소한의 사진(진행방향, 역방향, 충돌부위)을 찍고 나면 차량은 반드시 갓길로 이동해야 한다.

많은 사람들이 경찰이나 보험사가 오면 무언가 대단한 조치를 취할 것이라 생각하지만, 실제로는 경찰도 현장에서 사진 몇 장을 촬영하고, 신원과 보험 가입 여부를 확인한 뒤, 12대 중과실이나 중상해 등 수사가 필요한 상황이 아니고, 양측 모두 종합보험에 가입되어 있다면, 보험사 간 사건 처리 과정을 지켜본 후 현장을 떠나는 것이 일반적이다.[54] 보험사 직원도 마찬가지다. 결국 운전자가 스스로 올바르게 사진을 찍어 두었다면 경찰이나 보험사가 교통사고 현장에서 해줄 수 있는 일은 크게 다르지 않다는 것이다. 이 글을 읽는 독자나 수업을 듣는 교육생이 실제로 사고 현장을 마주하게 되는 일은 없어야 한다. 그러나 만약 그런 상황이 생긴다면, 위에서 설명한 방식대로 주저하지 않고 사진을 촬영하기 바란다. 그렇게만 해도, 출동한 경찰관보다 더 정확하게 현장을 기록할 수 있을 것이다.

54 수배자가 발견된 경우, 가해자가 종합보험이 아닌 책임보험에만 가입된 경우, 또는 인적 피해가 발생해 피해자가 구급차로 이송된 경우 등에는 초동조치를 마친 뒤 사건을 접수한다.

따라서 교통사고 현장에서의 핵심은 이 세 가지다.

① 상대방 신체 상태 확인
② 최소한의 핵심 사진 촬영
③ 차량을 즉시 갓길로 이동

이 세 가지만 지켜도 현장은 충분히 보존되고, 교통정체와 2차 사고도 예방할 수 있다.

제7장

차마 등의 구분

도로 위 모든 이동수단, 법적 지위를 이해하라

「도로교통법」을 공부하다 보면 '차마' '차' '자동차 등' '자동차'와 같은 단어들이 혼재되어 등장하는 것을 어렵지 않게 발견할 수 있다. 얼핏 비슷해 보이지만, 이 용어들은 각기 다른 범위를 지칭하며, 그 구분을 정확히 이해하지 못하면 현장에서 혼란을 겪게 된다. 따라서 신임 경찰관이라면 반드시 숙지해야 할 기초 개념이다.

먼저 '차마'라는 개념이다. 차마는 말 그대로 차와 마(馬), 즉 우마를 아울러 부르는 용어다. 따라서 마차나 소달구지 같은 가축이 끄는 수레도 「도로교통법」 적용을 받는다.

다음은 '차'라는 개념부터 살펴보자. 「도로교통법」상 차란 바퀴 달린 모든 것을 의미한다. 따라서 리어카, 손수레, 자전거까지도 차의 범주에 포함된다. 그러나 바퀴가 달려 있다고 해서 모두 차로 분류되는 것은 아니다. 기차는 철로 위를 달리고, 케이블카는 와이어를 따라 움직이므로 도로의 교통수단으로 보지 않는다. 선박은 해양경찰, 항공기는 항공경찰의 관할이므로 역시 「도로교통법」상 차의 범위에서 제외된다.

자전거는 명백히 바퀴가 달려 있고 도로를 주행하므로 차에 해당한다. 다만, 예외도 있다. 6세 미만이 타는 자전거는 유아자전거로 보행자로 보아[55]보호해 주며 휠체어도 바퀴가 달려 있어 원칙적으로 차에 포함될 수 있지만, 「의료기기법」에 따라 등록된 수동휠체어 · 전동휠체어 · 의료용 스쿠터는 「도로교통법」 제2조 제17호 및 시행규칙 제2조에 따라 보행자로 간주된다. 즉, 보행보조용 의자차로 분류되어 보호받는 것이다.

그렇다면 '자동차 등'은 무엇일까? 여기서 중요한 단어가 바로 '등'이다. 자동차 '등'에 포함되는 것은 자동차와 원동기를 말한다.[56] 원동기는 배기량 125cc 이하의 소형 이륜차를 말하며, 우리가 흔히 보는 스쿠터나 배달용 오토바이가 여기에 해당한다. 반대로 125cc를 초과하는 대형 이륜자동차, 예컨대 할리 데이비슨과 같은 대배기량 오토바이는 '등'이 아니라 '이륜자동차'로 구분된다. 즉, '자동차 등'은 자동차와 원동기장치자전거를 묶어 표현한 용어라고 이해하면 된다.

마지막으로 자동차란 네모에 바퀴 네 개 달린 것이다. 실제로 버스, 승용차, 덤프트럭 등은 모두 네모에 바퀴 네 개 달린 것으로 자동차에 해당한다. 그러나 예외적으로, 차체가 사각형 구조가 아니거나 바퀴가 네 개가 아니더라도 자동차에 포함되는 것이 있는데, 그것이 바로 이륜자동차이다. 하지만 '이륜자동차'라는 단어를 문자 그대로 해석하면, 그 안에 '자동차'라는 말이 포함되어 있으므로 자동차의 범주에 속한다고 볼 수 있다.

현장에서 자주 혼란이 생기는 사례를 보자. 리어카는 차일까, 보행자일까? 마트에서 사용하는 쇼핑카트는 어떨까? 택배원이 끄는

55 경찰청, 『제4집 교통사고조사 및 단속관련 질의회시집』, 2003.10., p.169

56 「도로교통법」 제21의2, 자전거 등에서 '등'이란 개인형이동장치를 말하는데 이와 구별해야 한다.

손수레는 어디에 해당할까? 이 문제를 두고 오랫동안 논란이 많았다. 리어카나 손수레는 바퀴가 달려 있으므로 차로 볼 수도 있지만, 동시에 사람이 직접 끌고 다니는 보조 수단이라는 점에서는 보행자로도 볼 수 있기 때문이다.

이 혼란을 정리하기 위해 「도로교통법 시행규칙」 제2조 제1항(개정 2023. 10. 19.)은 차와 보행자의 구분에 관한 명확한 기준을 두고 있다. 바로 폭 1m 기준이다. 좌우 폭이 1m 이하인 손수레나 카트는 보행자의 보조 수단으로 보아 보행자에 해당한다. 반면 폭이 1m를 초과하면 차로 분류한다. 이에 따라 마트에서 흔히 사용하는 쇼핑카트는 보행자로 보되, 물류 현장에서 사용하는 대형 손수레는 차로 보아야 한다. 현장에서 경찰관은 반드시 손수레의 폭을 확인하고 그에 따라 처분을 구분해야 한다.

이러한 기준에 따라 지구대 근무 중 리어카가 주차된 차량을 긁고 지나갔다는 신고가 접수된 경우, 리어카의 좌우 폭이 1m를 초과한다면 차에 해당하므로 교통사고로 보아 처리하여야 한다.

그렇다면 롤러스케이트, 킥보드, 스케이트보드 같은 이동수단은 어떻게 될까? 이 역시 논란이 많았지만, 현재 경찰청 지침에 따르면 연령을 기준으로 구분한다. 만 13세 미만의 어린이가 탈 경우에는 놀이기구로 보아 보행자로 간주한다. 반대로 만 13세 이상의 자가 탈 경우에는 차로 보아 교통사고 발생시 경찰은 가·피해 구분을 해야[57]한다. 따라서 동일한 킥보드라 하더라도 누가 타느냐에 따라 법적 지위가 달라지는 것이다.

정리하자면, 「도로교통법」의 차마 구분은 단순한 학문적 개념이 아니다. 이는 현장에서 단속을 할 때, 교통사고를 처리할 때, 법적 책

57 도로교통법령 개정('22.4.20.)에 따른 '손수레', '킥보드' 등 교통사고 처리지침

임을 묻는 과정에서 직접적으로 작동하는 기준이다. 차의 범위에는 자전거, 오토바이, 자동차가 포함되고, 차마는 여기에 우마차를 더한다. 자동차등은 자동차와 원동기를 의미하며, 유아자전거와 의료기기로 등록된 휠체어는 보행자로 보호된다. 리어카와 손수레는 폭 1m를 기준으로 구분하고, 킥보드와 롤러스케이트 등의 놀이기구는 연령에 따라 보행자 또는 차로 구분한다.

이 기본 개념으로 대상을 구별하는 것이 왜 중요한지, 그 실질적인 이유는 다음과 같다.

첫째, 교통사고의 범위 때문이다. 「교통사고처리특례법」은 교통사고를 '차에 의한' 사고로 정의한다. 이로써 자전거와 보행자의 충돌도 명백한 '교통사고'에 해당[58]하므로, 국민들에게 그 법적 이유를 명확히 설명할 수 있다.

둘째, 음주운전 규정이다. 당초 「도로교통법」상 음주운전 단속 대상은 '자동차 등'으로 한정되어 있어 자전거 음주운전은 처벌할 수 없었다. 그러나 2000년대 자전거 이용이 급증하고, 음주 후 자전거 사고가 사회문제로 비화하자 국회는 법을 개정하여 음주운전의 처벌 대상을 '자동차 등'에서 '자동차 등과 자전거'로 확대하였다. 그 결과 현재[59]는 자전거 음주운전도 명백히 처벌 대상에 포함[60]된다.

---

58 소나 말(우마, 牛馬)에 의한 인명 사고는 「도로교통법」 제54조에 따라 교통사고에 해당하므로, 사고조사는 교통조사계에서 담당한다. 그러나 이는 「교통사고처리 특례법」상 '차(車)에 의한 사고'는 아니므로, 보험 가입 등에 따른 형사처벌 특례는 적용되지 않으며 가해자 처벌은 일반 형법(업무상과실치사상 등)에 따른다.

59 음주운전 처벌 대상은 '자동차 등, 노면전차, 자전거'이며, 이 중 노면전차는 현재 공사 중인 대전 도시철도의 트램과 같은 교통수단의 운행에 대비하여 선제적으로 규정해 둔 것이다.

60 2018년 3월 27일 「도로교통법」이 개정되어 같은 해 9월 28일부터 자전거 음주운전이 처벌되기 시작하였다.

그렇다면 경운기로 음주운전을 한 경우는 어떨까. 경운기는 「도로교통법」상 차마의 구분에서 '차'에 해당한다. 따라서 현행법이 규정하는 '자동차 등'에 포함되지 않으므로 음주운전 처벌 규정으로는 제재할 수 없다. 이 때문에 수업 시간에 "발령 받고 첫 회식 자리에 갈 때는 경운기를 끌고 가서 모두 함께 술을 마신 뒤 팀장, 지구대장, 경찰서장까지 태워 모셔다 드려라. 법치주의 아래에서는 이를 처벌할 수 없다. 다만 다음 날 신문 1면을 장식하게 될 것이다"라는 우스갯소리를 하기도 한다.

셋째, 무면허 운전의 범위다. 「도로교통법」 제43조는 무면허 운전의 대상을 '자동차 등'으로 규정하고 있다. 따라서 법리적으로는 '차'에 해당하는 경운기를 무면허로 운전하더라도 현행법상 처벌할 수 없는 맹점이 존재한다. 이 때문에 지구대에서 근무하다 보면 "왜 아무개는 경운기를 무면허로 몰고 다니는데 단속하지 않느냐, 뒷돈이라도 받은 것이냐"라고 항의하는 주민을 만날 수 있는데, 이제는 그 이유를 법적으로 근거를 들어 친절하게 설명할 수 있을 것이다.

마지막으로 특가법상 도주차량 규정을 살펴보자. 「특정범죄 가중처벌 등에 관한 법률」 제5조의3은 도주차량죄의 적용 대상을 '자동차 등'으로 한정하고 있다. 따라서 앞서 설명한 것처럼 '차'인 자전거는 '자동차 등'에 포함되지 않으므로, 자전거 운전자가 교통사고를 낸 뒤 구호조치 없이 현장을 이탈하더라도 특가법상 도주차량죄는 성립하지 않는다.[61]

---

61 「도로교통법」상 사고후미조치는 제148조에 따라 5년 이하의 징역 또는 1,500만 원 이하의 벌금으로 규정되어 있다. 반면, 「특정범죄가중처벌법」상 도주차량은 상해 사고의 경우 '1년 이상의 징역' 또는 '500만 원 이상 3,000만 원 이하의 벌금'으로 규정하고 있다. 즉, 사고후미조치는 법정형 상한은 높지만 하한이 없고,특가법 도주차량은 징역형의 하한이 존재하므로 실제 처벌 수위는 특가법이 훨씬 무겁다.

예를 들어 지구대에서 근무 중 한 시민이 “자전거가 우리 아이를 치고 도망갔는데 아이가 계단 아래로 떨어져 의식이 없다. 당장 뺑소니로 처벌해 달라”라고 요구하더라도, 자전거는 ‘자동차 등’에 포함되지 않아 특가법상 뺑소니죄가 성립하지 않는다는 점을 법리에 따라 설명할 수 있어야 한다. 이 경우 적용할 수 있는 법률은 「도로교통법」상 사고 후 미조치 위반이다.

여기에 더해 주목할 점은, 음주운전과 특가법(도주차량) 규정의 적용 대상에는 모든 건설기계가 포함된다는 것이다. 따라서 건설기계는 차마 등의 구분을 불문하고 음주운전이나 뺑소니 행위를 한 경우 그대로 처벌 대상이 된다.

신임 경찰관들은 이러한 차마 등의 구분을 명확히 이해해야 한다. 그래야 국민들이 “왜 자전거는 뺑소니가 성립하지 않나요?” “왜 경운기를 무면허로 운전해도 단속하지 않나요?”라고 물을 때, 억지로 윽박지르듯 대응하는 것이 아니라 법적 근거를 들어 친절하고 설득력 있게 설명할 수 있게 되는 것이다.

결국 실무에서는 사고후미조치가 상대적으로 가볍고, 도주차량은 초범이라도 실형이 선고될 위험이 있어 훨씬 중대하게 취급된다.

제8장

벌점
누적되는 숫자, 면허와 생계를 흔든다

1 서론

교통질서 확립과 안전 확보는 경찰의 핵심 임무 가운데 하나이다. 자동차의 급속한 보급은 이동의 자유를 넓히는 동시에 교통사고라는 새로운 위험을 초래했다. 특히 한국 사회는 고밀도 교통 환경과 장시간 운전 문화, 그리고 빠른 운전 성향이 결합되어 교통사고의 발생 빈도와 피해 정도가 상당히 높은 편[62]이다. 이러한 상황에서 교통법규 위반에 대한 제재는 단순한 처벌을 넘어 운전자 행동을 교정하고, 나아가 사회 전체의 안전을 예방적으로 보장하는 중요한 장치가 된다.

그 가운데 벌점 제도는 형사처벌, 행정처분, 민사적 책임을 서로 연결하는 복합적인 규율 수단이다. 범칙금이나 과태료가 경제

62 도로교통공단이 발표한 2019년 기준 'OECD 회원국 교통사고 비교' 보고서에 따르면, 우리나라의 교통안전 수준은 여전히 낮다. 인구 10만 명당 교통사고 사망자 수는 6.5명으로 OECD 36개국 중 27위에 해당하며(사망자가 적은 순 기준), 자동차 1만 대당 교통사고 사망자 수는 1.2명으로 31위에 머물렀다.

적 불이익만을 의미한다면, 벌점은 운전자의 운전권 자체에 직접적인 영향을 미친다는 점에서 훨씬 강력하다. 운전자들은 흔히 벌점을 단순히 '점수 차감'으로 인식하지만, 실제로는 일정 기간 동안 누적 관리[63]되며, 면허 정지나 취소로 이어지는 구조적 장치를 포함하고 있다. 따라서 경찰관이 이를 설명할 때는 제도의 도입 취지와 법적 의미, 구제 절차까지 충분히 안내할 필요가 있다. 현장에서 단속을 하다 보면 운전자들은 단순히 "몇 점입니까?"라고 묻는 경우가 많다. 그러나 그 질문의 배경에는 "이 벌점이 내 생활에 어떤 영향을 미칠까?" "누적되면 언제 취소되는가?" "구제받을 방법은 있는가?"라는 근본적인 불안이 숨어 있다. 따라서 경찰관은 단순히 숫자를 알려주는 수준을 넘어, 제도의 구조와 장기적 영향을 설명할 수 있어야 한다. 그래야만 운전자가 제도의 필요성을 납득하고 법규 준수로 이어진다.

2 벌점 누적과 면허 정지처분

우리나라에서 운전면허 정지의 기준은 벌점 40점이다. 이 숫자는 임의로 정한 것이 아니라, 교통법규 위반의 사회적 위험성, 행정 집행의 효율성, 국민 생활에 미치는 영향 등을 종합적으로 고려하여 설정된 것이다. 벌점이 40점에 도달하면 면허 정지 처분[64]이 내

63 벌점이 40점을 넘으면 1점당 1일로 계산해 면허 정지 처분이 내려지고, 1년간 121점, 2년간 201점, 3년간 271점이 누적되면 면허 취소 처분이 이루어진다.

64 이때 바로 정지나 취소 처분이 내려지는 것은 아니다. 사회 적응 기간과 행정처분에 소요되는 시간이 필요하기 때문에 정지는 40일 이하, 취소는 60일 이하의 기간 내에서 운전할 수 있는 임시 면허증이 발급된다. 이후 해당 기간이 지나면 면허 정지 또는 취소 처분이 시작된다.

려지며, 이때 벌점 1점 = 정지 1일이라는 간단한 환산식이 적용된다. 따라서 45점을 받은 경우에는 45일간 운전을 할 수 없게 된다. 예를 들어보자. 한 운전자가 승용차로 출근길에 정지선 기준 적색 신호에 정지하지 않고 교차로를 통과해 신호위반으로 적발되었다면, 범칙금 6만 원과 벌점 15점이 부과된다. 같은 날 퇴근길에는 불법 유턴으로 적발되어 중앙선침범에 해당, 벌점 30점이 추가된다. 결국 하루 동안 총 45점이 누적되었고 이 운전자는 45일간 면허정지 처분을 받게 된다.

그러나 이러한 단순한 제재만으로는 제도의 목적을 달성하기 어렵다. 그래서 마련된 것이 벌점감경제도이다. 운전자는 정지처분이 확정되기 전, 도로교통공단의 교육을 통해 최대 20점[65]까지 벌점을 줄일 수 있다. 이 교육은 단순한 '점수 감경 수단'이 아니라, 교통안전 의식을 고취하고 사고를 줄이기 위한 교육적 장치이다. 다시 말해, 벌점 제도는 처벌과 교육을 병행하여 운전자 행태를 변화시키려는 복합적 제도인 것이다.

3 누적 관리와 장기적 효과

벌점은 단기간에만 관리되는 것이 아니다. 제도는 1년 · 2년 · 3년 단위로 누적 관리 구조를 갖추고 있다. 1년 동안 누적된 벌점이 40점 이상이면 정지, 121점 이상이면 취소가 된다.[66] 2년 동안은 201점

65 '특별교통안전교육' 가운데 하나인 '벌점 감경 교육'을 1년에 한 번 이수하면 벌점 20점을 감경받을 수 있다(「도로교통법 시행규칙」 [별표 28]).

66 최대 정지일수가 120일이라는 사실을 간접적으로 파악할 수 있다.

이상, 3년 동안은 271점 이상이면 면허가 취소된다.[67] 3년이 지나면 최초 1년 차의 벌점은 소멸되고, 2년 차 벌점부터 다시 3년간 관리된다.

이러한 구조는 단순한 행정 편의가 아니라, 장기적·반복적 위반자를 걸러내기 위한 안전장치다. 가벼운 위반을 하더라도 꾸준히 반복하는 운전자는 결국 일정 시점에서 면허가 취소되도록 설계되어 있다. 즉 벌점 제도는 단발적 처벌이 아니라, 운전 습관을 장기적으로 규율하기 위한 체계적 장치인 것이다.

4 교통사고와 인적 피해에 따른 벌점

교통법규 위반과 달리, 실제 교통사고로 인한 인적 피해는 그 심각성에 따라 벌점이 차등적으로 부과된다. 단순히 규칙을 어겼는지가 아니라 사회적 피해의 정도를 반영하는 것이다.

사망: 1명당 90점
중상: 3주 이상 치료가 필요한 경우, 1명당 15점
경상: 5일 이상 3주 미만 치료가 필요한 경우, 1명당 5점
부상신고: 5일 미만 치료가 필요한 경우 1명당 2점

교통사고 처리에서 가장 핵심적인 쟁점 중 하나는 '사망 시점'이다. 이를 둘러싸고 논의되는 주요 논점은 세 가지다.

첫째는 벌점 문제다. 가해 차량 운전자는 피해자가 사망한 경우 1명당 90점의 벌점이 부과된다. 그러나 사고 직후가 아닌 3일 뒤에 사망한 경우에는 '중상'으로 분류되어 15점만 부과된다.

---

67 「도로교통법 시행규칙」 [별표 28]

둘째는 통계 기준이다. 도로에서 흔히 볼 수 있는 <어제 사망한 교통사고 사망자 수> 표지판을 떠올려 보자. 여기서 '사망자'로 집계되는 기준은 사고 발생 후 30일 이내에 사망한 경우다. 30일 이후 사망하면 사망자 통계에서 제외된다. 이 때문에 실무에서는 교통과의 실적 지표 중 하나인 '사망자 수'를 줄이기 위해 30일이 지나 사망하길 바라는 이른바 '속내'가 존재하기도 한다.

셋째는 인과관계 문제다. 교통사고 발생 직후 사망할 수도 있고, 1일, 3일, 일주일, 한 달, 심지어 1년 뒤에 사망할 수도 있다. 그렇다면 어디까지를 교통사고로 인한 사망으로 볼 것인가? 이는 단순히 며칠 만에 사망했는가의 문제로 판단할 것이 아니라, 수사를 통해 교통사고와 사망 사이의 인과관계를 입증하는 것이 핵심이다.

예컨대 내가 처리했던 사건 중 차량이 저수지에 빠져 운전자가 사망한 사건이 있었다. 교통사고로 인한 사망이라면 보험금은 3억 원, 질병 사망이라면 5천만 원이 지급되는 사건이었다. 조사 결과 사망자의 기도에서 플랑크톤이 발견되었는데, 이는 가드레일을 충격한 뒤 저수지에 빠진 후에도 일정 시간 호흡이 있었다는 뜻이므로 '교통사고로 인한 사망'으로 판단할 수 있었다. 반대로 심장마비 등으로 이미 의식을 잃은 상태에서 차량이 저수지에 빠졌다면 기도에서 플랑크톤은 발견되지 않았을 것이다.

따라서 교통사고 사망 원인 규명에서 핵심은 단순히 며칠 만에 사망했는지가 아니라, 사망의 직접 원인이 교통사고인지 여부다. 다만 현실적으로 행정처분상 벌점은 기계적으로 적용되어, 사망 시점이 3일을 넘으면 15점, 3일 이내라면 90점을 부과한다. 이로 인해 동일한 사망사고임에도 불구하고 가해자에게 부과되는 점수와 처분이 달라진다는 점을 주의해야 한다.

5 교통사고 벌점 산정 방법

운전자 A씨가 친구를 태우고 신호를 위반하다가 다른 차량과 충돌하였다. A씨 본인은 경상을 입었고, 동승자 B씨는 중상, 상대방 운전자는 사고 3일 뒤에 사망했다.

이 경우 A씨가 받게 될 벌점은 신호위반 15점, 동승자의 중상 15점,[68] 상대방 운전자는 3일 뒤 사망했으므로 중상으로 간주되어 15점이 부과된다. 합계는 45점[69]이다. A씨 본인의 부상은 가해자 자신의 것이므로 벌점에 포함되지 않는다. 따라서 면허는 45일간 정지되며, 동시에 형사책임과 민사적 배상 책임도 져야 한다.

이 사례는 단순히 계산 문제가 아니라, 가해자 본인의 부상은 벌점에 포함되지 않는다는 제도의 취지를 잘 보여준다. 이미 가해자는 행정 · 형사 · 민사 책임을 동시에 지기 때문에, 본인의 부상까지 벌점으로 산정하는 것은 과도하다는 판단이 반영된 것이다.

6 외국 제도와의 비교

독일은 '플렌스부르크 벌점 은행(Fahreignungsregister in Flensburg)'을 통해 벌점을 관리하며, 단순 처벌보다 운전자의 행동 교정을

68 사고 후 가족(배우자·자녀 등)이 동승자인 경우에도, 법적으로는 타인(제3자)'으로 취급된다. 따라서 형사절차에서는 가족이라고 해서 예외가 적용되지 않는다. 즉, 배우자가 동승자인 상태에서 교통사고가 발생하여 배우자가 상해를 입은 경우, 동승자라 하더라도 피해자 기준에 포함되므로 다만, 현실에서는 가족들이 진단서를 제출하지 않을 뿐이다.

69 단, 해당 사고 장소가 중앙경찰학교 구내와 같이 「도로교통법」상 '도로 외의 장소'에 해당하는 경우에는 행정처분을 실시할 수 없으므로 벌점은 부과되지 않는다(0점).

중시[70]한다.

일본은 '누적점수제도(累積点数制度)'를 운영[71]하며 교육과 자율적 개선을 강조한다. 면허 정지 처분을 받은 경우 교통안전강습을 이수하면 정지 기간을 단축할 수 있다.

한국은 일정 점수 초과 시 곧바로 면허 정지 · 취소가 이루어지고, 교육을 통한 감경은 제한적이다. 반면 일본은 교육과 무위반 제도로 개선 기회를 부여하고, 독일은 세미나와 심리검사로 교정적 성격을 강화한다. 결국 일본과 독일은 운전자의 행동 변화를 목표로 하지만, 한국은 처벌 중심적 구조를 보인다.

7 결론

종합하면, 벌점 제도는 단순히 점수를 누적해 처벌하는 관리 장치가 아니라, 교통사고 예방과 안전 확보를 위한 복합적 제도다. 따라서 현장 경찰관은 제도의 원리와 취지, 그리고 구제 절차를 운전자에게 충분히 설명하여 스스로 이해하고 수용할 수 있도록 해야 한다. 나아가 국제적 흐름을 고려할 때, 우리나라의 벌점 제도도 단순 처벌을 넘어 교육적 · 예방적 기능을 강화하는 방향으로 발전할 필요가 있다.

70 독일, 「운전면허법 시행규칙」(Fahrerlaubnis-Verordnung, FeV)

71 일본, 「도로교통법」 제103조~제104조

제2부

현장 적용을 위한 법률과 제도 이해

제9장

도로의 성립요건

한 발자국 차이, '도로' 여부가 운명을 바꾼다

경찰관이 교통법규 위반을 단속하거나 교통사고 사건을 처리할 때 가장 먼저 확인해야 하는 것은 단순히 위반 여부가 아니다. 보다 근본적으로, 해당 장소가 「도로교통법」상 '도로'에 해당하는지 여부를 먼저 따져보는 것이 중요하다. 도로의 성립 여부는 경찰관의 권한과 직결되며, 나아가 위법행위에 대한 처벌 가능성 자체를 좌우하기 때문이다. 도로로 인정되는 공간에서는 경찰관이 통고처분을 통해 범칙금을 부과하고 벌점을 누적시킬 수 있지만, 도로로 인정되지 않는 공간에서는 범칙금 부과나 행정처분 자체가 불가능하다. 따라서 현장에서 올바른 법 집행을 위해서는 도로 개념에 대한 명확한 이해가 필수적이다.

「도로교통법」 제2조는 도로를 「도로법」, 「유료도로법」, 「농어촌도로 정비법」 등에 따른 도로 외에도, 현실적으로 불특정 다수의 사람이나 차량이 통행할 수 있도록 공개된 장소로서 안전하고 원활한 교통을 확보할 필요가 있는 곳까지 포함한다. 즉, 「도로교통법」상 '도로'는 「도로법」 등 개별 법률에 따른 도로에만 한정되지 않는다. 시청이나 공원 주차장처럼 불특정 다수에게 개방된 장소도 도로로 인정될 수 있으며, 반대로 사유지처럼 폐쇄적으로 운영되거나 특정인만 출입할 수 있는 장소는 도로로 보지 않는다. 결국 단속 현장에서 '불특정 다수의 통행 가능성'이 도로 인정 여부를 판단하는 핵심 기준이 된다.

도로로 인정되기 위해서는 네 가지 요건이 있다. 첫째, 형태성으로서 차량이 통행할 수 있도록 일정한 구조와 형상을 갖춰야 한다. 둘째, 이용성으로서 실제로 불특정 다수가 통행해야 한다. 셋째, 공개성으로서 국민 누구에게나 개방되어 있어야 한다. 넷째, 경찰권의 미치는 범위로서 교통단속 권한이 적용될 수 있어야 한다. 이 네 가지를 교통 수업 시간에는 기억하기 쉽게 "형이 공경(형태성 · 이용성 · 공개성 · 경찰권)하겠습니다"라는 말로 설명하곤 한다.

이 중에서도 공개성은 실무에서 가장 자주 논란이 된다. 예를 들어 중앙경찰학교 내부 도로는 아스팔트로 포장되고 왕복 4차로를 갖추고 있어 겉보기에는 도로처럼 보이지만, 출입이 허가받은 사람에게만 제한되고 경비 인력이 출입을 통제한다. 이 경우 「도로교통법」상 도로로 인정되지 않아, 내부에서 무면허 운전을 하거나 과속을 하더라도 단속과 범칙금 부과는 불가능하다.

「도로교통법」은 이처럼 '도로'를 전제로 적용되는 법률이다. 원칙적으로 도로 외의 장소에서 발생한 행위는 처벌할 수 없으나, 음주운전, 사고 후 미조치, 인적사항 미제공[1] 세 가지 행위에 대해서는 예외적으로 형사처벌이 가능하다. 다만 이 경우에도 형사처벌은 가능하지만 운전면허 정지나 취소와 같은 행정처분은 불가능하다. 예컨대 도로 외에서 음주운전을 해 형사처벌을 받더라도 운전면허는 유지된다.

1 인적사항미제공은 주차장 등 도로 외 장소에서 주차된 차량을 들이받고도 연락처나 인적사항을 남기지 않고 현장을 이탈한 경우에 적용되는 규정이다. 이러한 도로 외에서의 행위는 앞서 말한 세 가지 처벌 규정뿐 아니라, 「특정범죄 가중처벌 등에 관한 법률」상의 도주차량까지 처벌되고 있다는 점을 숙지해야 한다.

비슷한 상황은 오피스텔 지하주차장에서도 나타난다. 예를 들어 경비원의 신고로 음주운전이 확인되더라도, 출입이 제한되는 지하주차장은 도로로 볼 수 없다. 이 경우에도 형사 입건은 가능하지만 면허 취소나 정지 등 행정처분은 할 수 없다.

이때 현장에서 경찰관이 반드시 해야 할 일은 해당 장소가 도로가 아니라는 사실을 입증할 자료를 확보하는 것이다. 예를 들어 지하주차장 입구의 차단기, 출입카드 시스템, 보안요원의 통제 상황 등을 사진이나 영상으로 확보하면 그 공간이 일반에 개방되지 않았다는 점을 명확히 증명할 수 있다. 이러한 증거는 이후 면허 정지나 취소 등 행정처분을 하지 않아야 할 법적 근거로 활용된다.

또 다른 사례로 지하주차장에서의 인적사항 미제공 사건을 들 수 있다. 어떤 운전자가 주차된 차량을 들이받고 아무런 조치 없이 도주했다면 형사처벌은 가능[2]하지만, 도로가 아닌 장소에서 발생한 사건이므로 원래 부과될 수 있는 벌점[3]은 적용되지 않는다. 이처럼 동일한 행위라도 도로 여부에 따라 처벌 범위와 효과가 달라진다.

교통사고도 마찬가지다. 아파트 지하주차장 등 도로 외의 장소에서 발생한 사고의 경우, 일반적으로는 위반행위와 인적 피해에 따라 벌점이 부과되지만, 도로가 아닌 곳에서 일어난 사고에는 교통사고 벌점이 부과되지 않는다.

도로 여부는 자전거도로와 관련해서도 중요한 쟁점이다. 예컨대 한강 자전거도로와 그 옆 보행로가 도로에 해당하는지 여부는 실무상 매우 중요한 의미를 가진다. 앞서 제2장 음주운전과 제14장 개인

2 「도로교통법 시행령」 [별표 8] 제1의3호(인적 사항 제공의무 위반)에 따라, 주·정차된 차량만 손괴한 것이 분명한 경우 운전자가 인적 사항을 제공하지 않으면 승용자동차 기준으로 12만 원의 범칙금이 부과된다.

3 인적사항 미제공 15점, 안전운전 불이행 10점으로 도합 25점이 부과된다.

형 이동장치 파트에서 살펴본 것처럼, 자전거와 개인형 이동장치는 도로 외의 장소에서는 음주운전을 처벌할 수 없기 때문이다. 또한 한강 자전거도로에 횡단보도나 제한속도 표지판이 설치되어 있다면, 이를 도로로 인정할 경우 횡단보도 위 보행자 사고는 12대 중과실로, 과속 운행은 과속 위반으로 처벌이 가능해지는 구별 실익이 존재한다.

이에 대해 경찰청은 2024년 11월 5일 회신에서 한강 자전거전용도로와 그 횡단보도를 「도로교통법」상 '도로'로 공식 인정하였다. 자전거도로가 ▲형태성 · 이용성 · 공개성을 갖추고 ▲서울시장이 적법하게 교통안전시설을 설치 · 관리하며 ▲법령상 기준에도 부합하기 때문이다. 이에 따라 해당 구간에서 발생한 사고는 「교통사고처리특례법」 단서(횡단보도 보행자 보호의무 위반) 적용이 가능하고, 중앙선 침범이나 과속도 일반 도로와 동일하게 처벌된다. 또한 도로로 인정되므로 자전거나 개인형 이동장치 운전자의 음주운전도 처벌 대상이 된다.

반면 한강 자전거도로 옆 보행로는 다르다. 영등포구청은 2025년 9월 30일자 공문에서 해당 보행로가 자전거도로와 별도의 시설이며 도로로 볼 수 없다고 회신하였다. 따라서 그 보행로에서 자전거나 개인형 이동장치를 음주 상태로 운전하더라도 경찰은 이를 처벌할 수 없으며, 해당 구간에서 사망사고가 발생하더라도 교통사고 사망자 통계에서 제외되는 등 실무상 효과가 달라진다.

결국 정리하자면, '도로 여부 판단'은 경찰관이 단속이나 수사를 적법하게 수행할 수 있는지 여부를 결정하는 핵심 기준이다. 도로 여부에 따라 어떤 경우에는 형사처벌만 가능하고, 어떤 경우에는 행정처분까지 가능하다. 현장에서 경찰관은 단순히 위반행위를 확인하는 데서 끝내지 말고, 반드시 해당 장소가 도로인지 여부를 검토해야 한다.

특히 신임 경찰관에게는 "도로냐, 아니냐"라는 질문이 단순한 개념 구분이 아니라 국민의 권익과 직결되는 판단임을 강조할 필요가 있다. 이를 명확히 구분하지 못하면 위법한 경찰 활동으로 이어져 국민의 기본권을 침해할 수 있다. 반대로 법령과 판례에 근거하여 도로 여부를 정확히 판단한다면, 경찰관은 합법적 권한을 행사하고 교통질서 확립이라는 본연의 임무를 충실히 수행할 수 있게 되는 것이다.

제10장

통고처분과 과태료

딱지냐 과태료냐, 헷갈리는 경계를 구분하라

"통고처분과 과태료의 차이점을 아는가?"라는 질문을 현장에서 해보면 의외로 많은 사람들이 답을 못한다. 심지어 경찰생활을 10년 넘게 한 경찰관들조차도 순간적으로 헷갈려서 "이게 범칙금이던가, 저게 과태료이던가" 하고 머뭇거리는 경우가 종종 있다. 하지만 이 두 제도의 차이를 명확히 이해하는 것은 경찰관의 실무 수행에 있어 매우 중요한 일이다.

1 범칙금 제도의 도입 배경

먼저 범칙금 제도, 즉 통고처분이 도입되기 전의 상황을 떠올려 보겠다. 과거에는 아주 경미한 위반이라도 모두 형사 절차로 처리해야 했다. 예를 들어, 무단횡단을 한 보행자나 무면허 운전을 한 운전자 모두 똑같이 현행범으로 체포 대상이 될 수 있었고, 경찰관은 피의자신문조서를 작성해야 했다. 피의자가 스스로 "제 이름은 김재량입니다"라고 진술해도 사건을 수사하는 경찰관은 이를 그대로 믿을 수는 없었기 때문에 반드시 지문을 찍어 전산(E-Criss)에 대조하여 신원을 확인한다. 이후 신원이 확인되면 작성된 수사 서류를 작성하여 검찰에 송치하고, 검사가 기소하며, 판사가 재판을 거쳐 판결을 내린다. 단순히 2만 원 범칙금으로 끝날 사안도 결국 20만 원의 벌금이 확정되어, 전과 기록으로 남게 되는 것이다.

이런 방식은 여러 가지 문제를 야기한다. 첫째, 국민 대다수가 사소한 위반으로도 쉽게 전과자가 된다. 둘째, 경찰관은 경미한 사건 처리 때문에 정작 중요한 범죄에 대응할 시간이 부족해진다. 셋째, 위반자 본인 역시 복잡하고 번거로운 형사 절차를 감당해야 한다. 이러한 불합리함을 개선하기 위해 도입된 제도가 바로 범칙금 제도, 즉 통고처분이다.

2 범칙금 제도의 법적근거

입법자들은 국민이 일상에서 가장 흔히 저지를 수 있는 위반을 대상으로 범칙금 제도를 설계했다. 이때 기준이 된 법률이 바로 「경범죄처벌법」과 「도로교통법」이다.

「경범죄처벌법」은 국민들이 일상생활 중 걸어 다니면서 쉽게 범할 수 있는 가벼운 위반을 규정한다. 길거리에서 침을 뱉거나 주취소란을 일으키거나, 무단으로 벽보를 붙이거나 쓰레기를 버리는 행위 등이 여기에 해당한다.

반면 「도로교통법」은 자동차 운전과 관련해 자주 발생하는 위반을 다룬다. 신호위반, 중앙선 침범, 속도위반처럼 운전자가 방심하면 누구나 저지를 수 있는 행위들이 대표적이다. 다만 「도로교통법」 안에는 음주운전, 무면허운전과 같이 결코 가볍지 않은 범죄들도 함께 포함되어 있었다.

따라서 두 법률에 규정된 모든 위법행위를 동일하게 다룰 수는 없었고, 이에 따라 입법자는 20만 원 이하의 벌금·구류·과료에 해당하는 행위를 기준으로 삼았다. 국회는 이를 목록으로 정리해 범칙금이라 불렀고, 행정법상 용어로는 '통고처분', 비속어로는 '딱지'라고도 부른다. 모두 같은 제도를 가리키는 표현이다.

3 범칙금 부과 주체

범칙금 부과 권한은 검사나 판사에게 주어지지 않았다. 검사는 이미 기소독점주의로 인해 막강한 권한이 집중되어 있기 때문에, 여기에 범칙금 부과권까지 더한다면 권력 남용의 소지가 커질 수밖에 없고, 판사 역시 재판과 판결이라는 본연의 기능에 집중해야 하므로, 직접적인 집행 권한을 맡기는 것은 적절하지 않았다. 결국 입법자는 법을 현장에서 즉시 집행할 수 있는 주체, 즉 '거리 위의 판사'라 불리는 경찰관에게 범칙금 부과 권한을 부여하게 된 것이다.

4 범칙금과 과태료의 차이

그렇다면 범칙금과 과태료는 어떻게 구분할까? 가장 쉬운 기준은 부과 대상이 누구냐이다.

범칙금은 '사람'에게 부과된다. 즉, 경찰관이 현장에서 위반자를 특정하고 직접 단속했을 때 부과되는 것이 범칙금이다.

반대로 과태료는 차량(엄밀히 말하면 차량 소유자[4])에 부과된다. 무

4 동승자의 안전띠 미착용처럼 사람에게 부과되는 경우도 있지만, 여기서는 일반적인 경우를 말한다.

인단속 장비에 의해 차량이 촬영되었을 경우, 실제 운전자가 누구인지 특정하기 어렵기 때문에 차량 소유주에게 책임을 묻는 방식이다.

이 차이에서 또 다른 중요한 구분이 파생된다. 범칙금은 사람에게 부과되므로 벌점이 함께 부과될 수 있다. 예컨대 신호위반, 중앙선 침범 등은 범칙금과 함께 벌점[5]이 따른다. 반대로 과태료는 차량에 부과되므로 벌점이 전혀 없다. 운전자 입장에서는 과태료가 더 유리하다고 느낄 수도 있는 이유다.

또 하나의 차이는 금액이다. 범칙금은 과태료보다 대체로 1만 원 정도 저렴[6]하다. 이는 범칙금에는 금액 외에 벌점이라는 추가 불이익이 뒤따르기 때문에, 상대적으로 낮게 책정된 것이다. 그래서 어떤 운전자들은 오히려 과태료 대신 범칙금으로 처리[7]되기를 원하기도 한다. 그렇다면 범칙금은 과태료로 전환될 수 있을까? 반대로 과태료는 범칙금으로 전환될 수 있을까? 원칙적으로 범칙금은 과태료로 바꿀 수는 없다.[8]

실제 사례를 들어보겠다. 김재량이 자신의 차량을 몰고 경부고속도로를 달리다가 과속카메라에 단속되었다면, 이는 차량이 찍힌 것이므로 과태료가 부과된다. 반대로 김재량이 운전 중에 경찰관에게 안전띠 미착용으로 적발되었다면, 이는 운전자인 김재량에게 직접 부과되는

5 안전띠 미착용이나 무단횡단 같은 경우는 벌점이 따르지 않는 경우도 있지만 대다수의 범칙금에는 벌점이 부과된다.

6 과태료 대비 벌점이 10점·15점인 경우에는 1만 원, 30점인 경우에는 3만 원이 저렴하다.

7 경찰에게 직접 단속되어 범칙금을 납부하면, 이는 교통법규 위반 기록으로 남게 된다. 이 기록은 자동차 보험 갱신 시 보험사에 통보되어 보험료 할증의 기준이 되므로 주의해야한다.

8 다만, 신호위반·중앙선침범·속도위반 등 14개 항목은 민원인 요청 시 범칙금 대신 과태료 부과로 전환 가능하며, 이 경우 벌점은 부과되지 않는다.

것이므로 범칙금이다. 무인단속으로 과태료가 부과된 경우에는, 차량 소유자가 경찰서에 출석하여 "제가 직접 운전했습니다"라고 진술하고 면허증을 제시하면 범칙금으로 전환될 수 있게 되는 것이다. 이는 무인단속이 '운전자 특정이 불가능한 상태'를 전제로 과태료가 부과되는 절차이기 때문이다. 운전자가 스스로를 특정해 버리면 더 이상 과태료 대상이 아니므로, 범칙금 부과 절차로 넘어갈 수 있게 되는 것이다.

반대로, 경찰관이 현장에서 직접 운전자를 확인하고 통고처분(범칙금)을 부과한 경우에는 과태료로 바꾸는 것이 불가능하다. 이미 특정된 사람에게 '누가 위반했는지'를 전제로 발부된 것이기 때문에, 사후에 그 절차를 행정질서벌인 과태료로 전환할 수 없게 되는 것이다.

여기서 또 한 가지 짚고 넘어가야 할 점이 있다. 범칙금은 형사절차를 간소화한 제도라는 점이다. 원래는 피의자신문조서를 작성하고 전과기록이 남던 것을 단순화한 것이므로, 일사부재리 원칙[9]이 그대로 적용된다. 따라서 한 번 부과된 범칙금은 다시 부과할 수 없다.

따라서 중앙경찰학교 생활안전 수업에서 "범칙금의 법적 근거가 무엇인가?"라고 물으면 「경범죄처벌법」이라고 답해야 하고, 교통 수업에서 같은 질문을 하면 「도로교통법」이라고 답해야 한다. 적용 법률은 다르지만 범칙금이라는 제도 자체는 동일한 개념인 것이다. 이와 달리 과태료는 「질서행위규제법」을 근거로 두고 있다는 점에서 본질적으로 다른 제도다.

범칙금 절차의 특징은 '10'이라는 숫자와 밀접하다. 1차 납부기한은 10일, 2차 납부기한은 20일, 이의신청도 10일 이내에 해야 한다. 다만 천재지변과 같은 불가항력 사유가 있는 경우에는 사유 해소 후

9 일사부재리 원칙은 말 그대로 '한 번 사건이 끝나면 다시 다루지 않는다'는 형사법의 기본 규칙이다.

5일 이내에 신청할 수 있도록 규정되어 있다. 여기서 중요한 점은 초일 산입 여부다. 범칙금 납부기한은 단속 당일이 아니라 익일부터 계산한다. 과거에는 폴리폰이 없어 경찰관이 현장에서 수기로 고지서를 작성하면 바로 은행에 납부할 수 있는 것이 아니었기 때문이다. 반드시 경찰관이 전산에 입력해야만 은행 납부가 가능했으므로, 납부 기한을 고지서 발부 다음 날부터 계산하도록 규정한 것이다. 반면 이의신청은 위반 사실을 알게 된 순간부터 권리 보장이 필요하기 때문에 단속 당일부터 산입한다.

이처럼 범칙금과 과태료는 얼핏 보면 비슷해 보이지만, 부과 대상, 벌점 여부, 금액, 절차, 그리고 법적 근거에서 확연한 차이가 존재한다. 경찰관은 이러한 차이를 명확히 이해하고 현장에서 적용해야 불필요한 혼란을 줄일 수 있다. 이 내용을 정리하면 아래 표와 같다.

표 10-1

구분	범칙금	과태료
법적 성격	형사절차 간소화 제도	행정질서벌
법적 근거	도로교통법, 경범죄처벌법	질서행위규제법
부과 대상	위반자 특정 필요	자동차(차량 소유자)
전환가능	과태료 전환 불가	범칙금 전환 가능
벌점	부과 가능	없음
이의신청	10일 이내	60일 이내
예시	안전띠 미착용, 신호위반 등 현장적발	무인단속 카메라

5 실효성 확보수단

1) 범칙금 미납

범칙금을 끝까지 납부하지 않는 경우 어떻게 될까? 1차 납부기한이 지나면 범칙금액이 20% 가중되고 이를 또 납부하지 않으면, 결국 즉결심판에 회부된다. 그러나 냉정히 생각해 보면, 처음부터 납부의사가 없는 사람이 과연 즉결심판 기일(예: 다음 주 수요일 판사 앞 출석)에 성실히 나올 가능성이 있을까? 현실적으로는 출석조차 거부하는 경우가 많다.

이때 작동하는 장치가 바로 운전면허 행정처분이다. 범칙금을 끝까지 납부하지 않으면, 운전면허 정지 40일 처분을 받게 된다. 결국 대다수의 운전자들은 장기간 면허 정지로 인한 불편함을 피하기 위해 범칙금을 납부할 수밖에 없다.

여기서 흥미로운 문제가 하나 더 파생된다. 자전거 운전자도 신호위반을 할 수 있다는 점이다. 자전거 운전자 중에는 면허 소지자가 있을 수도, 아예 면허가 없는 사람도 있을 수 있다. 그렇다면 면허가 없는 사람이 범칙금을 끝까지 납부하지 않으면 어떻게 될까? 결론은 간단하다. 아무런 제재 수단이 없다. 면허 정지라는 행정처분이 애초에 적용되지 않기 때문이다.

이 문제 때문에 과거 서울지방경찰청에서는 일선 경찰관들에게 "면허 없는 자전거 운전자와 면허 있는 운전자의 형평성을 위해서 범칙금 발부를 가급적 지양해 달라"는 협조 공문을 각 경찰서로 내린 적도 있었다.

2) 과태료 체납

그렇다면 과태료를 끝까지 내지 않는 경우는 어떻게 될까? 대학생 시절 주정차 위반으로 부과된 과태료를 일부러 체납해 둔 적이 있었다. 하지만 나중에 폐차를 하거나 차량 명의를 이전하려고 하자, 반드시 체납액을 납부해야만 폐차나 명의이전 절차가 가능했다.

즉, 범칙금 미납이 운전자 개인에게 면허정지라는 불이익을 주는 대인적 처분이라면, 과태료 체납은 해당 차량에 압류가 걸리는 대물적 처분이다. 그래서 폐차나 이전 등록 시 반드시 체납액을 해결해야 했다.

하지만 문제는 체납 규모였다. 매년 적지 않은 금액이 미납 상태로 쌓이는데, 실제로 2023년 기준 경찰이 부과한 과태료의 미수납액은 1조 609억 원에 달했으며, 2024년에도 1조 837억 원으로 2년 연속 1조 원을 넘겼다.[10] 해마다 이런 규모가 반복되면서 누적 체납액은 2조 원을 훌쩍 넘어섰고, 이는 단순한 행정 미비가 아니라 국가 재정 문제와 직결되는 심각한 사안으로 인식되었다. 결국 재정 문제 해결 차원에서라도 반드시 손을 봐야 하는 상황이 된 것이다.

그래서 나온 해법이 바로 '번호판 영치' 제도다. 기준은 간단하다. 30만 원 이상, 60일 이상 체납한 차량은 번호판[11]을 영치하도록 한 것이다.

처음에는 과태료가 지자체 권한이므로 시 · 군 · 구청장에게 집행을 맡겼다. 그러나 항상 돌아오는 답은 같았다. "인력이 없습니다. 불가합니다." 결국 경찰에게 업무가 이관되었고, 예상대로 현장에서는 소극적 반응이 많았다. 그래서 내세운 보상책이 바로 표창이었다. 번호판 영치를 성실히 수행한 경찰관에게 표창을 주겠다는 것이었다.

결국 우리는 지금도 야간 근무 중 사건이 없을 때 과태료 체납 차량 리스트를 엑셀로 뽑아 들고, 골목골목을 누비며 체납 차량을 찾아다니는 씁쓸한 현실에 직면해 있다.

---

10 뉴스1, "경찰, 미납 과태료 2년째 1조…장기체납만 6800억", 2025. 8. 12. 보도

11 2024년 2월 20일 공포된 「자동차관리법」 일부개정법률(법률 제20339호)에 따라, '뒷번호판 봉인 제도'가 62년 만에 폐지되었다. 이에 따라 이제는 앞뒤 번호판 중 어느 쪽이든 영치가 가능하다. 다만, 번호판이 없는 차량의 운행 적발 편의성을 고려하여 현장에서는 앞 번호판을 영치하는 방식을 주로 사용하고 있다.

제11장

교통사고처리특례법
합의와 보험, 그리고 12대 중과실을 이해하라

「교통사고처리특례법」(이하 교특법이라 한다)은 교통사고 분야에서 빼놓을 수 없는 핵심 법률이다. 교특법이 제정되기 이전과 이후는 현장에서 체감하는 수사와 재판의 모습이 극명하게 달라졌다.

먼저 교특법이 제정된 시점을 보자. 1982년 12월 31일 제정되어 1983년 1월 1일부터 공표되어 시행되었다. 교특법은 왜 등장했을까? 그 필요성을 이해하려면 교특법 이전 시대로 돌아가야 한다.

1 교특법 제정 이전의 문제점

1980년대 초반까지만 해도 모든 교통사고는 형법상 '업무상과실치상'으로 처리[12]되었다. 단순히 도로에서 차량과 보행자가 부딪히는 경우라도 업무상 과실치상이 적용되었고, 이는 반의사불벌죄[13]가 아니었기 때문에 피해자가 합의해 주더라도 형사처벌이 불가피했다.

12 교특법 제정 이전에는 특별법이 존재하지 않았으므로, 일반법인 형법으로 처벌되었다.

13 문언적 의미 그대로, 상대방의 의사에 반해서는 처벌할 수 없는 범죄이다.

예를 들어보자.

출근길 지하철에서 이재용과 같은 재벌 총수와 우연히 마주쳤다고 가정해보자. 그는 실수로 당신의 발을 밟았고 순간 아프지만, 이재용이 현장에서 "죄송합니다"라며 사과와 함께 위자료 명목으로 1억 원을 건넨다면 어떻게 할 것인가? 아마 많은 사람들이 다른 쪽 발도 내밀고 싶을 만큼 흔쾌히 합의할 것이다. 이 경우 이재용의 행위는 형법상 과실치상죄에 해당한다. 그런데 과실치상죄는 반의사불벌죄다. 즉, 피해자가 처벌을 원하지 않으면 국가도 강제로 처벌하지 못하는 범죄다. 따라서 1억을 받고 합의했다면, 사건은 그대로 종결된다.

그런데 같은 날 저녁을 상상해보자. 이재용이 출근길에는 지하철을 탔지만, 퇴근길에는 직접 운전대를 잡았다. 그의 차량, 팰리세이드가 좁은 골목길을 지나가다 사이드미러로 당신의 팔꿈치를 스쳤다고 해보자. 사고는 똑같이 실수에서 비롯된 것이지만, 이번에는 이야기가 달라진다. 자동차를 운전하는 행위는 법적으로 업무에 해당하기 때문이다. 따라서 단순 과실치상이 아니라 업무상과실치상죄로 적용된다. 중요한 차이는 여기에 있다. 업무상과실치상은 반의사불벌죄가 아니어서, 피해자가 합의해주더라도 수사기관은 반드시 처벌 절차를 밟아야 한다.

이제 입장을 바꿔보자. 당신이 이재용이라면 어떻게 하겠는가? 아침에 지하철에서 발을 밟았을 때는 1억을 주면 사건이 깔끔히 끝난다. 그러나 저녁에 차량으로 팔꿈치를 쳤을 때는, 설령 1억을 주고 합의한다 해도 형사처벌은 피할 수 없다. 그렇다면 굳이 1억을 줄 이유가 있을까? 결국 피해자는 피해 회복을 온전히 받지 못하고, 가해자는 가해자대로 단순 과실임에도 불구하고 전과자가 되는 이상한 상황이 만들어진다. 피해자와 가해자 모두가 만족하지 못하는, 합리적이지 않은 결과가 나오는 것이다.

실제로 1982년 12월까지 이러한 불합리한 상황이 계속되자 사회적 비판이 커졌다. 단순한 과실임에도 불구하고 차량을 운전했다는 이유만으로 모든 국민이 언제든지 전과자가 될 수 있다는 우려가 제기된 것이다. 국민 생활과 가장 밀접한 영역이 바로 교통인데, 매일같이 수많은 운전자들이 단순 실수로 사고를 낼 수 있고, 그때마다 형사처벌을 받아 전과자가 된다면 이는 과도한 규제가 아닐 수 없었다.

당시 국회의원들도 이 문제를 심각하게 받아들였다. 만약 제도를 그대로 두면 국민 다수가 잠재적 범죄자, 잠재적 전과자로 낙인찍힐 수밖에 없기 때문이다. 이에 해결책을 모색하던 입법자들은 주변국 사례를 검토하기 시작했다. 그 과정에서 발견한 것이 바로 일본의 교특법이었다. 일본은 이미 동일한 문제를 경험한 바 있었고, 이를 완화하기 위해 일정한 조건(보험 가입, 합의 등)하에서는 형사처벌을 면제해주는 제도를 마련해 두고 있었다.

우리나라 역시 이를 본떠 제도를 도입했고, 그렇게 해서 교특법이 제정되었다.[14] 결과적으로 교특법은 운전자의 경과실로 인한 사고까지 모두 형사처벌로 몰아넣는 부작용을 완화하고, 피해자의 손해 회복과 가해자의 사회적 회생을 동시에 고려한 절충안으로 자리 잡게 된 것이다.

14 「교통사고처리특례법」은 1982년 제정 당시, 보험 가입률이 낮았던 현실을 개선하기 위한 정책적 목적도 함께 가지고 있었다.

2 교특법의 도입

입법 취지는 단순했다. "국민 여러분, 안심하고 운전하십시오. 교통사고가 나더라도 종합보험에 가입했거나 피해자와 합의했다면 형사처벌을 하지 않겠습니다. 단, 중대한 과실은 예외로 합니다."

이 중대한 과실이 바로 12대 중과실[15]이다. 즉, 대부분의 교통사고는 보험 처리 또는 합의를 통해 형사처벌을 면할 수 있도록 하고, 사회적 비난 가능성이 현저히 큰 중과실 사고에 대해서만 형사처벌을 유지하도록 만든 것이다. 이는 가해자와 피해자 모두를 고려한 절충안이었다.

3 교특법 시행 이후 나타난 문제

교특법은 일정 부분 사회적 혼란을 해소했지만, 시간이 지나면서 새로운 문제가 드러났다.

대표적인 것이 중상해 문제다. 예컨대 보행자가 무단횡단을 하다 차량에 치여 팔이나 다리를 잃는 사고가 발생했다고 하자. 이는 명백히 피해자 인생에 심대한 영향을 미치는 사고다. 그러나 무단횡단은 12대 중과실에 포함되지 않아, 운전자가 종합보험에 가입되어 있

15 처음에는 8대 중과실로 출발하여 1993년 6월 11일 보도침범과 승객추락방지의무가 추가되었고, 2009년 12월 29일: 어린이보호구역 내 안전운전 의무위반이 추가되었다. 어린이 교통사고의 심각성이 사회 문제로 대두되면서, 보호구역 내 사고는 반드시 형사처벌을 받도록 한 것이다. 2017년 12월 3일: 적재물 추락방지의무 위반이 마지막으로 추가되었다. 화물차 적재물이 도로에 떨어져 발생하는 사고가 잦고 피해 규모가 큰 점을 고려한 조치였다. 현재 위 네 가지가 추가되어 12대 중과실이 완성되었다.

다면 형사처벌을 면할 수 있었다.

실제로 금융감독원과 보험개발원의 2024년 통계에 따르면 자동차 책임보험 가입률은 약 98%, 종합보험 가입률은 약 77~79% 수준이다. 즉, 대다수 운전자가 종합보험에 가입해 있어, 현실적으로는 피해자가 중대한 피해를 입었음에도 불구하고, 가해자가 전화 한 통, 사과 한마디, 심지어 병문안조차 하지 않는 경우가 빈번하게 발생해 왔던 것이다. 이런 불합리함은 결국 입법적 개정으로 이어졌다. 2009년 헌법재판소가 현행 교특법이 피해자의 권리를 과도하게 침해한다는 이유로 헌법불합치 결정을 내렸고, 그 결과 2010년부터 교특법에 중상해 조항이 신설되었다.

4 중상해 조항의 의미

개정된 교특법은 단순히 12대 중과실 여부만으로 처벌 여부를 정하지 않는다. 피해자가 사지 절단, 안구 적출 등 일상생활에 중대한 장애를 입은 경우, 가해자는 종합보험 가입 여부와 무관하게 반드시 합의서를 제출해야만 형사처벌을 면할 수 있게 되었다. 실무에서는 대체로 진단 8주[16] 이상의 진단서가 접수된 경우 중상해 여부를 판단한다.

즉, 단순 골절이나 타박상 정도는 제외되지만, 의학적으로 회복이

16 실무에서는 통상 8주 이상 진단이 내려진 경우를 중상해 여부 판단의 기준점으로 삼아 조사한다. 그러나 이는 어디까지나 출발점일 뿐이다. 실제 판단에서는 피해자의 치료 경과, 장해 가능성, 사회생활 복귀 정도 등 다양한 요소를 종합해야 한다. 특히 단순 골절과 같이 8주 진단서가 발급되더라도 중상해로 보기에 무리가 있는 경우는 과감히 배제하는 것이 타당하다. 결국 핵심은 진단 주수에 기계적으로 얽매이지 않고, 실질적 피해 정도를 중심으로 판단하는 데 있다.

어려운 피해를 야기한 경우라면, 피해자와 합의 되지 않은 경우 형사처벌 절차가 진행되는 것이다. 이는 피해자의 권익을 보장하고, 가해자가 단순히 보험에 의존해 책임을 회피하지 못하도록 한 장치다.

5 12대 중과실

그렇다면 교특법에서 정한 12대 중과실에는 어떤 것들이 있을까?

표 11-1 12대 중과실 교통법규 위반 항목

위반 항목		
신호 및 지시위반	철길건널목 통과방법 위반	보도 침범 및 보도 통행방법위반
중앙선 침범·횡단·유턴·후진 위반	횡단보도에서의 보행자 보호의무 위반	승객 추락방지의무 위반 (개문발차)
제한속도 20km 초과 과속	무면허 운전	어린이보호구역 위반
앞지르기 방법 또는 금지위반	주취·약물 복용운전	적재화물등 안전조치 불이행

12대 중과실은 피해자와의 합의 여부와 관계없이 무조건 형사처벌이 이루어진다. 그런데 종종 “왜 사망사고는 12대 중과실에 포함되지 않았는가?”라는 질문이 제기된다. 이는 교특법의 입법 구조와 관련이 있다. 교특법은 본래 교통사고로 인해 사람이 다친 경우, 즉 치상 사건을 대상으로 일정 조건을 충족하면 형사처벌을 면제해 주는 특례 규정을 두고 있다. 따라서 사망사고, 즉 치사의 경우는 애초에 특례의 적용 대상이 아니다.

그렇기 때문에 교특법 조문에 사망사고가 빠져 있다고 해서 이를 처벌하지 않겠다는 의미로 보아서는 안 된다. 오히려 사망사고는 특례가 배제되어 일반 형법상 업무상과실치사죄로 적용된다.

즉, 교특법은 치상에 대해서는 일정한 특례를 인정하지만, 치사에 대해서는 특례를 두지 않음으로써 원칙적인 형사처벌의 적용을 전제로 하고 있는 것이다.

6 교특법의 의의와 과제

교특법은 운전자와 피해자의 이해관계를 조율한 절충의 산물이었다. 운전자는 종합보험에 가입하고 피해자와 성실히 합의하면 전과자가 되는 것을 막을 수 있고, 피해자는 일정한 보상을 받을 수 있도록 보호받는다. 동시에 중대한 과실이나 중상해에 대해서는 형사책임을 강화함으로써 피해자 보호와 교통질서 유지를 도모하고 있다.

그러나 이 법은 본래 취지에도 불구하고 꾸준히 논란의 대상이 되어 왔다. 피해자 보호라는 명분 아래 보험사기를 유발한다는 비판이 대표적이다. 실제로 일부 사례에서는 피해자와 가해자가 짜고 허위 사고를 꾸며 보험금을 노리는 범죄가 발생했으며, 자동차보험을 악용한 사기 범죄는 꾸준히 증가하고 있다.[17] 실제 사례로, 영등포경

17 금융감독원의 발표에 따르면, 보험사기 적발 금액은 매년 증가하며 역대 최대치를 경신하고 있다. 2024년 기준: 보험사기 적발 금액은 1조 1,502억 원으로 전년 대비 3.0% 증가했고, 적발 인원은 108,997명으로 금액은 증가한 반면 인원은 소폭 감소했다. 이는 조직적이고 대규모의 보험사기가 늘고 있다는 것을 시사한다. 전체 보험사기 중에서도 특히 자동차보험 관련 사기가 높은 비중을 차지하고 있다. 가장 큰 비중: 2024년 전체 보험사기 적발 금액(1조 1,502억 원) 중 자동차보험이 5,704억 원을 차지하여 전체의 약 49.6%를 기록했다. 이는 장기보험(실손보험 등)을 추월한 수치로, 자동차보험 사기가 다시 증가세를 보이고 있는 것이다.

찰서 교통조사계 근무 시절 교차로 내에서 진로 변경 차량만을 노려 고의로 중고 외제차를 이용해 4년간 26건의 교통사고를 일으킨 피의자를 구속해 송치한 경험이 있다. 당시 피의자는 진로변경한 차량과 직진한 차량이 충돌한 경우 진로변경한 차량이 가해자가 된다는 점을 악용했고, 차량을 실제로 수리하지 않고 수리비 상당액을 현금으로 지급받는 '미수선수리비'[18] 제도를 활용하여 범행을 반복했다. 같은 부분을 반복적으로 충돌시킨 뒤 수리하지 않은 상태에서 보험금을 받아내고, 대인 피해에 대해서는 사고 한 건당 약 300~500만 원 내외의 합의금을 추가로 챙기며 이중으로 이익을 취한 것이다.

이처럼 교특법이 가진 제도적 취지가 일부 범죄자에게 악용될 경우, 단순한 보상 문제가 아닌 조직적 보험사기 범죄로까지 이어질 수 있음을 실무에서는 항상 염두에 두어야 한다.

또 하나 주목할 논점은 자전거 교통사고와 관련된 일상배상책임보험(일배책) 문제다. 자전거 운전자가 일배책에 가입한 상태에서 사고를 일으킨 경우, 해당 보험을 통해 최대 1억 원 한도내에서 보상이 가능하므로, 이를 자동차의 종합보험과 동일하게 보아 '입건 전 종결'로 처리해야 한다는 주장[19]이 제기되고 있다. 즉, 자동차 사고처

---

18 '미수선수리비'란 말 그대로 차량을 실제로 수리하지 않고, 수리비 상당액을 현금으로 지급받는 것을 뜻한다. 예를 들어 오늘 아침 누군가가 내 차량의 후미를 들이받고, 저녁 퇴근길에 또 다른 차량이 같은 부분을 다시 추돌했다고 가정해 보자. 같은 부분을 두 번 수리할 필요는 없을 것이다. 이럴 때 활용되는 것이 미수선수리비다. 두 사고 중 한 건에 대해서만 정비업소에서 견적서를 발급받아 보험사에 제출하면, 보험사는 견적 금액의 약 70%를 현금으로 지급한다. 보험사 입장에서는 실제 수리를 할 때보다 비용을 절감할 수 있고, 피해자 입장에서는 현금을 받을 수 있어 서로에게 유리한 구조다. 그러나 앞서 언급한 피의자는 이 제도의 허점을 악용해 같은 수법으로 사고를 반복하여 미수선수리비를 수령했고, 대인 피해 합의금까지 챙겨 이중으로 이익을 얻은 것이다.

19 앞서 살펴본 것처럼, 교특법에 따르면 종합보험에 가입했거나 피해자와 합의가 이

럼 보험을 통해 피해가 전보된다면, 굳이 형사절차로까지 이어갈 필요가 없다는 시각이다.

그러나 교특법은 "종합보험에 가입되어 있거나 피해자와 합의된 경우"에 한하여 형사처벌을 면제한다[20]고 명시하고 있다. 자전거 교통사고가 발생했을 때, 가해자가 일상배상책임보험에 가입되어 있다면 피해자 보상이 용이해져 합의 과정이 비교적 수월해질 수는 있지만, 이를 자동차 종합보험과 동일하게 볼 수 없다. 피해자와 별도의 합의서가 없으면 형사처벌을 면제할 수 없으며, 일상배상책임보험의 보상한도는 1억 원으로 제한되는 반면 종합보험은 대인 보상이 무제한이라는 차이가 있기 때문이다.

루어진 경우에는 처벌되지 않는다. 이러한 취지에서 일상배상책임보험을 통해 1억 원 한도 내에서 피해자에게 보상이 이루어졌다면 이를 합의가 성립된 것으로 간주하거나 종합보험에 가입한 것으로 간주하여 처벌하지 말자는 취지이다.

20 「교통사고처리 특례법」 제4조 제1항

제12장

종합보험과 책임보험, 운전자보험, 일상배상책임보험

사건 처리의 열쇠, 보험 구조를 파헤치다

교통사고는 누구도 피하고 싶지만, 예고 없이 찾아오는 불청객과도 같다. 따라서 사고 발생 이후 피해 회복을 보장하고, 가해자와 피해자 모두를 일정 부분 보호하기 위한 장치가 바로 보험이다. 경찰관으로서 교통사고 현장을 수없이 경험하다 보면, 단순히 보험의 유무가 아닌 어떤 보험이 가입되어 있느냐가 사건 처리의 핵심이 되는 경우가 많다. 이번 장에서는 가장 기본이 되는 종합보험을 시작으로, 그보다 저렴하지만 보장 범위가 제한적인 책임보험, 최근 많이 가입하는 운전자보험, 그리고 특히 강조하고 싶은 가족 일상배상책임보험까지 차례대로 살펴보고자 한다.

1 종합보험 - 무제한 보장의 뫼비우스 띠

먼저 종합보험이다. 자동차를 구매하는 사람이라면 대부분 가입하게 되는 기본적인 보험이지만, 그 의미를 정확히 아는 경우는 드물다. 종합보험의 가장 큰 특징은 피해자의 대인보상에 사실상 한도가 없다는 점[21]이다. 상대방을 다치게 하면 대인 보상, 상대방 차량을 손상하면 대물 보상으로 처리된다. 특히 대인 보상은 무제한 보장이 가능하기 때문에, 교통사고에서 피해 회복을 보장하는 핵심적인 안전망이라고 할 수 있다.

보험료는 사회초년생 기준으로 연간 약 100만 원에서 150만 원 정도 수준이다. 하지만 방법만 알면 이 비용을 크게 절약할 수 있는데, 바로 다이렉트로 보험을 가입하는 것이다. 설계사를 통하면 수수료가 붙어 보험료가 상대적으로 비싸지지만 다이렉트로 가입하면 같은 보장을 훨씬 저렴하게 가입할 수 있다. 여기서 중요한 것은 특정 회사에 '충성'할 필요가 없다는 점이다. 매년 보험사마다 조건을 비교해보는 것이 현명하다. 같은 보장을 두고도 회사마다 10만 원에서 20만 원 차이가 나고, 다이렉트로 가입하면 다시 10만 원에서 20만 원 차이가 난다. 즉, 연간 총 30~40만 원 이상을 아낄 수 있다는 뜻이다. 단순히 한 번 비교해보는 습관만으로도 매년 적지 않은 금액을 절약할 수 있는 셈이다.

종합보험을 가입할 때 반드시 챙겨야 할 두 가지가 있다.

첫째, 자기신체손해(자손)보다 자동차상해(자상) 특약을 선택하는 것이다. 교통사고가 발생하면 피해 차량의 수리비, 가드레일 등 공공시설물의 파손 비용, 상대방의 인적 피해까지 모두 종합보험에서 보장된다. 그러나 이 종합보험에도 한 가지 약점이 존재하는데, 바로 운전자 본인의 상해 부분이다.

예를 들어 운전자가 혼자 가드레일을 들이받는 단독사고가 발생했다고 하자. 차량 수리비와 가드레일 수리비는 종합보험으로 충분

21 자동차 종합보험 가입 여부는 보험증권의 대인 보장 항목으로 구분할 수 있다. '대인 II - 무제한'이라고 명시되어 있으면 종합보험에 해당한다. 반면 '대인 I 만 무제한'으로 규정된 경우는 종합보험이 아니라 책임보험에 해당한다.

히 보상되지만, 문제는 운전자 본인의 상해이다. 종합보험의 자손 항목은 책임보험 대인과 유사하게 상해등급(1~15급)에 따라 일정 한도 내에서 치료비를 보상한다. 따라서 운전자가 크게 다쳤을 경우, 실제 치료비나 손해액이 한도를 초과하면 부족한 부분을 본인이 부담해야 한다.

이 취약점을 보완하기 위해 마련된 것이 바로 자상(자동차상해)이다. 자상은 운전자가 본인 사고로 인해 입은 상해를 훨씬 넓고 실질적으로 보장한다. 자손처럼 상해등급에 묶이지 않고, 실제 손해액에 가까운 수준까지 보상받을 수 있다. 특히 치료비뿐 아니라 위자료, 휴업손해 등 간접손해까지 포함해 과실 비율과 관계없이 전액 보상받을 수 있다는 점에서 자손보다 확실히 유리하다.[22]

둘째, 타차량운전담보 특약[23]은 본인 소유 차량이 아닌 다른 사람의 차량[24]을 운전하다 사고가 났을 때에도, 본인의 자동차 종합보험에서 보장해 주는 제도다. 이 특약을 활용하면 타인의 차량을 운전하다 사고가 발생하더라도 사고 처리에 본인의 종합보험이 사용되므로 차주의 보험료가 인상되지 않는다.

결국 운전자는 예상치 못한 상황에서도 안전망을 확보하고, 차주

22 자상은 100:0의 명백한 가해자라 하더라도 본인이 다친 부분에 대해서는 자신의 보험사를 통해 치료비뿐만 아니라 합의금까지도 받을 수 있다.

23 '타 차량운전 특약에서의 타인' 범주에는 직계존속(부모 등)과 영업용 차량이 포함되지 않는다. 이는 보험상품 설계상 당연한 제한이다. 만약 직계존속까지 포함된다면 별도로 가족한정 특약을 가입할 필요가 없어지므로, 실무상 이러한 범위 제한은 필수적이다.

24 피보험자가 자신이 가입한 차량과 동일한 종류의 자동차를 운전할 때 보장되는 것이 원칙이나, 그 범위가 비교적 넓다. 예를 들어 '승용차' 보험에 가입한 경우, 다른 사람의 모든 승용차(경·소·중·대형, SUV, RV 포함)는 물론 16인승 이하 승합차와 1톤 이하 화물차까지도 보상 범위에 포함된다.

와의 불필요한 갈등을 예방할 수 있으며, 친구의 차량을 갑작스럽게 운전하게 되더라도 원데이보험을 별도로 가입할 필요가 없어 이용이 매우 편리하다.

2 책임보험 - 제한적 보장의 함정

책임보험은 종합보험과 달리 보장 한도가 정해져 있다. 그래서 보험료는 연간 30~40만 원 수준으로 저렴하다. 개인 오토바이 운전자들이 종합보험에 가입하고 싶어도 보험사에서 위험 부담이 크다는 이유로 잘 받아주지 않는 경우가 많다. 배달업에 쓰이는 오토바이들은 보통 리스 계약을 통해 사용되며, 이 경우에는 종합보험이 포함되어 있어 문제가 없지만, 개인이 직접 소유한 오토바이는 책임보험만 가입된 경우가 대부분이다.

책임보험의 핵심적인 한계는 보상 한도에 있다. 교통사고로 사람을 다치게 한 경우 책임보험은 상해 등급[25]에 따라 보상액을 정한다. 겉보기에는 대부분의 치료비를 감당할 수 있을 것처럼 보이지만, 실제로는 그렇지 않다. 일반 진료에서는 국민건강보험공단이 전체 진료비의 70% 이상을 부담하기 때문에 환자의 실질 부담이 적은[26]반면 교통사고는 대부분 자동차보험을 통해 처리되므로 건강보험이 적용되지 않는 것이 일반적이다. 문제는 책임보험만으로 치료를 받을 경우 단순 엑스레이 촬영이나 물리치료, 며칠간의 입원만으로도

25 우리나라는 교통사고 발생시 상해등급에 따라 1~15등급까지 분류된다. 「자동차손해배상 보장법 시행령」 [별표 1]

26 의원급30%, 병원급 40%, 종합병원은 45%의 본인부담금 비율이 명시되어 있다. 「국민건강보험법 시행령」 [별표 2]

치료비가 빠르게 증가해 보상 한도를 초과하기 쉽다는 점이다. 이에 따라 피해자가 충분한 보상을 받을 수 있도록, 책임보험의 경우 교특법은 가해자가 피해자와 합의한 경우에만 형사처벌을 면할 수 있도록 규정하고 있다.

여기서 한 가지 더 짚고 넘어가야 할 부분이 있다. 교통사고의 경우 건강보험이 적용되지 않는 것이 맞을까?

그렇지 않다. 이는 실무상 자동차보험을 우선 적용해 온 관행일 뿐, 법적으로 건강보험을 금지한 것은 아니다. 「국민건강보험법」 제53조는 ▲고의 또는 중대한 과실에 의한 범죄행위 ▲요양기관의 지시 불이행 ▲서류의 위·변조 ▲다른 법령에 따른 보상 수령 등의 예외를 제외하고는 보험급여를 인정하고 있다. 따라서 이러한 예외 사유에 해당하지 않는다면 교통사고로 인한 치료에도 건강보험 적용이 가능하다.

따라서 교통사고라도 고의가 아닌 단독사고(음주·무면허 포함)이거나 가해자가 무보험 상태이거나 책임보험 한도를 초과한 경우에는 자동차보험 외에도 건강보험 적용이 가능하다. 그럼에도 불구하고 병원 행정 실무에서는 여전히 '교통사고는 곧 자동차보험으로만 처리해야 한다'는 인식이 강하게 남아 있다. 이는 법적 근거보다는 오랜 관행과 보험 청구 절차의 편의에서 비롯된 오해이다.

3 운전자보험 - 합의금, 벌금, 변호사 비용 대비

운전자보험은 종합보험이나 책임보험과는 성격이 다르다. 교특법에 따르면 종합보험에 가입되어 있으면 대부분의 교통사고는 형사처벌을 면할 수 있다. 하지만 예외가 있다. 12대 중과실 사고와 중상해 사고다. 12대 중과실(신호위반, 중앙선침범, 음주운전, 무면허운전 등)은 합의 여부와 상관없이 반드시 형사처벌을 받고, 중상해(사지 절단, 안구 적출 등 심각한 피해)의 경우에는 피해자와 합의해야만 처벌을 면할 수 있다.

운전자보험은 바로 이 부분을 대비한다. 가해자가 합의를 위해 필요한 합의금, 형사재판에서 부과되는 벌금, 변호사 비용 등을 보장한다. 그러나 개인적인 견해로 보았을 때, 운전자보험은 필수라기보다는 선택에 가까운 보험이다. 실제 교통사고 발생 확률을 고려하면, 운전자가 12대 중과실로 타인에게 상해를 입힐 가능성은 극히 낮기 때문이다. 따라서 굳이 고액의 운전자보험을 가입할 필요는 없으며, 월 1만 원 수준의 기본형 상품만으로도 충분하다.[27]

참고로 월 1만 원 수준의 상품이라도 「교통사고처리특례법」상 벌금의 상한인 2,000만 원까지 보장이 가능하며,[28] 피해자와의 합의금은 물론 변호사 비용까지 보상받을 수 있다.

27 보험은 본질적으로 '사고 발생 확률'과 '본인의 소득 수준'을 기준으로 판단해야 한다. 여기서 말하는 월 1만 원 수준의 운전자보험은 일반적인 공무원 연봉과 평균적인 사고 확률을 전제로 한 것이다. 반대로 소득이 높거나 본인의 운전 환경상 사고 가능성이 일반적인 경우보다 높다면, 보다 높은 보장을 제공하는 상품에 가입하는 것이 당연히 합리적이다. 보험료가 비쌀수록 보장 범위와 한도가 넓어지는 것은 누구나 아는 사실이기 때문이다.

28 「특정범죄 가중처벌 등에 관한 법률」에 따라 어린이보호구역 내에서 어린이를 다치게 한 경우에는 법률적으로 3천만 원 이하의 벌금형이 가능하지만, 대부분의 사고는 벌금 1천만 원 내외에서 종결된다. 따라서 월 1만 원 정도의 보험료로 벌금 2천만 원까지 보장하는 운전자보험이라도 충분히 대응이 가능하다.

4 (가족)일상배상책임보험 - 가장 현실적인 안전망

일상배상책임보험은 본인의 과실로 타인을 다치게 하거나 타인의 물건을 손괴한 경우, 최대 1억 원 한도 내에서 보상해 주는 보험이다. 다만 주계약으로는 가입할 수 없고 반드시 부가특약 형태로만 가입이 가능하다.

실제로는 자신도 모르게 가입되어 있거나, 반대로 지나치게 꼼꼼하게 설계하다가 누락한 경우가 많다. 하지만 이 보험은 '보험의 꽃'이라 불릴 만큼 실용성이 크다. 월 1천 원도 안 되는 적은 비용으로 매우 폭넓은 보장을 받을 수 있기 때문이다.

예를 들어, 최근 고가 자전거는 수백만 원에서 많게는 천만 원이 넘기도 한다. 자전거끼리 사고가 나더라도 일상배상책임보험을 통해 1억 원 한도에서 보상이 가능하다. 특히 (가족)일상배상책임보험으로 가입할 경우, 본인뿐 아니라 배우자와 자녀까지도 동일하게 보장을 받을 수 있다.

가령 자녀가 축구공을 차서 지나가던 친구의 안경을 깨뜨려 눈을 다치게 했거나, 놀이터에서 장난을 치다 다른 아이를 넘어뜨려 부상을 입힌 경우에도 보상이 가능하다. 집 안 하수도가 터져 아랫집에 물이 새어 피해를 입힌 상황 역시 동일하게 보장 대상에 포함된다.

필자 역시 영등포경찰서 교통조사계에 처음 발령받아 교통사고 사건을 다루면서 보험 공부를 시작했고, 여러 보험 상품을 분석한 끝에 내린 결론이 바로 '(가족)일상배상책임보험은 반드시 가입해야 한다'는 것이었다. 그런데 막상 가입하려고 알아보니 월 1천 원 남짓한 보험이 주계약으로 존재할 리가 없었고, 실제로는 부가특약으로만 가입이 가능했다. 문제는 인기 있는 실손보험이나 상해보험에는 이 특약이 아예 붙지 않는다는 점이었다. 결국 선택지는 화재보험이나 운전자보험뿐이었는데, 사회초년생에게 화재보험은 실질적으로 필요성이 낮다.

따라서 당시 필자는 “12대 중과실로 타인을 다치게 할 확률이 과연 내 인생에서 얼마나 될까? 아마 거의 없을 것이다”라고 생각하면서도, 일상배상책임보험을 반드시 포함하기 위해 일부러 운전자보험을 가입하고 그 안에 부가특약으로 일상배상책임보험을 넣는 방식을 택했다. 결과적으로 운전자보험 자체보다 일상배상책임보험이 훨씬 중요하다는 판단이었다.

5 운전자보험의 실제 구성(필자의 가입 내역)

표 12-1

담보/가입금액	보장보험료
기본계약 1,000만원	559원
자동차사고벌금담보 2,000만원	424원
자동차사고변호사선임비용담보 500만원	194원
자동차사고처리지원금(사망, 중과실, 중상해)담보 3,000만원	4,262원
자동차사고부상(운전자)담보 1,000만원	3,647원
자동차사고성형수술담보 100만원	51원
일상생활중배상책임(가족)담보 1억원	957원
상해흉터성형수술담보 7만원	128원
보장보험료 합계	10,222원

이렇게 구성된 총 보험료는 월 10,222원이다.

즉, 매달 약 1만 원을 지출하는 것으로, 벌금 2천만 원 한도, 변호사 비용 500만 원, 사고 처리 지원금 3천만 원 등 교통사고 관련 법적 책임을 상당 부분 보장받을 수 있는 구조를 갖춘 셈이다.

특히 여기에 월 957원짜리 "(가족)일상생활배상책임보험(일배책)"이 포함된 점이 중요하다. 이는 교통사고뿐만 아니라 일상에서 발생할 수 있는 다양한 손해까지 보장해 주므로, 반드시 짚고 넘어가야 할 핵심 특약이다.

6 실제 사례 - 현장에서 직접 겪은 두 사건

보험의 진짜 의미는 책상 위의 이론이 아니라, 실제 현장에서 체감할 때 비로소 드러난다. 교통조사계에서 근무하며 수많은 사건을 접했지만, 때로는 나 자신이 직접 보험의 보호를 받아야 했던 경험이 있었다.

첫 번째 사건은 영등포경찰서 근무 시절이다. 배드민턴 동호회에서 운동을 마친 뒤, 형님 한 분, 누님 한 분과 셋이서 술자리를 가졌다. 술잔이 몇 차례 오가고, 우리는 집으로 돌아가기 위해 왕복 8차로의 대로를 건너고 있었다. 문제는 그 순간 발생했다. 앞서 걷는 누님의 발걸음이 유난히 느려 보여 무심코 우측 어깨를 툭 치며 "취한 거 아니에요?" 하고 농담 섞인 말을 건넸다. 그러나 그 지점은 마침 횡단보도와 인도를 연결하는 인공섬에서 내려가는 경계석이었고, 취기와 순간적인 균형 상실이 겹쳐 그녀는 그대로 앞으로 꼬꾸라졌다.

그녀의 얼굴은 아스팔트와 연석 사이의 거친 자갈 부분에 부딪혔고, 그녀를 부축했을 때 보인 모습은 충격적이었다. 입술은 좌우로 갈라져 있었고, 윗니 두 개, 아래 앞니 한 개가 부러져 있었다. 그 짧은 순간, 경찰관인 나의 머릿속을 스쳐간 단어는 단 하나였다. "과실치상." 합의가 이루어지지 않으면 형사처벌을 피할 수 없는 반의사불벌죄. 만약 고소장이 접수되면 경찰관으로서 최소 '견책' 이상의 징계를 피할 수 없을 상황이었다.

다급한 마음으로 그녀를 병원으로 이송하면서 나는 의사 선택에도 신경을 곤두세웠다. 당시 시간이 저녁이라, 종합병원으로 가면 레지던트가 집도할 가능성이 높았다. 경험상 얼굴 수술은 전문의의 손길이 절대적으로 필요하기에, 119 구급차를 타고 가는 도중에도 일일이 전화를 걸어 전문의가 있는 병원을 수소문했다.[29] 다행히 영등포구 양평사거리에 위치한 화상 전문 '수병원'에서 얼굴 성형 전문의를 찾을 수 있었고, 그녀는 긴급 수술을 받았다.

치료는 3년 가까이 이어졌다. 그동안 신용카드를 그녀에게 맡기며 필요한 치료비는 마음껏 사용하라고 했다. 그리고 이 모든 비용을 가족일상배상책임보험으로 청구했다. 손해사정사와 연결하여 꼼꼼히 처리한 결과, 치료비 약 3000만 원, 위자료와 합의금을 포함해 총 5000만 원이 지급되었다. 만약 이 보험이 없었다면 과실치상 혐의로 고소당하고 경찰 경력을 이어가기 힘들었을 것이다.

두 번째 사건은 2023년 연말, 대전의 계룡스파텔에서 열린 대가족 모임에서 벌어졌다. 8남매에 조카들까지 합치면 총 34명이 모이는 대규모 가족 행사였다. 저녁 식사와 덕담, 용돈 증정까지 마친 후, 남자들은 스크린 골프를 치러 자리를 비웠다. 문제는 그 사이에 발생했다.

큰 방에서 놀던 아이들 중, 큰아들이 슬라이딩을 하다 사촌 누나의 발목을 심하게 다치게 한 것이다. 그날 저녁 병원에 가니 의사는 깁스를 해야 한다고 했다. 순간 가족 모임의 분위기는 무거워졌지만,

29 생각해 보면 이런 상황들은 이상하게도 항상 야간이나 주말에 발생한다. 우리 집도 아들 둘이 어린 시절 턱을 다쳐 꿰맨 적이 있는데, 둘 다 야간이나 주말에 벌어진 일이었다. 이 책을 읽는 독자들도 이런 상황이 생기지 않기를 바라지만, 만약 발생한다면 꼭 전문의가 있는 병원을 찾기를 권한다.

차분히 가족일상배상책임보험을 떠올렸다. 사촌 동생의 치료비와 향후 재활 비용은 모두 이 보험으로 처리할 수 있었다. 가족들에게 “걱정하지 말라, 모든 비용은 보험으로 해결된다”고 말했을 때, 모임에 퍼진 안도감은 이루 말할 수 없었다.

이 두 사건을 통해 일상배상책임보험의 소중함을 뼛속 깊이 체감했다. 월 957원, 커피 한 잔 값도 되지 않는 금액이 누군가의 인생을 지켜주었고, 동시에 경찰관인 필자를 법적·경제적 위기에서 구해냈다. 더욱 놀라운 점은 이렇게 두 차례나 보험금을 청구했음에도 불구하고 보험료가 할증되기는커녕 오히려 할인되었다는 사실이다. 2025년 10월 10일 현재 필자는 운전자보험과 가족일상배상책임보험을 모두 포함해 매월 10,222원을 납부하고 있다.

제13장

CCTV 보여주세요! 귀찮은데, 꼭 보여줘야하나요?

피의자·피해자, 어디까지 공개할 것인가

경찰관으로 근무하다 보면 가장 자주 듣는 말이 하나 있다.

"저기 사장님, 혹시 CCTV 좀 볼 수 있을까요?"
그러면 상가 주인들의 반응은 대체로 비슷하다.
"아이구, 바쁜데… 꼭 보여줘야 해요?"

그럴 때마다 경찰관은 머릿속으로 법 조항을 떠올리며 차분히 설명해야 한다. CCTV 영상은 단순히 가게 주인의 사적인 소유물이 아니라, 개인정보로 분류되는 자료이기 때문이다. 그리고 그 개인정보는 당사자가 열람할 권리가 있다.

1 CCTV는 '개인정보'다

개인정보보호법은 개인을 식별할 수 있는 모든 정보를 보호 대상으로 삼는다. CCTV 영상 속 모습은 명백히 개인의 신체와 행동을 드러내기 때문에 개인정보에 해당한다. 따라서 CCTV를 관리하는 상가 주인이나 건물주는 '개인정보처리자'로서 법적 책임을 진다.

개인정보보호법 제35조는 정보주체(=촬영된 사람)가 자신의 개인 정보에 대해 열람을 요구할 권리가 있음을 규정한다. 즉, 피해자나 본인이 영상에 찍힌 당사자라면 "내가 찍힌 장면을 확인하고 싶다"고 요구할 수 있고, 관리자는 원칙적으로 이를 들어줘야 한다.

2 반드시 보여줘야 할 때와 예외

그렇다면 상가 주인은 무조건 CCTV를 보여줘야 할까? 정답은 "아니다"이다. CCTV 열람·제공 의무는 영상 속에 찍힌 당사자(피해자, 본인 등 정보주체)가 요청했을 때만 발생한다. 즉, 피해자가 "제가 찍힌 장면을 확인하고 싶습니다"라고 요청한다면, 관리자는 이를 정당한 사유 없이 거부할 수 없다. 이 경우 상가 주인은 원칙적으로 보여줘야 한다. 다만 몇 가지 조건이 붙는다.

① 타인 영상이 포함된 경우

단순히 제3자가 영상에 있다는 이유만으로 거부할 수는 없다. 대신 모자이크 처리나 비식별화 조치를 한 뒤 제공해야 한다.

② 정당한 사유가 있는 경우

범죄 수사 중이거나, 영상 제공으로 제3자의 권익이 심각하게 침해될 우려가 있을 때는 제한할 수 있다.

③ 절차 준수

영상 열람·제공 요구가 접수되면 10일 이내에 처리해야 하며,[30] 거부한다면 서면으로 그 사유를 명확히 통보해야 한다.

30 개인정보보호법시행령 제41조(개인정보의 열람절차 등)

만약 정당한 사유 없이 거부하면 개인정보보호법 위반이 되어 최대 3천만 원 이하의 과태료[31]를 부과받을 수 있다.

정리하면, CCTV를 '무조건' 보여줘야 하는 것은 아니고, 영상 속 당사자가 요청했을 때는 반드시 응해야 한다는 것이 법의 원칙이다. 경찰의 단순 요청에는 협조할 수 있지만, 법적으로는 강제성이 없고, 필요하다면 압수·수색 영장을 제시해야 한다.

③ 비용부담

일반적으로 CCTV 영상에 포함된 타인의 개인정보를 보호하기 위해 모자이크 등 비식별 조치를 하는 데 드는 비용은 영상을 요구한 사람이 부담해야 한다.

이는 「개인정보보호법」 제38조(수수료 및 비용) 및 같은 법 시행령 제47조(수수료 등)에 근거한다.

① 법적 근거

「개인정보보호법」 제38조 제3항은 "정보주체는 개인정보 열람·정정·삭제 등의 요구를 할 때 수수료나 우편료를 부담할 수 있다"고 규정한다.

② 비용 범위

동법 시행령 제47조 제1항은 수수료를 실비 범위에서 정할 수 있다고 명시하고 있으며, 여기에는 타인의 개인정보를 가리기 위한 모자이크 처리 비용도 포함된다.

31 개인정보보호법 제75조(과태료)

정리하면,

원칙: 단순 열람 요구로 인한 모자이크 비용은 영상 열람을 요구한 사람이 부담한다.

예외: 다만 개인정보처리자의 잘못(예: 관리 소홀 등)으로 인해 영상 열람이 필요하게 된 경우라면, 해당 비용은 개인정보처리자가 부담해야 한다.

즉, 현장 경찰관은 단순히 "영상 줄 수 있다/없다"를 말하기보다는, 누가 비용을 부담해야 하는지까지 명확히 설명해 줘야 불필요한 오해와 갈등을 예방할 수 있다.

4 피해자가 요청할 때도 마찬가지다

종종 이런 경우가 있다. 교통사고 피해자가 직접 상가를 찾아가 "저 영상 좀 보여주세요"라고 요청했을 때, 상가 주인이 "경찰 데려오세요"라고 거절하는 경우다. 그러나 법적으로는 피해자도 영상 속 정보주체이기 때문에, 경찰 없이도 CCTV 열람을 요구할 권리가 있다. "경찰 없으면 못 보여준다"라는 말은 정당한 거부 사유가 아니다. 피해자 역시 열람이나 사본 제공을 요청할 수 있고, 상가 주인은 응해야 한다.

5 경찰 요청의 한계

여기서 헷갈리기 쉬운 부분이 있다. 경찰이 "업무를 위해 CCTV 좀 보자"고 할 때 상가 주인은 반드시 보여줘야 할까?

정답은 "아니다"이다. 경찰이 법적 강제권(압수·수색 영장 등)을 발동하지 않는 이상, 상가 주인이 반드시 응할 의무는 없다. 즉, CCTV 관리자가 동의하지 않으면 경찰이 임의로 열람할 수 없고, 필요하다면 법원에서 압수영장을 받아야 한다.

다만 실제 현장에서는 굳이 법적 절차까지 가지 않고도 협조를 받는 경우가 많다. '수사 목적'이라는 점을 차분히 설명하면 대부분 상가 주인들도 흔쾌히 동의해 준다. 결국 태도의 문제다.

교통사고 조사를 진행하다 보면, CCTV 확보가 반드시 필요한 순간이 자주 있다. 이럴 때 그냥 "경찰이니 보여주시오"라고 하기보다는, 민원인을 현장에 동행시켜 당사자의 요청 형식을 갖추게 했다. 그리고 상가 주인에게는 "영상 확인 후 피해자가 국밥집이면 국밥 한 그릇 사드시고 가세요" "펫몰이면 강아지 용품 하나 사가세요"라고 권했다. 이렇게 하면 상인 입장에서도 억지로 CCTV를 내어주는 것이 아니라, 수사 협조와 동시에 가게 매출에도 도움이 되니 흔쾌히 응해주곤 했다.

이처럼 법적으로는 경찰이 강제할 수 없지만, 현장에서는 인간적인 설득과 배려가 더 큰 힘을 발휘한다. 신임 경찰관들도 '영장'이라는 법적 권한 이전에, 소통과 협조를 통해 자연스럽게 영상을 확보하는 방법을 먼저 익혀 두는 것이 바람직하다.

6 판례와 최근 동향

2024년 8월, 대법원은 중요한 판단[32]을 내렸다. 단순히 CCTV 영상을 잠깐 보여준 것만으로도 '개인정보 제공'에 해당할 수 있고, 권

32 대법원 2024. 8. 23. 선고 2020도18397 판결

한 없는 자에게 제공했다면 형사 처벌 대상이 될 수 있다는 것이다. 즉, CCTV를 보는 행위 자체가 민감하게 취급되기 시작했다.

결국 현장에서 경찰관이 강조해야 할 점은 "CCTV 열람은 법이 보장한 정보주체의 권리이고, 관리자는 이를 정당한 사유 없이 거부할 수 없다"는 것이다.

[교통사고 CCTV 열람 Q&A]

Q1. 주차된 차량이 파손되었을 때 CCTV 영상을 보고 싶다면?

→ 관리사무소나 CCTV 관리자에게 영상 열람을 요청할 수 있다. 피해자가 본인임이 명백하면 정보주체로서 열람 권리가 있다.

Q2. 영상에 다른 사람이 찍혀 있다고 해서 거부할 수 있는가?

→ 단순히 타인이 포함되었다는 이유로 거부할 수 없다. 다만 모자이크·마스킹 등 비식별화 조치를 한 후 제공해야 한다.

Q3. 경찰 신고가 있어야 CCTV를 볼 수 있는가?

→ 아니다. 본인이 촬영된 영상의 정보주체라면 경찰 신고나 입회 없이도 열람 가능하다.

Q4. 관리자가 부당하게 거부한다면?

→ 개인정보침해신고센터(privacy.kisa.or.kr) 또는 전화 118로 신고할 수 있으며, 정당한 사유 없이 거부 시 최대 3천만 원 이하 과태료 부과 대상이다.

제3부

유형별 교통사고와 법적 쟁점

제14장

PM(개인형이동장치)

전동킥보드, 자전거인가 원동기인가

1 PM의 등장과 사회적 배경

최근 몇 년 사이 우리 주변에서 가장 급격히 늘어난 교통수단 중 하나가 바로 개인형이동장치(PM, Personal Mobility)이다. 서울이나 지방 도심의 대로변, 지하철역 인근, 대학가 골목길을 둘러보면 누구나 쉽게 공유형 전동킥보드를 찾아볼 수 있다. 불과 몇 년 전만 해도 일부 동호인들만 사용하던 생소한 기계였지만, 지금은 대학생들의 통학수단, 직장인들의 출퇴근 보조수단, 심지어 관광객들의 이동수단으로 자리 잡았다.

그러나 새로운 교통수단의 빠른 확산은 언제나 법과 제도의 공백을 동반한다. 자전거도 자동차도 아닌 이 애매한 이동수단을 어떻게 규율할 것인가? 경찰관으로 근무하다 보면 이 질문에 답하지 못해 현장에서 혼란이 빚어지는 경우가 많다. 따라서 PM의 법적 지위를 정확히 이해하는 것은 단순한 법 해석을 넘어, 국민의 안전과 직결되는 중요한 과제이다.

② PM을 구별하는 기준: 25와 30

PM의 법적 지위를 판단하는 데 있어 가장 중요한 기준은 두 가지 숫자다. 바로 25와 30이다.

① 시속 25km 이상으로 운행할 수 있거나
② 차체 중량이 30kg[1] 이상이면

그 즉시 PM이 아니라 원동기로 분류된다. 이 구분은 단순한 기술적 문제에 그치지 않는다. 그 배경에는 '위험성'이라는 요소가 자리한다. 속도가 빠르거나 무게가 무거워질수록, 충돌 시 발생할 수 있는 피해는 자전거 수준을 넘어서 자동차 사고에 준한다. 따라서 입법자는 일정한 기준선을 긋고 그 미만은 PM으로, 그 이상은 원동기로 규정해 처벌과 관리 기준을 달리 정한 것이다.

③ 구별의 실익: 음주운전 처벌

이 구별이 실질적으로 얼마나 중요한지는 음주운전 단속에서 극명하게 드러난다. PM으로 인정될 경우, 혈중알코올농도 0.030% 이상이면 범칙금 10만 원에 그친다. 원동기로 인정될 경우, 0.030~

1 PM의 무게 기준은 원칙적으로 제품 출고 당시의 기기 자체 무게를 의미하며, 사용자가 탈부착한 액세서리는 제외한다. 다만 구조적 개조로 기기와 일체화된 경우에는 이를 포함하여 판단한다.

0.080% 미만이면 500만 원 이하 벌금형[2]에 처해진다.

겉으로는 똑같은 전동킥보드여도 차체 무게와 최고속도를 따져 원동기로 분류되면 처벌 수위가 50배 가까이 달라질 수 있다. 따라서 경찰관은 단순히 외형만 보고 단속할 것이 아니라 반드시 25와 30 기준을 확인해야 한다.

4 PM의 범위와 예외

많은 사람들이 전동 장치가 달린 이동수단은 모두 PM으로 생각하기 쉽다. 그러나 법적 정의는 훨씬 까다롭다.

예를 들어 전동킥보드는 기본적으로 PM으로 인정된다. 하지만 핸들이 없는 전동 보드나 밸런스 보드는 다르다. 법은 '핸들이 있는' 것을 PM으로 규정하고 있기 때문이다.

그림 14 -1

전동킥보드　　전동이륜평행차　　전기자전거 (스로틀, 겸용)

2

위반횟수	처벌기준
1회	0.2% 이상: 2년~5년 / 1천만 원~2천만 원
	0.08~0.2% 미만: 1년~2년 / 500만 원~1천만 원
	0.03~0.08% 미만: 1년 이하 / 500만 원 이하
	측정불응·음주측정 방해행위: 1년~5년 / 500만 원~2천만 원

🚨 그림 14 -2

전동 외륜보드 전동 이륜보드 전동 스케이트보드

따라서 <그림14-1>과 <그림14-2>를 비교해 보면 그 차이를 명확히 알 수 있다. <그림14-1>의 전동킥보드는 핸들이 있어 PM으로 인정되지만, <그림14-2>의 기기는 핸들이 없어 PM에 해당하지 않는다.[3] <그림 14-2>는 원동기로 분류되며, 도로에서 운행할 경우 원동기에 대한 법규를 준수해야 한다.

야간근무를 하다 보면 외륜보드나 이륜보드를 대리기사들이 이동수단으로 이용하는 모습을 자주 보게 된다. 이때 음주나 무면허가 적발되면 범칙금 대상이 아니라는 점을 반드시 기억해야 한다. 이 경우에는 발생보고를 작성하고 교통조사계에 인계하여 피의자신문조서를 작성한 뒤 송치해야 하는 사건임을 잊지 말아야 한다.

---

3 개인형 이동장치는 원동기 중 최고속도 시속 25km 이하, 중량 30kg 미만 요건을 충족하는 경우에 해당하므로, 법적으로는 원동기의 한 유형으로 본다. 또한 원동기는 이륜자동차 중 배기량 125cc 이하 차량으로 규정되어 있어, 결국 이륜자동차의 범주에 속한다. 더 나아가 이륜자동차는 「자동차관리법 시행규칙」 제98조의2(사용신고 제외 대상 이륜자동차)에 따라 '조향장치가 있어야 한다'고 규정되어 있다. 따라서 최종적으로 정리하면, 개인형 이동장치 역시 조향장치가 있어야만 법적으로 인정될 수 있다.

5 사례: 유명 아이돌 그룹 B의 S군 사건

아래 <그림14-3>은 실제로 유명 아이돌 그룹 B의 S군이 음주운전 사건 당시 타고 있었던 것이다.

그림 14 -3

이게 과연 PM(개인형 이동장치)일까, 원동기일까?

만약 당신이 단속 현장에 있었다면 뭐라고 판단했을까.

제자 중 한 명이 실제로 이 사건을 단속했던 경찰관인데, 졸업 주간에 학교로 돌아와 그때 이야기를 들려주었다. 당시 단속 경찰관도 처음에는 기기를 PM으로 보고 범칙금 10만 원과 1년 면허취소 처분을 하려 했다.

그러나 피의자가 하필이면 유명 연예인이었기에, 언론과 여론의 후폭풍을 우려해 기기를 지구대로 가져와 기준을 직접 확인하게 되었다.

측정 결과는 뜻밖이었다. 출고 당시보다 무게가 늘어난 이유는 명확하지 않았지만,[4] 실제 중량이 30kg으로 확인되면서 법적으로는 원동기에 해당하게 된 것이다. 결국 S군은 범칙금이 아닌 형사입건 대상이 되어 피의자 신문조서를 작성한 뒤 검찰에 송치되었다.

이 사건은 언론에서 마치 S군이 PM 음주운전사건으로 축소하려 한 것처럼 보도되었지만, 현장에 출동한 경찰관이라면 누구라도 쉽게 혼동할 수 있는 사례였다. 오히려 S군이라는 유명인의 사건이 아니었다면, 단속 경찰관이 지구대까지 가져가 무게를 재는 절차를 거쳤을 가능성은 낮고, 단순 범칙금 처리로 종결됐을 것이다. 실제 현장에서 기기를 지구대까지 옮겨 무게를 재는 경우는 극히 드물기 때문이다.

한편, 법원은 2024년 9월 27일 서울서부지방법원에서 S군에게 「도로교통법」상 음주운전 혐의로 벌금 1천 500만 원의 약식명령을 선고[5]하였다. 이 사건이 단순히 PM으로 분류되어 범칙금으로 처리되었다면 10만 원에 불과했겠지만, 원동기로 판정된 결과 약 150배에 해당하는 처벌로 이어졌다. 이는 분류의 차이가 실무에서 얼마나 큰 법적 효과를 가져오는지를 보여주는 대표적 사례라 할 수 있다.

6 PM의 이중적 지위

「도로교통법」 제2조 제19호의2는 개인형 이동장치를 "시속 25킬로미터 이상에서는 전동기가 작동하지 않고, 차체 중량이 30킬로그램 미만이며, 행정안전부령으로 정하는 원동기" 중 하나로 규정하고 있다. 또한 같은 조 제21호의2는 자전거 등이라고 규정하며 자전거

4 단속 경찰관은 장바구니 등 부속물이 부착되면서 중량이 증가한 것으로 추정하였다.

5 연합뉴스, 2024. 9. 30., "'전동스쿠터 음주운전' B그룹 S에게 벌금 1천500만 원", 보도

의 한 종류로 정의한다.

개인형 이동장치는 「도로교통법」상 '원동기'이면서 동시에 '자전거'의 범주에도 포함되는 이중적 지위를 가진다. 이 때문에 현장 경찰관들이 개인형 이동장치(PM)를 학습할수록 혼동을 겪기 쉽다. 이에 대해 다음과 같이 정리할 수 있다.

개인형 이동장치의 정체성

① 통행 측면에서는 개인형 이동장치를 자전거로 간주하므로 자전거도로 이용이 가능하다.

② 처벌 기준은 원동기에 준하되, 개인형 이동장치의 특성을 고려하여 상대적으로 완화된 처벌이 이루어진다.

이와 같이 체계적으로 정리해 두면, 개인형 이동장치의 법적 성격에 대해 불필요한 혼동을 줄일 수 있을 것이다.

7 PM과 자전거도로 통행

PM을 규율하는 또 하나의 중요한 문제는 자전거도로 통행 가능 여부다. 많은 사람들이 "전동킥보드가 자전거도로를 달릴 수 있는가?"라는 질문을 던지곤 한다. 과거에는 불법 논란이 많았지만, 현재 「도로교통법」은 PM을 통행시에는 자전거로 보아 자전거도로 통행이 가능하다. 여기서 주목해야 할 점은 자전거도로가 단일한 형태가 아니라는 것이다. 「자전거이용활성화에관한법률」 제3조에 따르면 자전거도로는 다음 <표14-1>과 같이 네 가지 유형으로 나뉜다.

표 14-1 자전거 도로의 유형

구분	자전거 전용도로	자전거 보행자 겸용도로	자전거 전용차로	자전거 우선도로
사진				
현황	13.9%	74.8%	3.8%	7.5%

일반 시민들은 이 구분을 잘 알지 못하고, 현장 경찰관들조차 순간적으로 혼동할 때가 많다. 그러나 중요한 것은 네 가지 모든 유형의 자전거도로에서 PM의 통행이 허용된다는 사실이다.

즉, 전동킥보드나, 전기자전거 등 PM은 자전거와 동일하게 자전거도로의 어느 형태에서도 주행할 수 있다. 다만, 자전거 · 보행자 겸용도로의 경우 보행자의 안전을 최우선으로 고려해야 하고, 자전거 우선도로의 경우 자동차와의 혼합 통행 상황이 발생할 수 있으므로 방어운전이 필요하다.

실제로 자전거도로 현황을 살펴보면, 자전거 · 보행자 겸용도로가 74.8%로 가장 많으며, 자전거 전용도로는 13.9%, 자전거 전용차로는 3.8%, 자전거 우선도로는 7.5%[6]에 불과하다. 따라서 PM 이용자의 대다수는 보행자와 섞여 다니는 겸용도로를 주행하게 되는데, 이때 보행자와의 충돌 위험을 줄이는 것이 현장 단속과 안전 정책의 핵심 과제가 된다.

정리하면, 법적으로 PM은 모든 형태의 자전거도로에서 통행이 가능하지만, 각각의 도로 유형에 맞는 안전수칙을 준수해야 한다. 경찰관은 단순히 통행 가능 여부만 안내할 것이 아니라, 어떤 도로에

6 2021년 말 기준 한국교통연구원 통계자료를 바탕으로 한 수치이다.

서는 보행자 보호가 최우선인지, 어떤 도로에서는 자동차와의 혼합 통행에 주의해야 하는지를 구체적으로 설명할 필요가 있다.

8 PM의 문제점

PM(Personal Mobility, 개인형 이동장치)은 최근 몇 년 사이 도시 교통의 중요한 축으로 자리 잡았다. 전동킥보드, 전기자전거 등 다양한 형태의 장치들이 출퇴근, 배달, 여가 활동에 광범위하게 활용되고 있다. 그러나 이 새로운 교통수단은 제도 도입의 속도에 비해 법적 규율이 충분히 따라가지 못하고 있다. 그 결과 현장에서는 단속과 처벌 과정에서 많은 혼란이 발생하고 있으며, 특히 연령 책임의 공백과 운전면허 결격기간의 모순, 강제채혈 PM사건, 도로외 자전거 등의 음주운전 처벌문제는 대표적인 문제로 꼽힌다.

1) 연령 책임의 공백: 만 13세 문제

현행법상 형사처벌이 가능한 연령은 14세 이상으로 규정되어 있다. 따라서 14세 미만의 아동·청소년은 형사처벌 대상이 아니며, 범칙금 역시 부과할 수 없다. 그러나 「도로교통법」은 예외적으로 만 13세 미만의 경우에는 보호자에게 과태료를 부과할 수 있도록 규정[7] 하고 있다. 이는 아동 스스로 법적 책임을 질 수 없는 상황에서 최소한 부모나 보호자에게 관리 책임을 묻겠다는 입법 취지다. 예를 들어 12세 아동이 전동킥보드를 타고 적발되면, 직접 처벌은 불가능하지만 부모가 과태료를 납부해야 한다.

문제는 만 13세에서 발생한다. 만 13세는 형법상 형사책임능력이

7 「도로교통법」 제160조 제2항 제9호(과태료)

없어 범칙금이나 형사처벌이 불가능하다. 동시에 보호자 과태료 부과 규정은 “13세 미만”에만 적용되므로, 부모에게 책임을 물을 수도 없다. 결국 만 13세 운전자는 어떠한 제재도 불가능한 사각지대에 놓이게 된다.

이 법적 공백은 단순한 해프닝 수준이 아니라, 실제 단속 현장에서 경찰관을 무력하게 만들 수 있다. 예컨대 만 13세 청소년의 전동킥보드 무면허 운전이나 음주운전에 대해서는 운전자 본인뿐 아니라 보호자에게도 형사처벌이나 과태료 부과가 불가능하다. 경찰관은 위반 사실을 확인하고도 어떠한 처분도 내릴 수 없는 상황에 놓인다.

이는 국민들에게 ‘만 13세면 무적이다’라는 잘못된 신호를 주며, 제도의 정당성과 신뢰성을 크게 떨어뜨린다.

따라서 입법적으로 ‘만 13세 이하’까지 보호자 과태료를 확대하거나, 만 13세 운전자에게 별도의 행정적 제재 수단을 마련하는 개선이 시급하다.

수업시간에 나는 종종 이렇게 말하곤 한다.

“올해 첫째 아들이 만 13세가 되었는데, 개인형이동장치(PM)를 하나 사줄까 고민 중이다. 등하교길에 타고 다니게 하고, 내년에는 연년생인 둘째에게 물려줄까 한다.”

그만큼 현행 제도의 허점을 실감하게 되는 현실적인 예다.

2) 면허 결격기간의 모순: PM 음주운전 사례

또 다른 문제는 PM 음주운전과 면허 결격기간에 관한 것이다. 현행 「도로교통법」 제82조 제2항은 일정한 사유가 발생하면 일정 기간 동안 운전면허를 받을 수 없는 결격기간을 규정하고 있다. 하지만 동시에 단서 조항에서는 “벌금 미만의 형이 확정되거나, 선고유예·기소유예, 소년법에 따른 보호처분의 경우에는 규정된 기간 내라도 운전면허를 받을 수 있다"고 규정하고 있다.

이 조항을 PM에 적용해 보면 모순이 발생한다. 개인형 이동장치(PM) 음주운전은 현행 「도로교통법」 체계에서 형사처벌이 아닌 범칙금 10만 원으로 처리된다. 범칙금은 벌금·구류·과료와 같은 형벌이 아니므로, 엄격한 문언 해석에 따르면 「도로교통법」 제82조가 전제하는 '형'에 해당하지 않는다. 또한 해당 조항에 따르면 벌금 미만의 형인 구류나 과료에는 결격기간을 부여하지 않으면서, 이보다 훨씬 경미한 자전거와 PM 음주운전(범칙금)에는 일의적, 기계적으로 결격기간을 부여하고 있어 제도적 모순을 초래하고 있다.

이에 대해 2023년 7월 대구지방법원은 개인형 이동장치 음주운전 사건에서, 범칙금의 법적 성질이 형벌과 다르다는 점을 인정하면서도 범칙금을 '벌금 미만의 형'보다 더 불리하게 취급할 합리적 이유는 없다고 판단하였다.[8] 그리고 「도로교통법」 제82조 제2항 단서가 규정한 "벌금 미만의 형이 확정된 경우"와 유사한 효과가 발생할 수 있다는 점을 근거로, 결격기간을 통한 제재의 실익이 크지 않다는 점을 재량권 일탈·남용 판단의 요소로 삼아 운전면허 취소처분을 취소하였다.[9] 이러한 취지에 따르면 PM 음주운전의 범칙금 부과만으로는 결격기간을 실질적으로 유지·적용하기 어렵고, 운전면허 재취득 제한의 실효성이 약화될 수 있다. 그러나 실제 경찰 실무에서는 법령 해석상의 논란에도 불구하고, PM 음주운전이 혈중알코올농

8 「도로교통법」 제82조는 '벌금 미만의 형(구류·과료)'이 확정된 경우에는 결격기간을 부여하지 않는다는 취지다. 그런데 개인형 이동장치(PM) 음주운전에 부과되는 범칙금은 구류·과료보다도 더 경미한 제재임에도 불구하고, 행정청이 이를 사유로 면허취소·결격기간을 부여하는 것은 형벌체계·결격제도 사이의 형평에 반한다는 점을 지적한 것이 본 판결의 요지이다.

9 대구지방법원 2023. 7. 19. 선고 2023구단10537 판결

도 0.080% 이상으로 확인된 초범의 경우에는 일률적으로 1년의 결격기간을 부여하고 있다.

결국 현장에서의 운용과 법 조문·판례의 해석 사이에 불일치가 계속되고 있으며, 이는 반복적인 행정심판·행정소송으로 이어져 불필요한 사회적 비용과 혼란을 낳고 있다. 이러한 상황을 해소하기 위해서는 개인형 이동장치 음주운전에 대하여 50만 원 이상의 벌금으로 처벌을 강화하는 입법개정이 시급하다.

3) 강제채혈 PM 사건

PM 음주단속은 자동차·이륜자동차 음주단속과 법적 구조가 다름에도 불구하고, '음주운전은 일벌백계해야 한다'는 강한 인식 때문에 현장에서는 두 체계를 동일하게 적용하려는 경향이 있다. 특히 측정불능 상황에서 '강제채혈이 가능한가' '사후영장을 청구해야 하는가'와 같은 문제가 반복적으로 제기되며 혼선을 일으키고 있다. 아래는 실제 교육생이 현장에서 겪은 상황 보고 내용이다.

사례 317기 정○ 순경 - 전남청 ○○경찰서 ○○지구대

"안녕하십니까 교수님, 이른 아침에 연락드려 죄송합니다. 어제 새벽에 길에 사람이 쓰러져 있다는 신고를 받고 출동했습니다. 술에 만취한 상태에서 본인 소유 PM을 타다 단독으로 넘어져 있었고, 안면 골절 및 인후 손상으로 코피를 흘리며 의식이 거의 없는 상태였습니다. 소방과 공동대응하여 상태를 확인했으나 음주감지는 불가능했고, 결국 병원으로 이송한 뒤 보호자에게 설명하고 강제채혈을 했습니다. 지구대로 복귀해 주취정황보고서, TCS 접수, 채혈 압수조서 등 형사사건 서류를 모두 작성했습니다. 그런데 교통조사계에서는 '측정거부로 통고처분 하면 되는 사안인데 왜 강제채혈을 했는

가'라고 반문했고, 의식이 없는 사람에게 측정거부를 어떻게 적용할 수 있는지도 의문이었습니다. 결국 지구대장님과 교통과장님 중재로 사후영장을 청구하기로 했으나, 채혈동의서가 당사자 의식불명 상태에서 작성되어 문제 소지가 있어 보입니다."

이 사례는 PM 음주단속이 기존 음주운전 절차와 결정적으로 다름에도, 체계적 지침 부재로 인해 실무적 오류가 발생하고 있음을 그대로 보여준다.

가. 피해가 발생한 PM 음주 교통사고의 경우

PM 음주운전이라 하더라도 대인 사고가 발생하면 「교통사고처리 특례법」에 따라 형사사건으로 전환된다. 또한 대물 사고의 경우에도 「도로교통법」 제151조가 적용되어 피해자와 합의되지 않으면 형사처벌 대상이 된다. 따라서 PM이든 자전거든 피해가 발생한 음주 교통사고라면 형사사건이 되므로, 이 경우에는 사후영장 청구가 가능하다.

나. 피해 없는 PM 단독사고에서의 법적 문제

그러나 본 사례와 같은 피해가 없는 단독 PM 음주사고는 구조가 전혀 다르다.

PM 음주운전은 「도로교통법」에서 '범칙행위(10만 원)'로 규정되어 있어 형사사건이 아니므로, 강제수사(강제채혈)의 법적 근거가 존재하지 않는다. 이 지점에서 다음과 같은 쟁점이 발생한다. 측정이 불가능한 경우 강제채혈로 수치를 확보할 수 있는가? 형사사건이 아닌 범칙금 사건에서 사후영장 청구가 가능한가? '측정거부' 개념을 의식불명자에게 적용할 수 있는가?

다. 범칙금 사건에서 사후영장 청구 가능 여부

범칙금 10만 원 수준의 행위에 대하여 사후영장을 청구하는 것은 비례성 원칙에 반해 원칙적으로 허용되지 않는다. 그러나 실무에서는 두 가지 상반된 의견이 존재한다.

① 청구해야 한다는 견해(지구대 경찰관 보호 논리)

「도로교통법」 제156조를 근거로 20만 원의 벌금 선고가 가능하므로, 이를 근거로 사후영장을 청구해야 한다는 입장이다. 특히 민원·감사 대비 차원에서 "기각되더라도 청구해야 지구대 경찰관을 보호할 수 있다"라는 논리이다.

② 청구는 부적절하다는 견해(비례성·수사권 문제)

반면 현행 법체계에서 범칙금 사건에 영장을 발부받는 것은 비례성에 명백히 어긋나며, 영장 기각 사례가 반복될 경우 "경찰이 영장을 남용하려 한다"라는 인식이 강화되어 오히려 수사권 조정 과정에서 경찰의 제도적 입지가 약화될 수 있다는 비판이 있다.

③ 정리

현행 법령 구조상 후자의 입장이 더 타당하다. 따라서 범칙금 사건에서는 강제채혈과 사후영장 청구 모두 원칙적으로 허용되지 않는다.

라. 결론 - 향후 입법적 개선 필요

현재 범칙금은 자전거 음주운전 시 3만 원, PM 음주운전 시 10만 원에 불과하다. 이러한 처벌 구조에서는 강제채혈과 사후영장 청구가 원칙적으로 불가능하고, 측정불능 상황에 대한 기준도 마련되지 않아 실무 혼선과 교육 공백이 반복될 수밖에 없다. 동일한 음주위험성에 비해 제재가 지나치게 경미하다는 점도 문제다. 더욱이 의식이 없는 사람을 '측정거부'로 간주하여 범칙금을 고지하는 것은 법치주의 원칙에도 맞지 않는 조치라 할 것이다.

따라서 향후 자전거 및 PM의 음주운전·무면허운전에 대하여

"50만 원 이상의 벌금형"으로 상향 조정하여 형사절차로 편입하는 입법 개정이 필요하다. 이렇게 되면 강제채혈의 법적 근거가 명확해지고, 사후영장 청구의 비례성도 충족되며, PM·자전거 음주운전에 대한 억지력 또한 강화될 것이다. 아울러 현장 경찰관의 조치 기준이 안정화되고 교통수단 간 처벌체계의 일관성도 확보된다. 더불어 앞서 살펴본 현행 범칙금 체계에서 발생하는 '결격기간 부여의 모순' 역시 형사절차 내에서 일원적으로 정리할 수 있어 법적 혼선이 해소될 것이다.

결국, 법적 정비 없이는 현장의 혼란이 반복될 수밖에 없으며, 앞서 사례는 그 점을 가장 명확히 보여주는 실제 사례라 할 수 있다.

4) 도로외 '자전거 등' 음주운전의 처벌

도로 외에서 자전거나 개인형이동장치(PM)를 음주 상태로 운전했을 때 현행법상 처벌이 가능한가? 이에 대한 답을 얻기 위해서는 먼저 「도로교통법」의 규정을 확인할 필요가 있다.

「도로교통법」 제2조 제26호(운전의 정의)는 다음과 같이 규정한다.

'운전'이란 도로에서 차마 또는 노면전차를 본래의 사용방법에 따라 사용하는 것을 말한다. 다만, 제27조제6항제3호, 제44조, 제45조, 제54조제1항, 제148조, 제148조의2 및 제156조제10호의 경우에는 도로 외의 곳도 포함한다.

먼저 개인형 이동장치에 대한 규정을 살펴보면, 「도로교통법」 제148조의2(운전면허의 취소·정지 사유 등)에서 개인형 이동장치(PM)를 명시적으로 제외하고 있다. 따라서 도로 외에서 이를 운행하더라도 '운전'의 개념이 확장되지 않는다. 또한 제156조 제11호(벌칙) 조항으로 처벌을 시도하더라도, 제2조 제26호 단서에서 열거한 조항은 제10호까지만 규정하고 있어 처벌 할 수 없게 된다.

한편 자전거는 「도로교통법」 제2조에서 규정하는 '운전' 개념에는 포함되지만, 벌칙 조항인 제156조 제11호에서 개인형 이동장치와 함께 '자전거 등'으로 묶어 규정하고 있어, 제10호까지만 규정하고 있는 현행 법률상 도로 외에서의 음주운전에 대해서는 이 조항을 적용할 수 없어 처벌이 불가능한 구조다.

즉, 「도로교통법」은 도로 외의 운전행위에 대해서도 일부 조항에 한해 처벌할 수 있도록 열거방식을 취하고 있는데, 음주운전 관련 조항에서는 자전거와 개인형 이동장치(PM)가 제외되어 있다. 따라서 도로 외에서 자전거나 PM을 운전하는 경우 적용할 벌칙 조항 자체가 없어 처벌할 수 없고, 이에 따라 범칙금 부과도 불가능하며 형사입건하여 송치하는 것 또한 불가능한 법적 공백 상태에 놓이게 된 것이다.

5) 대법원 판례

이와 더불어 PM 제도의 법적 불안정성을 보여주는 중요한 사례가 있다. 바로 대법원 2023. 6. 29. 선고 2022도13430 판결이다.

특가법(특정범죄 가중처벌 등에 관한 법률)은 뺑소니, 즉 도주차량죄의 주체를 '자동차 등'으로 규정하고 있다. 여기서 '자동차 등'에는 자전거가 포함되지 않기 때문에, 원칙적으로 자전거 운전자가 사고 후 도주하더라도 특가법상 뺑소니는 성립하지 않는다.

문제는 PM이다. PM은 경우에 따라 자전거로 분류되기도 하고, 원동기로 분류되기도 한다. 그렇다면 PM이 사고를 내고 도주한 경우, 특가법상 뺑소니가 성립할까?

대법원은 위 판결에서 명확히 했다. PM을 단순히 자전거에 준하여 규정한 것은 '입법 기술상의 편의'일 뿐이며, 입법 목적과 보호법익, 전동킥보드와 같은 PM의 위험성을 고려할 때 PM 역시 뺑소니의 주체가 될 수 있다고 판시하였다. 이는 곧 현행 법 체계가 PM을 명확히 규정하지 못하고 있음에도 불구하고, 판례가 그 공백을 메운 대표적 사례라 할 수 있다.

제15장

특수형태 차량: ATV와 UTV

ATV와 UTV 경계를 판별하라

최근 교통 현장에서는 ATV와 UTV와 같은 특수형태 차량이 점차 늘어나고 있다. 이들 차량은 외형이나 주행 방식이 독특해 일반 자동차나 오토바이와 혼동하기 쉬운데, 법적 지위와 면허 기준이 명확히 구분되어 있어 경찰관은 이를 정확히 숙지해야 한다.

표 15-1 ATV와 UTV

ATV

UTV

1 ATV(All-Terrain Vehicle)

ATV는 전지형 차량이라는 이름 그대로 비포장도로, 산악지대, 자갈길 등 험로 주행에 적합하도록 설계된 사륜형 차량이다. 구조적으로는 앞바퀴 2개, 뒷바퀴 2개를 갖추었으며, 운전자가 오토바이처럼 핸들바를 잡고 걸터앉아 조작한다.

「도로교통법」상 이륜자동차의 분류 기준은 내연기관의 경우 배기량 125cc 초과, 전기 동력의 경우 정격출력 11kW 초과[10]이다.

① 125cc 이하인 경우: '원동기'로 분류되어, 원동기 면허로 운전할 수 있다.
② 125cc 초과인 경우: '이륜자동차'로 분류되어 이륜자동차 면허(2종 소형 이상)가 필요하다.

즉, ATV는 외형상 네 바퀴를 가지고 있지만, 법적으로는 배기량 기준에 따라 원동기 또는 이륜자동차로 취급된다. 이 점을 혼동하는 경우가 많아, 신임 경찰관들은 반드시 배기량 기준을 확인해야 한다.

한편, 등록 여부는 차동장치(디퍼렌셜 기어) 장착 여부[11]에 따라 달라진다. 차동장치가 장착된 경우에는 '자동차'로 등록해야 하지만, 현실적으로는 국토교통부나 지자체가 안전기준 미달 등을 이유로 등록을 거부하는 사례가 많다. 그 결과 법적으로는 등록 대상임에도 불구하고, 사용자 입장에서는 등록이 사실상 불가능한 상황이 발생한다. 반면 단속 현장의 경찰관 입장에서는 형식상 '무등록 자동차'

10 이후부터는 편의상 이륜자동차의 기준을 '125cc'로 통일하여 표기한다.

11 「사용신고 대상에서 제외되는 이륜자동차에 대한 고시」 제2조

로 처벌해야 하는 문제가 있어 현장에서 혼선이 빚어지고 있다. 이러한 상황은 UTV 역시 동일하다.

다만, 어떤 경우라도 도로에서 주행하려면 반드시 의무보험에 가입해야 하며, 이는 등록 여부나 사용 용도와 관계없이 동일하게 적용된다.

2 UTV(Utility Task Vehicle)

UTV(Utility Task Vehicle, 다목적 작업용 차량)는 농업 · 건설 · 군사 현장에서 주로 화물 운반이나 인력 수송에 활용된다. 외형과 기능 면에서 일반 자동차와 흡사하며, 스티어링 휠과 페달로 조작하고, 운전자와 동승자가 나란히 탑승하며, 안전벨트와 롤 케이지가 기본적으로 장착되어 있다는 특징이 있다.

이러한 구조적 특성 때문에 UTV는 '사륜자동차'로 보고 2종 보통면허 이상의 운전면허가 필요하다.[12] 또한 도로를 주행하려면 등록 여부와 관계없이 반드시 의무보험에 가입해야 하므로, 단속 현장의 경찰관은 차량의 등록 상태, 보험 가입 여부, 운전자의 면허 종류를 종합적으로 확인해야 한다.

이는 UTV의 법적 성격이 불분명한 현실 속에서도 국민의 안전을 보장하고 법적 분쟁을 예방하기 위한 실무적 유의점이라 할 수 있다.

12 수원지방법원여주지원 2018.8.21. 선고 2018고정441 판결
전주지방법원 2019.8.9. 선고 2019고정68

3 정리와 현장 포인트

② ATV: 외형은 사륜차지만, 법적으로는 배기량에 따라 구분된다. 125cc 이하는 원동기, 125cc 초과는 이륜자동차로 분류된다. 따라서 원동기 면허 또는 2종 소형 면허가 필요하다.

② UTV: 사륜자동차로 분류되며, 배기량과 무관하게 2종 보통면허 이상이 필요하다.

✓ 등록 기준: 두 차량 모두 차동장치가 있으면 등록 대상이다. 그러나 현실적으로 안전기준 미달로 등록이 어려운 경우가 많아 현장에서 혼선이 발생한다.

✓ 의무보험: 도로 주행 시에는 등록 여부와 관계없이 반드시 의무보험에 가입해야 한다.

결론적으로, ATV와 UTV는 겉보기에는 유사해 보이지만 법적 지위와 면허 기준에서 큰 차이를 가진다. 경찰관은 배기량, 구조, 차동장치 유무, 면허 종류, 보험 가입 여부를 종합적으로 확인해야 현장에서 적법하고 정확한 단속을 할 수 있다.

다만, 두 차량 모두 75세 이상 고령자가 최고속도 20km 이하로만 운행하도록 제작된 경우에는, 「교통약자의 이동편의 증진법」에 따라 '교통약자'로 보아 면허 없이 운전이 가능하다는 점을 유의해야 한다. 또한 ATV와 UTV는 생산 단계에서 어떤 법령의 형식승인을 받았는가에 따라 법적 지위가 달라진다. 차량이 생산될 때부터 「농업기계화 촉진법」에 따라 '농업기계'로 형식승인을 받고 등록된 경우에는 '농기계'로 인정되며, 이는 차마의 구분상 '차'에 해당하므로 '자동차등'을 운전할 경우 처벌하는 「도로교통법」상 무면허운전죄가 성립하지 않는다는 점을 유의해야 한다.

4 제주도 교통사고 사례 분석

ATV와 UTV는 모두 오프로드 주행을 목적으로 개발된 특수 차량이다. 그러나 법적 지위와 면허 요건에서 큰 차이가 있다.

ATV(All-Terrain Vehicle)는 오토바이와 유사한 구조로 핸들바를 사용해 조향하며, 운전자가 위에 걸터앉아 타는 방식이다.

UTV(Utility Task Vehicle 또는 Utility Terrain Vehicle)는 보다 크고 실용성을 강조한 차량으로, 자동차처럼 스티어링 휠과 가속·브레이크 페달을 이용해 조향하며, 두 명 이상이 나란히 앉을 수 있는 좌석을 갖춘다.

따라서 겉모습이 비슷하더라도 조향 장치와 좌석 구조가 가장 중요한 구분 기준이 된다.

그렇다면 다음으로 제주도에서 실제 발생한 교통사고 사례를 분석해보도록 하자. 사고 차량은 'UTV-150'이라는 이름으로 유통되었지만, 구조와 제원을 살펴본 결과 몇 가지 중요한 쟁점을 확인할 수 있었다.

첫째, 이 차량은 제원표상으로는 사륜 구조, 차동장치 장착, 배기량 149.6cc의 다목적 운반차로 기재되어 있어 형식상 UTV로 분류될 여지가 있었다. 그러나 실물을 확인해보니 조향 장치가 핸들바 형태였고, 승차 정원 1인 단좌 구조로 되어 있었다. 이는 전형적인 ATV의 특징이다. 결국 명칭과 달리 실질적으로는 ATV로 보아야 한다는 결론에 이른다.

둘째, 배기량이 125cc를 초과하므로 원동기가 아니라 이륜자동차로 분류해야 하며, 이에 따라 운전에는 2종 소형 면허 이상이 필요하다.

셋째, 차동장치가 장착된 차량은 원칙적으로 자동차 등록 대상이다. 하지만 현실적으로 국토교통부나 시·군·구청은 안전기준을 충족하지 않는 차량에 대해 등록을 허용하지 않고 있다. 이로 인해 법적으로는 등록해야 하지만 실제로는 등록할 수 없는 이중적 상황이 발생하며, 결과적으로 운전자와 행정기관, 그리고 단속 경찰관 모두가 혼란을 겪고 있다.

넷째, 도로를 운행하는 경우에는 등록 여부와 무관하게 반드시 자동차 의무보험에 가입해야 한다. 이를 위반하면 단순히 사고 발생 시 보험 혜택을 받지 못하는 데 그치지 않고, 의무보험에 가입하지 않은 자동차를 운행할 경우, 「자동차손해배상 보장법」 제46조 제3항 제2호에 따라 1년 이하의 징역 또는 1천만 원 이하의 벌금에 처해질 수 있다. 즉, 의무보험 미가입 자체가 형사처벌 대상이다. 따라서 경찰관은 현장에서 보험 가입 여부를 철저히 확인해야 한다. 실제로 최근 제주 사례에서도 보험 미가입 상태로 ATV가 운행되다가 사고가 발생하여, 운전자가 형사처벌을 받은 것은 물론 피해자와 별도로 민사 합의를 진행해야 했다.

해당 교통사고의 차량과 제원표는 아래 <그림 15-2>와 같다.

그림 15 -2

제작자명	(주)대 한스쿠피아	엔지연소방식	1실린더4싸이크
원제작자명	STX (China)	최대토크	9.8kw/n,600rpm
차명	UTV-150	최대출력	6.8kw/n,7500rpm
고속저속장치	저속시강한동력	냉각방식	강제공냉식
승차정원(명)	1명	연료부사장치	카브레타
종별	다목적 운반차	배기량	149.6cc
적제합크기	1190•980	연료용량	5L
적재총량	200kg	최고속도	45kw/h (정속주행 35kw/h)
차량총중량	285kg	배터리	12V9AH
차체제원	2600•1060•1160	브레이크	Dua1유압디스크
기어방식	오토매틱	대우1단, 2단	차동장치1단2단
축간거리	1650mm	시동방식	Elecrlic, kick start
차륜거리(mm)	전: 780	타이size	전: 21•7-10
	후: 750		후: 22•10-10

제원표를 정리하면 아래 <표 15-1>과 같다.

표 15-1 UTV-150 제원표

차명	UTV-150
엔진	1실린더 4사이클, 배기량 149.6cc
출력·토크	최대출력 6.8kW / 7,500 rpm 최대토크 9.8kW / 6,000 rpm
변속	오토매틱(저·고속 2단), 차동장치 포함
냉각	강제 공냉식
연료 시스템	카브레터, 연료용량 5L
최고속도	45km/h (정속 주행 35km/h)
승차정원	1명
적재함	크기 1190 × 980mm, 적재총량 200kg
차체	2600 × 1060 × 1160mm, 총중량 285kg
제동장치	듀얼 유압 디스크
배터리	12V 9AH

제작자: ㈜대한스쿠피아 / 원제작자: STX(China)

이 사건에 대해 독자의 판단과 견해가 요구된다. 과연 이 차량은 UTV일까, 아니면 ATV일까? 제원표만 보면 차명은 'UTV-150'이고, 차동장치까지 갖추어 다목적 운반차로 분류되어 있어 형식적으로는 UTV에 해당하는 것처럼 보인다. 그러나 실제 구조를 확인해보면 중요한 차이가 있었다. 조향 장치가 자동차식 핸들이 아닌 핸들바 형태였고, 좌석 또한 단좌(1인승) 구조로 되어 있었다. 이는 전형적인 ATV의 특성을 보여준다.

따라서 이 차량은 형식상 UTV라 불리더라도 실질적으로는 ATV로 판단된다. 다만 배기량이 149.6cc로 125cc를 초과하므로 단순 원동기로 볼 수 없고, 법적으로는 이륜자동차에 해당한다. 따라서 이 차량을 운전하기 위해서는 2종 소형 면허가 필요하다는 결론에 이르게 되었다.

이번 사례는 이름만 보고 분류하면 쉽게 혼동에 빠질 수 있음을 잘 보여준다. 표면적으로는 UTV라는 명칭을 달고 있었지만, 실제 구조와 좌석 형태, 조향 방식 등을 검토한 결과 ATV로 보는 것이 타당했다. 이러한 사례는 단순히 학문적 구분이 아니라, 면허 요건, 등록 여부, 보험 가입 의무와 직결되기 때문에 현장 경찰관의 판단은 매우 중요하다.

따라서 신임 경찰관들은 앞으로 단속이나 사고 처리 과정에서 차량의 이름이나 외형에만 의존하지 말고, 배기량 · 조향 장치 · 좌석 구조 · 차동장치 여부를 반드시 종합적으로 살펴야 한다. 그래야 법적 분류를 정확히 적용할 수 있으며, 불필요한 법적 분쟁이나 행정적 혼선을 예방할 수 있다.

제16장

점멸신호등

깜빡이는 불빛, 우선권의 주인을 찾아라

신호위반이라고 하면 보통 '적색신호에 그대로 진행하다가 충돌하는 상황'을 떠올리기 쉽다. 그러나 실제 현장에서는 이보다 훨씬 다양한 유형이 존재한다. 대표적으로 적색·황색 점멸 신호 위반, 우회전 시 신호위반, 좌·우회전 금지 노면표시 위반, 그리고 일시정지 표지·노면표시 위반, 동일방향 신호위반 등이 있다. 특히 일시정지 표시는 단순 서행이 아니라 '완전히 멈춤'을 요구하는 법적 효력이 있기 때문에 이를 위반하면 명백한 신호위반으로 처벌된다. 여기서는 이러한 여러 유형 중에서도 적색과 황색점멸신호를 살펴보도록 하겠다.

1 점멸신호등

교차로에서 흔히 볼 수 있는 점멸신호는 운전자들이 대수롭지 않게 생각하기 쉽다. '빨리 지나가면 된다' 정도로 인식하는 경우가 많지만, 실제로는 법적 효과와 처벌 여부가 크게 달라질 수 있다.

2 적색 점멸 신호

적색 점멸은 교차로 진입 전에 반드시 일시정지해야 한다는 뜻이다. 여기서 '일시정지'란 단순히 속도를 줄이는 것이 아니라 네 바퀴가 모두 완전히 멈춘 상태를 의미한다.[13] 정지선을 기준으로 차량을 완전히 세운 뒤, 좌우의 안전을 충분히 확인하고 서행하며 교차로를 통과해야 한다.

그럼에도 불구하고 일부 운전자들은 '잠깐 속도만 줄이면 되겠지'라며 사실상 일시정지를 무시하고 그대로 통과하는 경우가 많다. 그러나 이는 명백한 신호위반으로 간주되며, 만약 이로 인해 인적 피해 교통사고가 발생한다면 12대 중과실에 해당하여 형사처벌 대상이 된다.

특히 심야시간, 즉 자정 이후 교차로에서는 적색 점멸 신호가 자주 운영된다. 교통량이 줄어든 시간대에 원활한 소통을 위해 운영되는 신호체계이지만, 이때 운전자의 방심이 가장 큰 위험 요인으로 작용한다. 실제로 처리했던 사건 중에는 운전자가 '다른 차량이 없을 것'이라 생각하고 일시정지 없이, 서행하며 교차로에 진입하다 진행방향 좌측에서 우측으로 직진하던 차량과 충돌해 교통사고로 이어진 사례가 있었다.

따라서 적색 점멸 신호는 단순히 '멈출 필요가 있는 듯한 신호'가 아니라, 법적으로 반드시 준수해야 하는 안전 장치다. 경찰관은 현장에서 이를 단순 위반으로만 처리할 것이 아니라, 운전자에게 "네 바퀴가 완전히 멈추어야만 일시정지"라는 개념을 반복적으로 교육하고 안내해야 한다. 그래야만 불필요한 사고를 예방하고, 신호위반의

13 「도로교통법」 제2조 제30호

중대성을 명확히 인식시킬 수 있다.

최근에는 황색신호의 법적 효력을 둘러싼 논쟁이 잦았다. 이른바 ‘딜레마존’이라 불리는 구간, 즉 교차로 진입 직전에 황색으로 바뀌어 운전자가 정지할지 진행할지 판단하기 어려운 상황이 대표적이다. 그러나 대법원은 이러한 경우에도 “정지선 전에서 반드시 멈추어야 한다”는 원칙을 분명히 했다.[14] 교차로 진입 전에 신호가 황색으로 바뀌었다면, 설령 정지거리가 다소 짧더라도 멈추지 않고 진입하면 신호위반이 성립한다는 것이다. 대법원의 판시 이후, 파기환송심을 맡은 인천지방법원[15] 역시 같은 법리를 적용하였다. 과속과 황색신호 위반이 결합 된 경우, 그 두 과실이 함께 사고의 직접 원인이 된다고 보고 금고형을 선고한 것이다. 이 두 판례는 ‘황색은 멈출 수도 있고 갈 수도 있다’는 오랜 현장 인식을 사실상 부정했다. 교차로 진입 전이라면 멈추는 것이 원칙이며, 그렇지 않으면 곧 신호위반이라는 명확한 기준을 제시한 것이다.

3 황색 점멸 신호

황색 점멸은 ‘멈추라’는 의미가 아니라 다른 교통 또는 안전표지의 표시에 주의하면서 진행할수 있다[16]는 의미다. 따라서 황색 점멸에서 멈추지 않았다고 해서 신호위반이 성립하지는 않는다. 정리하면, 적색 점멸은 네 바퀴가 완전히 멈출 정도로 일시정지 후 진행해야 하며, 이를 위반하면 신호위반으로 보아 12대 중과실에 해당한다.

14 대법원 2024. 4. 12. 선고 2024도1195 판결

15 인천지방법원 2024. 11. 14. 선고 2024노1152 판결

16 「도로교통법 시행규칙」 [별표 2]

황색 점멸은 주의하며 통과하는 것이 원칙이고, 이를 위반하더라도 신호위반에는 해당하지 않는다.[17] 끝으로, 대법원은 정지선 전에 충분히 정지할 수 있었던 경우라면 딜레마존을 이유로 신호위반 책임을 면할 수 없다고 보았다. 따라서 운전자는 교차로 진입 직전에 신호가 황색으로 바뀌면 즉시 정지해야 한다는 원칙을 항상 염두에 두어야 한다.

17 황색 점멸신호는 '주의하여 진행'에 해당하므로 이를 무시하고 통과했다고 해서 신호위반이 성립하는 것은 아니다. 다만, 이러한 상황에서 교통사고가 발생하면 안전운전 의무 위반 여부가 쟁점이 되어, 가해자로 판단될 수 있다는 점을 유의해야 한다.

제17장

우회전 신호위반

녹색불에도 멈춰야 할 때가 있다

우회전은 우리 교통 현장에서 가장 빈번하게 발생하는 단속 및 사고 유형 가운데 하나다. 그런데 실제 현장에서는 우회전 시 보행자가 전혀 없더라도 보행자 신호등이 꺼질 때까지 멈춘 채 기다려야 한다고 오해하는 경우가 많다. 그러나 이는 잘못된 이해다. 특히 주목할 점은, 많은 운전자들이 우회전 신호위반을 잘 알고 있다고 생각하지만, 정작 강의 현장에서 질문해 보면 정확히 답하는 경우는 드물다는 사실이다. 심지어 경찰 내부에서도 우회전 시 보행자 보호 의무와 신호 준수의 관계를 혼동하는 사례가 적지 않다.

경기연구원이 2023년 12월 21일 발표한 조사 결과에 따르면, 수도권 시민 600명(운전자 400명, 보행자 200명)을 대상으로 설문한 결과 운전자의 67.5%가 보행자가 없다는 이유로 법적 의무인 '일시정지'를 하지 않고 우회전한 경험이 있다고 답했다. 흥미로운 점은 그 이유였다. '빨리 가고 싶어서'라는 응답은 30.6%였지만, '정확한 통행방법을 몰라서'라는 응답이 32.4%로 더 높았다. 다시 말해, 상당수 운전자들이 법 규정을 알지 못해 위반을 하고 있다는 것이다.

또한 "우회전 통행방법을 알고 있다"고 답한 운전자는 40.3%였으나, 경찰청 홍보물 기준으로 실제 법적 정답을 맞춘 사람은 400명 중 단 1명뿐이었다. 즉, 대부분의 운전자들이 스스로는 '법을 잘 알고 있다'고 착각하고 있지만, 실제로는 제대로 알지 못하고 있는 셈이다.

아래 <그림 17-1>은 경찰청이 2023년 4월 20일 배포한 공식 보도자료에 수록된 지침으로, 교차로에서 우회전하는 차량이 어떤 상황에서 반드시 일시정지해야 하고, 어떤 경우 서행만으로도 충분한지를 구체적으로 보여준다. 많은 운전자들이 혼동하기 쉬운 부분을 시각적으로 정리한 자료로서, 신임 경찰관 역시 현장에서의 단속과 안전 확보를 위해 반드시 정확히 이해하고 숙지해야 한다.

그림 17 -1

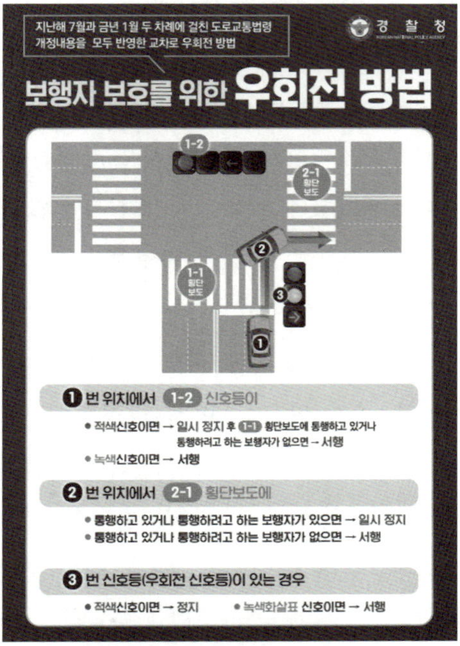

1 1-2 적색, 1-1 녹색

이때 보행 신호가 녹색이라면, 많은 운전자들이 "보행자가 없는데 왜 멈추냐"며 그대로 진행하거나, 반대로 보행자가 없음에도 불구하고 괜히 오래 대기해 뒤차와 정체를 유발하는 경우가 있다.

그러나 정답은 명확하다. 일시정지 후 보행자가 없다면 서행으로 통과할 수 있다. 즉, 보행신호가 녹색이라도 실제 보행자가 없으면 일시정지 후 서행이 가능하다는 뜻이다. 그런데 "통과하려는데 갑자기 보행자가 튀어나오면 어떻게 하느냐"라는 질문을 종종 받는다. 운전자는 보행자가 횡단을 시작하려면 즉시 다시 일시정지해야 한다.

(보충 설명 – 판례와 지침의 관계)

여기서 하나 더 짚고 넘어가야 할 부분이 있다. 이번 우회전 경찰청 지침은 최근 변경되어 "보행자가 없어도 일시정지 후 서행 통과 가능"이라고 명확히 정리했지만, 1번 사례는 법 개정 이전부터 '우회전 신호위반'이라는 개념이 존재했다. 즉, 대법원 판례가 이미 쌓여 있는 영역이라는 것이다. 그렇다면 "대법원 판례와 경찰청 지침 중 어느 것이 더 우위인가?"라는 의문이 생긴다. 정답은 판례다.[18] 우리 법체계는 판례법을 인정하기 때문에, 경찰청 지침이 새로 만들어졌다고 해도 아직 판례가 변경되지 않았으므로 주의해야한다. 대법원 판례는 첫 번째 횡단보도에서 보행자 신호에 따라 일시정지한 후 우회전하던 차량이 진행방향 좌측에서 우측으로 전방 녹색 신호에 따

18 판례가 우위라는 표현은 교통단속의 집행 단계가 아니라, 교통사고의 형사책임과 기소 여부를 판단하는 사법 단계에서의 원칙을 의미한다. 현장 단속은 여전히 경찰청 예규와 내부 지침에 따라 이루어진다.

라 직진하던 차량과 충돌한 경우, 보행 신호가 아직 녹색으로 점등되어 있는 상태에서 우회전했다면 이를 우회전 신호위반[19]으로 보고 있다. 즉, 이 부분에 관한 대법원의 기존 판례 태도는 아직 변경된 사안이 대법원까지 올라가 다투어진 사례가 없으므로, 변경되지 않은 상태에 머물러 있는 것이다. 결국 머지않아 지침에 맞춰 판례가 바뀌겠지만, 굳이 우리가 교통사고 가해자가 되어 새로운 '우회전 신호위반' 대법원 판례를 만들 필요는 없는 것이다. 따라서 그 전까지는 조심스럽게 운전해야 한다는 점을 반드시 염두에 두어야 한다.

2 1-2 적색, 1-1 적색

운전자들이 특히 많이 혼동하는 장면이다. 1-2가 적색이라면 운전자는 1-1 앞에서 반드시 일시정지해야 한다. 이때 횡단보도 신호가 적색이라 보행자가 실제로 통행하지 않더라도, 보행자 신호 전 반드시 멈춘 뒤 서행으로 통과해야 한다. 많은 운전자들이 "보행자가 없으니 그냥 서행해도 괜찮다"라고 생각하고 그대로 진행하지만, 이는 명백한 신호위반이다.

여기서 하나 더 짚고 넘어가야 할 중요한 부분이 있다. 만약 1-1 위치에 횡단보도는 설치되어 있지 않고 일시정지선만 표시되어 있다면 어떻게 될까? 이 경우에도 일시정지 의무는 그대로 적용된다. 「도로교통법 시행규칙」 [별표 2]에서 적색등화의 의미를 다음과 같이 규정하고 있기 때문이다.

"차마는 우회전하려는 경우 정지선, 횡단보도 및 교차로의 직전에서 정지한 후, 신호에 따라 진행하는 다른 차마의 교통을 방해하

19 대법원 2011. 7. 28. 선고 2009도8222 판결

지 아니하고 우회전할 수 있다.”

이 조문은 ‘횡단보도 설치’를 전제로 하지 않는다. 다시 말해, 횡단보도가 있든 없든 전방 차량신호가 적색이라면 운전자는 반드시 정지선이나 교차로 직전에서 일시정지해야 한다는 뜻이다. 결국 이 지점이 이번 우회전 신호위반 관련 개정 내용에서 가장 핵심적인 부분이다. 운전자가 착각하기 쉬운 ‘보행자 유무’가 아니라 ‘전방 신호가 적색인 상황에서 일시정지했는지 여부’가 위반 성립의 기준이 된다는 점을 명확히 인식할 필요가 있다.

3 1-2 녹색, 2-1 녹색

운전자들이 가장 혼동하는 상황 중 하나다. 이때 1-1 보행신호가 적색이라면 전방 차량 신호가 녹색이므로 운전자는 일시정지할 필요 없이 서행하며 우회전할 수 있다. 단속을 우려해 불필요하게 멈추는 경우도 있지만, 법적으로 전방 1-2 차량신호가 녹색이고 1-1 보행신호가 적색이라면 일시정지 의무는 없다. 이때는 보행자 출현 가능성에 대비한 주의 운전, 즉 서행만으로 충분하다. 그 다음 2-1 보행신호가 녹색이라고 해서 무조건 일시정지해야 하는 것은 아니다. 핵심은 실제로 보행자가 횡단을 하고 있느냐 여부다. 보행자가 보행신호에 따라 횡단을 시작했거나 이미 횡단 중이라면 운전자는 반드시 일시정지해 보행자의 통행을 보호해야 한다. 반대로 보행자가 모두 건넜거나 애초에 없었다면, 신호등이 녹색이라는 이유만으로 무조건 멈출 필요는 없다. 이 경우에는 속도를 줄여 서행하며 주변 안전을 확인한 뒤 그대로 우회전할 수 있다.

혼동되는 독자들을 위해 다시 한 번 정리하면 다음과 같다. 신호위반은 기본적으로 1-2 차량신호가 적색일 때 문제가 된다. 따라서 차량 신호가 녹색일 경우에는 신호위반이 성립할 수 없으며, 이때의 쟁점은 보행자 보호의무를 지켰는지 여부다. 만약 보행자가 보행신호에 따라 횡단 중임에도 운전자가 일시정지하지 않고 그대로 통과하여 보행자를 충격했다면, 이는 '보행자 보호의무 위반'으로 형사 책임을 지게 된다.

추가적으로, 현장에서 신임 경찰관들이나 운전자들이 자주 묻는 질문이 있다.

"2-1 보행신호가 녹색이라 서행하며 우회전하고 있는데, 갑자기 보행자가 뛰어 들어오면 어떻게 해야 합니까?"

법적으로는 답이 명확하다. 보행자가 보행신호에 따라 횡단을 시작하거나 횡단 중이라면, 운전자는 어떤 상황에서도 반드시 정지해야 한다. 심지어 보행자가 횡단을 끝내지 않아 중앙선 부근까지 건너고 있다면, 법적으로는 보행자가 완전히 횡단을 마칠 때까지 기다려야 한다. 보행자가 횡단보도를 모두 통과하기 전에는 차량이 움직여서는 안 된다는 것이 원칙이다.

그러나 실제 현장에서는 조금 다르게 움직인다. 보행자가 이미 차의 진행 방향과 겹치지 않는 중앙선 부근까지 건넜다면, 운전자들이 그 틈을 타 우회전을 이어가는 모습이 흔하다. 법적으로는 엄연히 보행자 보호의무 위반 소지가 있지만, 모든 상황을 일일이 단속한다면 현실적으로 과도한 규제가 될 수 있고, 운전자들의 반발도 심각해질 수 있다.

따라서 현장에서 경찰관이 기억해야 할 점은 두 가지다. 첫째, 법적으로는 보행자가 횡단 중인 이상 반드시 일시정지해야 한다는 원칙을 교육과 계도에서 분명히 알려줄 것.

둘째, 단속은 모호한 상황보다는 명확한 위반, 예컨대 보행자와 충돌하거나 아예 일시정지 자체를 하지 않은 경우에 집중하는 것이 바람직하다는 점이다.

(보충 설명 – 연속 차량의 일시정지 문제)

실무에서 자주 논란이 되는 부분이 바로 “첫 번째 차량은 일시정지했는데, 그 뒤를 따르던 차량들은 다시 또 정지해야 하는가?” 하는 문제다.

예를 들어, 선두 차량이 첫 번째 횡단보도 앞에서 일시정지를 한 뒤 우회전을 했다면, 두 번째, 세 번째 ‥‥ 열 번째 차량까지 줄줄이 서 있던 상황을 떠올려보자. 과연 뒤차들도 다시 횡단보도 직전에서 일시정지를 해야 할까? 이에 대한 정리는 다음과 같다.

① 차 대 차 사고의 경우: 선두 차량 때문에 어쩔 수 없이 정지했던 뒤차들은, 비록 자의적 정지가 아니더라도 일단 ‘일시정지를 한 것’으로 인정한다. 따라서 차 대 차 사고에서는 다시 일시정지하지 않아도 신호위반으로 보지 않는다.

② 차 대 보행자 사고의 경우: 이야기가 달라진다. 우회전 신호위반 규정은 보행자 보호를 위한 규정이므로, 뒤차라도 반드시 횡단보도 직전에서 한 번 더 일시정지해야 한다. 그렇지 않고 그대로 진행하다 보행자를 충격하면 신호위반이 인정된다.

즉, 우회전 신호위반 처벌의 입법 목적은 보행자 보호에 있으므로, 차량 간 사고인지 보행자와의 사고인지에 따라 적용 여부가 달라진다. 이 점을 신임 경찰관들이 구분하여 이해해야 한다.

제18장

직진 금지 노면표시

직진금지의 함정, 지시인가 오류인가

1 문제 제기

운전을 하다 보면 도로 위에서 흔히 볼 수 있는 노면표시가 있다. 직진금지, 좌회전금지, 우회전금지 등으로 표시된 노면들은 운전자에게 명확한 지시를 부여한다. 그렇다면 이러한 노면표시를 무시하고 그대로 진행했을 때, 교특법상 12대 중과실 중 하나인 지시위반에 해당할까?

답은 명확하다. 안전표시는 크게 보조표시, 지시표시, 주의표시, 규제표시, 노면표시로 구분된다.

이 가운데 직진금지 표시는 규제표시와 동시에 노면표시에도 해당한다. 따라서 운전자가 이를 위반하면 단순한 안전수칙 위반이 아니라 「도로교통법」 제5조(신호 및 지시위반)위반이 성립한다. 즉, 직진금지 표시는 규제의 성격과 노면지시의 성격을 동시에 지니므로, 이를 무시하고 진행하는 행위는 법적으로 명백한 지시위반이다.

그렇다면 반대로, 우회전 전용차로 혹은 좌회전 전용차로[20]에서 직진했지만 직진금지 노면표시는 없는 경우는 어떨까? 이 경우는 지시위반이 성립하지 않는다.

즉, 노면에 직진금지 표시가 설치되어 있느냐 없느냐가 지시위반 성립의 관건이다. 물론 직진차로에서 진행한 차량과 우회전 전용차로에서 직진한 차량이 충돌한다면 과실 책임은 우회전 전용차로에서 직진한 차량이 더 크게 인정되겠지만, 그것은 단순한 과실 문제일 뿐, 형사처벌과 직결되는 12대 중과실인 지시위반은 별개의 문제다.

이론만으로는 이해가 쉽지 않기 때문에, 실제로 겪은 교통사고 사례를 통해 살펴보고자 한다.

2023년 6월 22일 점심 무렵, 경찰대학교에서 계절학기 강의 의뢰를 받아 점심을 마치고 강의에 참석하기 위해 이동하던 중이었다. 편도 3차로 도로의 1차로를 따라 서행하고 있었는데, 노면에는 분명히 좌회전 전용차로 표시가 그려져 있었고, 직진금지 노면표시 또한 명확히 존재했다. 그러나 전방 교차로에는 제한속도 30km/h 과속 단속 카메라가 설치되어 있었고, 이를 의식해 2차로에서 서행하는 벤츠 차량이 있었다. 그 순간 추월이 가능하다고 판단한 필자는 좌회전 차로에서 직진을 선택했다. 교차로를 빠져나와 횡단보도에 이르렀을 즈음, 그 결정의 결과가 드러났다. 갑작스러운 충격음과 함께 차량이 흔들렸다. 차량의 우측 앞바퀴가 벤츠 차량의 좌측 앞 범퍼와 충돌한 것이다.

사고 직후 즉시 현장을 촬영한 뒤 차량을 갓길로 이동시켜 2차 사고를 예방하였다. 상대 차량 운전자는 차량에서 내려 당황한 기색을

20 「도로교통법 시행규칙」 [별표 6] '노면표시' 마목(화살표가 있는 표지의 설치). 우회전전용차로·좌회전전용차로라는 명칭은 법령상 정의가 아니며, 노면의 '진행방향(화살표) 표시'에 따라 각 방향 전용이 지정된다. 본문에서는 편의상 '우회전전용차로', '좌회전전용차로'로 부르기로 한다.

보이며 머리를 긁적이며 서 있었다. 사고 당시 상황을 보여주는 현장 사진은 아래 <그림 18-1>와 같다.

그림 18 -1 사고 직후 촬영한 현장 사진

사고 직후 '좌회전 전용차로에서 직진한 행위는 지시위반에 해당한다'는 생각이 먼저 떠올랐다. 그러나 일반 운전자의 입장에서는 이를 알기 어렵다는 점을 고려해, 나는 차분히 설명하며 대응하기로 했다.

"선생님, 이렇게 진로를 변경해 옆을 박으시면 제가 피할 수도 없고, 들어오는 줄 알 수도 없습니다. 가해자이신 거 아시죠?"라고 능청스럽게 묻자, 그는 잠시 머뭇거리며 "그런가요?"라고 답했다. 이에 나는 곧바로 "제가 무과실은 아니니 일부 과실이 잡히겠지만, 선생님 차량이 고가의 AMG이니 서로 각자 처리하는 것이 현명할 것 같습니다"라고 제안했다.

그러나 상대방 운전자는 예상과 달리 내 제안을 곧바로 받아들이지 않았다. 그는 잠시 동승자와 이야기를 나눈 뒤, 둘이 함께 교차로 아래쪽으로 천천히 걸어 내려가기 시작했다. 나는 차량 옆에 서서 멀어져 가는 그들의 뒷모습을 보며 의아함을 감출 수 없었다. 보통 운전자는 사고 직후 차량 파손 상태나 보험처리 방식을 논의하지, 굳이 교차로 방향으로 내려가 노면을 확인하려고 하지는 않기 때문이다.

약 10여 분쯤 지났을까. 그들은 다시 내 쪽으로 돌아왔다. 그리고 상대 운전자가 단호한 어조로 말했다.

"여기는 직진금지 구간입니다."

순간 머릿속에 종이 울리며, '아, 끝났구나' 하는 생각이 스쳤다. 하지만 나는 그 마음을 내색하지 않고 "아 그래요? 여기가 직진금지 구간이라는 걸 몰랐네요. 죄송합니다. 제가 보험 처리해드릴 테니, 혹시 아프시면 보험접수번호로 병원에 가세요." 상대방이 직진금지 구간에서 직진했다는 사실을 확인한 이상, 나는 그 자리에서 문제를 키우고 싶지 않았다. 12대 중과실 사안에서 피해자가 불만을 품고 경찰서에 사고 접수를 하면, 결국 보상은 보상대로 해주고도 나는 형사 처벌에 벌점까지 받을 수밖에 없다. 더구나 공무원인 내 입장에서는 범죄 개시 통보까지 소속 관서장에게 전달되니, 이득은커녕 손해뿐이었다. 그래서 마치 한 방 먹듯이 보험처리를 받아들이면서도, 속으로는 여전히 석연치 않은 부분들이 남았다. 그러나 그 마음은 끝내 드러내지 못한 채, 경찰대학교에서의 수업을 마치고 충주로 돌아올 수밖에 없었다.

2 법적 근거와 쟁점

경찰대학교에서 강의를 마치고 집으로 돌아오는 길 내내 머릿속에서는 '혹시 내가 놓친 게 있지는 않을까' 하는 생각이 떠나질 않았다. 그래서 사고 현장을 머릿속에 다시 그려보며 곱씹고 또 곱씹었다. 집에 도착하자마자 가방도 풀지 않은 채 곧바로 서류와 규정을 뒤적였다. 인터넷 검색창에는 '직진금지 노면표시 설치 위치' '지시위반 성립 요건' 같은 키워드를 연이어 입력하며 자료를 찾았다. 그렇게 헤매던 끝에 마침내 결정적 단서를 찾아냈다. 그것이 바로 '교통노면표시 설치·관리 매뉴얼'이었다. 해당 규정에는 분명 이렇게 명시되어 있었다.

"직진금지 노면표시는 교차로 진입 25m 전에 설치할 수 있다."

내 기억에는 '직진금지 표지가 정지선에서 25m보다 훨씬 뒤에 있었던 것 같다'는 막연한 생각만 남아 있었다. 그러나 당시 근무지는 충주에 있는 중앙경찰학교였고, 사고 현장은 아산이었기에 즉시 확인하러 갈 수는 없었다. 마음 한편에서는 '노면표시가 분명 더 멀리 있던 것 같은데…' 하는 의심이 계속 맴돌았지만, 구체적인 거리를 확인하지 못한 채 답답한 시간을 보낼 수밖에 없었다.

주말이 되자 굴림자(교통사고 현장에서 거리를 측정할 때 사용하는 도구)를 챙겨 직접 현장을 찾아갔다. 실제로 정밀하게 측정해 보니, 예상대로 직진금지 표지가 정지선에서 25m 후방이 아니라 무려 75m와 125m 후방에 설치되어 있었던 것이다.

물론 교통노면표시 설치·관리 매뉴얼에는 "설치할 수 있다"라고 규정하고 있으나 노면표시와 정지선 사이에 충분한 설치 공간이 있음에도 불구하고, 명확한 합리적 이유 없이 표지를 지나치게 뒤쪽에 설치하는 것은 바람직하지 않다. 이러한 잘못된 설치는 오히려 운전자에게 혼란을 주고, 실제 교통사고 위험을 높이는 결과를 초래하기 때문이다. 결국 "노면표시 자체가 적법하게 설치되지 않았다면, 지시위반은 성립하지 않는다"는 결론에 도달하게 되었다. 독자들이 이 상황을 이해하기 쉽도록, 사고 현장의 진행방향과 충돌 지점을 직접 약도로 정리하여 <그림 18-3>으로 첨부하였다. 또 <그림 18-2>은 실제로 현장에서 실측하는 장면을 첨부하였다.

그림 18 -2 사고 현장에서 직접 실측을 진행하는 모습

그림 18 -3 사고 장면을 재현한 현장 약도

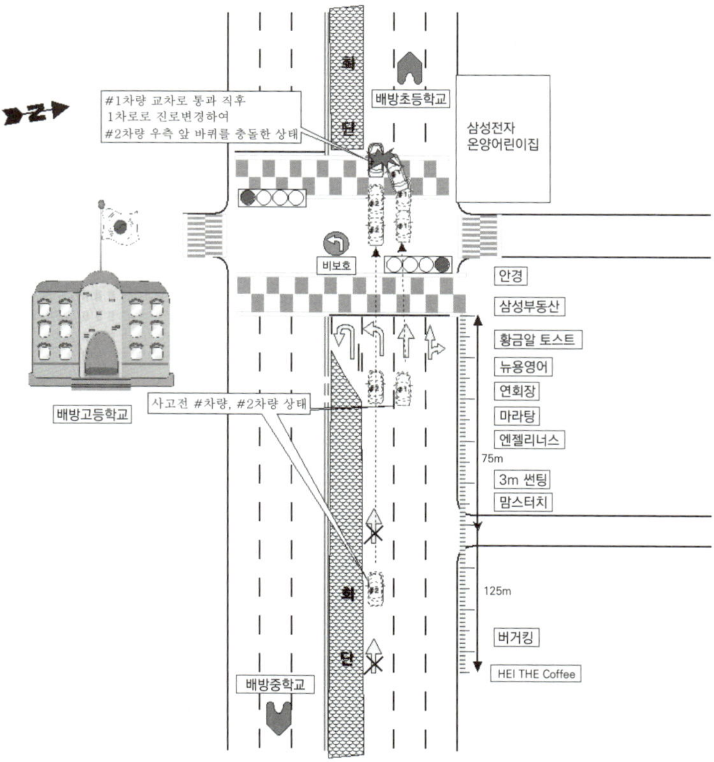

또한 「도로교통법 시행규칙」 [별표 6], 512호를 발췌하여 <그림 18-4>로 실었다.

그림 18 -4 직진금지 노면표시(512호) 도면

512	직진 금지 표시	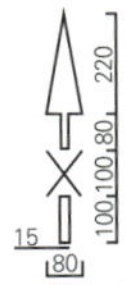	차가 직진하는 것을 금지하는 것	차가 교차로 등에서 직진을 금자할 필요가 있는 지점에 설치

차량이 직진하는 것을 금지하는 지시이며, 교차로 부근에 설치하도록 규정되어 있다. 아울러 교통노면표시 설치·관리 매뉴얼을 담은 자료를 <그림 18-5>로 제시하였다.

그림 18 -5 직진금지(512) 규정으로 교차로 진입 25m 전 설치를 권장하고 있음을 보여준다.

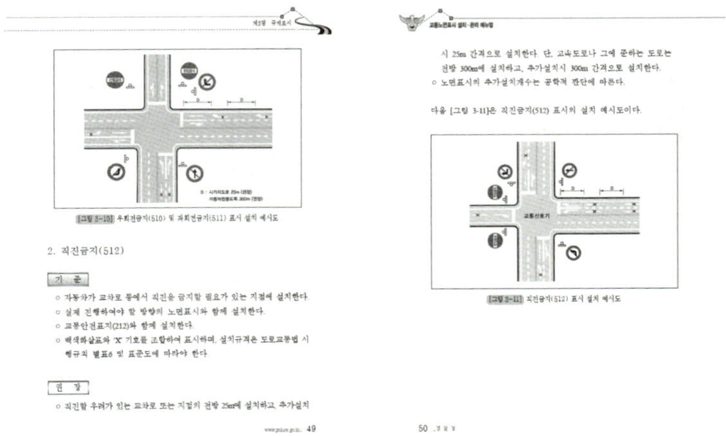

제3장 규제표시

[그림 3-10] 우회전금지(510) 및 좌회전금지(511) 표시 설치 예시도

2. 직진금지(512)

기 준

○ 자동차가 교차로 등에서 직진을 금지할 필요가 있는 지점에 설치한다.
○ 실제 진행하여야 할 방향의 노면표시와 함께 설치한다.
○ 교통안전표지(212)와 함께 설치한다.
○ 백색화살표와 'X' 기호를 조합하여 표시하며, 설치규격은 도로교통법 시행규칙 별표6 및 표준도에 따라야 한다.

권 장

○ 직진할 우려가 있는 교차로 또는 지점의 전방 25m에 설치하고, 추가설치 시 25m 간격으로 설치한다. 단, 고속도로나 그에 준하는 도로는 전방 300m에 설치하고, 추가설치시 300m 간격으로 설치한다.
○ 노면표시의 추가설치개수는 공학적 판단에 따른다.

다음 [그림 3-11]은 직진금지(512) 표시의 설치 예시도이다.

[그림 3-11] 직진금지(512) 표시 설치 예시도

이 세 가지 자료를 종합해 보면, 이번 사건의 노면표시는 명백히 규정을 위반하여 설치된 것임을 쉽게 알 수 있다. 따라서 잘못된 노면표시에 근거한 지시위반 주장은 성립하기 어렵다.

더 나아가, 사고가 발생한 지점은 교차로 내부가 아닌 횡단보도였다. 그렇다면 그 지점까지 교차로 신호의 효력이 미친다고 보아야 할지, 아니면 이미 신호의 적용 범위를 벗어난 곳으로 보아야 할지가 문제된다. 만약 후자라면, 운전자의 행위와 '신호 지시 위반' 사이에 직접적인 인과관계를 인정하기 어렵다.

이에 대해 대법원 판례[21]도 같은 입장을 취하고 있다. 즉, 설령 12대 중과실에 해당한다 하더라도 그것이 사고의 직접적인 원인이 아니라면 중과실로 처벌할 수 없다. 그리고 내 사건은 바로 이 경우에 해당했다.

3 수사 및 처리 과정

나는 규정을 찾아내고 확신이 섰다. 직진금지 노면표시가 규정대로 설치되지 않았으니 지시위반은 성립할 수 없다는 주장을 정리해 의견서로 제출했다. 현장 약도와 설치 규정 자료까지 곁들였지만, 아산경찰서 교통조사계 담당 교통조사관은 "선례가 없고 판례도 명확하지 않으니 원칙대로 지시위반으로 송치할 수밖에 없다"며 사건을 검찰로 넘겼다.

사람들은 경찰끼리라면 서로 봐줄 것이라 생각하지만, 실제 현장은 오히려 정반대다. 같은 조직이기에 더더욱 원칙을 지키려 하고,

21 대법원 1994. 6. 28. 선고 94도1200 판결
대법원 2020. 11. 26. 선고 2020도9980 판결

단 한 치도 봐주지 않는다. 사건은 그렇게 경찰단계에서 기소(불구속)의견으로 검찰에 송치되었고, 그렇게 필자는 피의자가 되었다. 사건은 처음 천안지청에 배당되었다.

나는 노면표시 설치상의 하자로 인해 지시위반이 성립할 수 없으며, 직접원인설을 채택하고 있는 현행 대법원 판례에 따르면, 설령 지시위반이 인정된다 하더라도 이 사고의 직접적인 원인은 신호위반이 아닌 진로변경에 있으므로 나는 피해자에 해당한다는 취지로 의견서를 작성해 우편으로 제출했다. 그러자 담당 검사는 "피의자가 충주에 거주한다"는 이유로 사건을 충주지청으로 이송하였다. 그러나 충주지청으로 이송된 뒤에도 몇 달 동안 사건은 종결되지 않았다. 일반적으로 교통사건은 송치 후 늦어도 한 달 이내에는 처리되는 것이 보통인데, 이례적으로 지연되고 있는 것이다. 이상하게 여겨 직접 확인 전화를 해보니, 담당 검사는 "강력사건이 줄줄이 쌓여 있어 교통사건까지 챙길 여력이 없다"는 답변을 내놓았다. 속으로는 '충주에 무슨 강력사건이 그리 많단 말인가'라는 생각이 들었지만, 검사 앞에서 할 수 있는 일은 기다리는 것뿐이었다. 결국 나중에 알게 된 사실은, 담당 검사가 12월 인사를 앞두고 사건을 미뤄둔 채 자리를 옮겼다는 것이었다. 다음 해인 2024년 1월, 새로 부임한 검사 앞에서 피의자신문을 받았다. 내가 설명을 마치자 검사는 정리하듯 말했다.

"당신의 주장은 두 가지군요.

① 직진금지 노면표시는 규정을 위반하여 설치되었으므로 지시 자체가 성립하지 않는다.

② 설령 지시가 성립한다 하더라도, 사고의 직접적인 원인은 지시 위반이 아니라 상대 차량의 무리한 진로변경이다."

나는 고개를 끄덕이며 "맞습니다"라고 답했다. 그러나 검사의 대답은 단호했다.

"만인은 법 앞에 평등해야 합니다. 당신은 경찰이고 교통 교수이기 때문에 이런 내부 지침에 해당하는 '교통노면표시 설치·관리 매뉴얼'을 알고 주장할 수 있습니다. 하지만 일반 운전자는 이 규정을 알기 어렵습니다. 따라서 동일한 사고가 발생하더라도, 법적근거를 들어 이와같은 주장을 펼치기는 사실상 불가능합니다. 따라서 내가 당신의 주장을 그대로 받아들이면, 법 앞의 평등이 깨집니다. 나는 검사로서 그것을 허용할 수 없습니다."

순간 속으로 '역시 검사는 검사다'라는 생각이 스쳤다.

사고 이후 6개월이 넘는 시간 동안 많은 고민을 해왔지만, 이 부분에 대해서는 미처 생각하지 못했던 것이다.

그러나 동시에 법적 평등과 실무 적용 사이의 괴리를 절감할 수밖에 없었다. 마침 검사실 냉장고에서 토마토주스를 꺼내주며 검사가 "담배 한 대 피우고 오겠다, 그 사이 마지막으로 하고 싶은 말이 있으면 생각해두라"고 말한 뒤 자리를 비웠다. 나는 혼자 앉아 이런 저런 생각을 했다. 그때 눈에 들어온 것이 바로 냉장고 속 풍경이었다. 문을 열어둔 채 건네받은 토마토주스 너머로, 안에는 음료수와 홍삼이 줄지어 들어 있었고, 그 위 선반에는 과자와 컵라면까지 가득 쌓여 있었다.

우리 경찰서 냉장고엔 채혈용 혈액밖에 없는데, 이렇게 먹거리로 꽉 찬 걸 보니 피식 웃음이 나왔다. 잠깐의 가벼운 웃음 뒤로, 곧 내가 주장해야 할 핵심 쟁점이 스쳐 지나갔다. '지시가 유효하지 않아 처벌하지 못한 사례들이 있었지. 그 부분을 검사에게 다시 확인해봐야겠다.'

검사가 돌아와 “마지막으로 할 말 있느냐”고 묻자, 나는 “검사님, 혹시 이륜자동차 자동자전용도로 진입금지 위반 사건을 처리해보신 적 있습니까?”라고 질문했다.

검사는 충주지청에 부임하기 전 서울에서 근무하며 올림픽대로나 강변북로에서 오토바이를 타고 진입하다 적발된 사건을 여러 차례 기소한 경험이 있다고 답했다. 이에 나는 다시 “그럼 혹시 처벌하지 못한 경우도 있지 않습니까?”라고 묻자, 검사는 고개를 끄덕이며 “맞다. 눈·비나 태풍 등으로 인해 이륜자동차 진입금지 표지판이 쓰러져 있거나, 공사로 인해 표지가 사실상 효력을 상실한 경우에는 지시위반의 전제가 되는 ‘지시 자체’가 유효하지 않아 처벌할 수 없다고 판단한 사례가 있었다”고 말했다.

이에 나는 “아, 그렇습니다. 검사님. 그런데 혹시 그런 ‘처벌 할 수 없는 경우’가 법률에 명시되어 있습니까?”라고 다시 되물었다.

이는 법률에 직접 명시된 것은 아니지만, 형법의 일반원칙인 ‘책임주의’와 ‘고의의 인정 한계’에 따라 수사단계에서 불기소로 종결되는 것이다. 이 말을 들은 검사는 잠시 침묵했다. 나는 마지막으로 “검사님, 제가 교통과 교수이자 경찰이라고 해서 특혜를 바라는 것이 아닙니다. 다만 동일한 기준으로 제 사건을 다시 한번 살펴주신다면 감사하겠습니다”라는 말을 남기고 검사실을 나섰다.

며칠 뒤, 검사로부터 전화 한 통이 걸려왔다.

“부장검사와 회의한 결과 무혐의 처분으로 끝내기에는 판례도 없고 부담이 큽니다. 제가 해드릴 수 있는 건 기소유예뿐입니다. 만약 무죄를 원한다면 정식 재판을 청구해 판사와 다퉈보시죠.”

전화를 끊고 한참을 고민했다. 검사를 설득하는 것도 쉽지 않았는데, 과연 내가 판사를 상대로 같은 논리를 펼쳐 무죄를 받아낼 수 있을까. 그 가능성에 회의감이 들었고, 결국 이 정도 선에서 사건을 마무리하는 것이 낫겠다고 판단했다. 그렇게 해서 나는 기소유예 처분을 받아들이기로 했다.

그림 18 -6 청주지방검찰청 충주지청에서 발부된 실제 기소유예 판정서

피의사건처분결과통지서

김재량에 대한 2023형제4206호, 피의 사건에 관하여 아래와 같이 처분하였으므로 통지함.

2024년 2월 15일

청주지방검찰청 충주지청

검사 (인)

사 건 번 호	2023년 형제
처 분 일 자	2024. 2. 15.

처 줌 죄 명	처 분 결 과
교통사고처리특례법위반(치상)	기소유예

기소유예란, 범죄 성립은 인정되나 여러 사정을 고려하여 재판에 넘기지 않고 사건을 종결한다는 의미다.

4 보험사기 정황

사건이 일단락되는 듯했지만, 몇 달 뒤 뜻밖의 연락을 받게 되었다. 2024년 3월경, 보험사 SIU(보험사기 조사팀)에서 걸려온 전화였다. 담당 조사관은 상대방 운전자에 대한 충격적인 사실을 전해주었다.

그 벤츠 운전자는 과거 2022년 2월부터 1년 4개월 동안 동일한 유형의 교통사고를 무려 6건이나 일으킨 전력이 있었던 것이

다. 모두 비슷한 수법이었다. 교차로 부근이나 차로 변경 상황에서 일부러 충돌을 유도하는 방식이었다. 더욱 놀라운 것은, 내 사건 이후 그해 12월에 동일한 유형의 교통사고를 또다시 일으켰다는 점이다. 결국 그는 「보험사기특별법」 위반 피의자로 인천지방경찰청에서 수사를 받게 되었다.

그때서야 나는 사고 직후부터 느꼈던 석연치 않은 기분의 정체를 확실히 알 수 있었다. 사고 당시 상대방이 굳이 교차로 아래까지 내려가 직진금지 노면을 확인하고 와서 "여기는 직진금지 구간"이라고 주장했던 모습, 사고 처리 과정에서 보였던 어색한 태도 등이 모두 하나의 시나리오였던 것이다.

민사 분쟁심의회에서는 형사 결과를 그대로 수용한다며 내 과실을 60%[22]로 산정했지만, 만약 보험사기 혐의가 확정된다면 이야기는 달라진다. 보험사기는 교통사고와 달리 고의가 본질이기 때문이다. 교통사고가 성립하려면 반드시 '과실'이 전제되어야 하는데, 고의로 사고를 낸 경우에는 더 이상 교통사고가 아니라 '사기 범죄'로 취급된다. 따라서 보험사기로 최종 확정될 경우, 그동안 보험 처리로 지출된 비용 전액은 보험사가 가해자에게 구상권을 행사하게 된다. 내게 부과된 60% 과실 역시 모두 환수될 수 있는 것이다.

이 사건은 단순히 '직진금지 지시위반 여부'에 그치지 않는다. 실제로는 잘못된 노면표시, 지시위반 성립 논란, 검찰의 기소유예 판단, 그리고 보험사기라는 사회적 문제까지 포괄하는 복합적 사례였다.

22 지시위반이 성립하는 경우, 대부분의 교통사고에서 과실비율은 100대 0으로 평가된다. 따라서 이러한 점을 감안하면, 과실이 60%로 산정된 것은 오히려 상당 부분 내 입장이 반영된 결과라고 볼 수 있다.

제19장

실선구간 진로변경

차선 하나 넘으면 위법이 된다

운전을 하다 보면 차선을 넘어 진로를 바꿔야 하는 상황이 자주 발생한다. 그런데 만약 실선 구간에서 진로변경을 한다면 어떻게 될까? 이는 단순한 교통질서 위반을 넘어, 형사처벌의 문제와도 직결된다.

1 실선 진로변경은 지시위반

「도로교통법」상 실선은 단순한 '차선'이 아니라 안전표지[23]로서의 효력을 가진다. 따라서 실선 구간에서의 진로변경은 곧 지시위반에 해당한다. 이는 단속 카메라나 경찰 단속에서 곧바로 범칙금 부과 사유가 될 뿐 아니라, 사고가 발생하면 12대 중과실로 이어질 수 있는 중대한 위반이다.

23 지시표시, 규제표시, 보조표시, 노면표시, 주의표시가 있다.

2 다양한 현장 사례

이 점을 보다 명확하게 설명하기 위해 네 가지 사례 사진을 준비하였다.

그림 19 -1 터널 내 실선

터널은 구조상 시야 확보가 제한되고 사고 시 대형사고로 이어지기 쉽다. 따라서 터널 내 실선은 절대적 효력을 가지며, 이를 침범해 진로를 변경하면 지시위반이 명백히 성립한다.

그림 19 -2

지그재그 노면은 단순한 장식이 아니다. 이는 어린이보호구역이나 횡단보도에서 운전자에게 특별한 주의를 요구하는 주의표시다. 그렇다면 이 실선 구간에서 진로 변경을 하면 지시위반이 성립할까? 그렇다. 지그재그 실선 구간에서의 진로 변경 역시 지시위반에 해당한다.

그림 19 -3

간혹 "실선이 짧으면 괜찮지 않나?"라는 오해가 있다. 그러나 실선은 길이에 제한이 없다. 정지선 앞에 짧게 그어진 실선 역시 같은 효력을 가지므로, 이 구간에서의 진로변경 역시 지시위반으로 처벌된다.

그림 19 -4

여기서 흥미로운 문제가 발생한다. <그림 19-4>는 좌측 차로에서 우측 차로로의 진로변경은 금지되지만, 반대로 우측 차로에서 좌측 차로로의 진로변경은 허용되는 경우를 보여준다. 그럼 좌측에서 우측으로 넘어가면 지시위반이 성립할까? 2019년 12월, 대검찰청 형사부는 '교특법상 안전표지의 범위'에 관한 검토 지침을 전국 경찰관서에 시달하였다. 이에 따라 해당 구간에서 이루어진 차로변경 행위도 안전표지의 효력이 미치는 것으로 보아, 지시위반으로 처벌하였다.

3 대법원 판례의 변화

그동안 앞서 살펴본 네 가지 구간과 같이, 실선 구간에서의 진로변경은 '지시위반'으로 해석되어 왔다. 따라서 단순히 백색실선을 넘어 차로를 변경한 경우에도 「도로교통법」상 안전표지 위반으로 보아 왔다. 이에 따라 사고가 발생하면 교특법상 12대 중과실로 처리되어 형사처벌로 이어지는 것이 관행이었다.

그러나 2024년 6월 20일, 대법원 전원합의체는 기존 입장을 변경[24]하였다.

"백색실선은 「도로교통법」 제14조 제5항에서 정한 '통행금지의 안전표지'에 해당하지 않는다"고 판시한 것이다.

이는 단순히 조문 해석의 차원을 넘어, 그동안 백색실선을 곧바로 '지시위반'으로 보아 온 실무 관행을 근본적으로 변경한 판례다.

결국 앞으로는 백색실선 구간에서의 진로변경은 더 이상 12대 중과실(지시위반)에 해당하지 않으며, 단순한 진로변경 위반으로만 처리되어 승용자동차 기준 범칙금 3만 원과 벌점 10점이 부과된다.[25] 다만 판례는, 버스전용차로 운영시간 중 청색 실선 구간에서 차로를 변경하다 인적 피해 교통사고를 일으킨 경우, 여전히 「교통사고처리 특례법」상 12대 중과실에 해당하므로 형사처벌의 대상이 된다고 판시하였다.

4 실무적 의미

이 판례 변화는 표면적으로는 "실선 구간에서의 단속 기준이 바뀌었다" 정도로 보일 수 있다. 하지만 실제로는 훨씬 더 큰 함의를 가진다.

첫째, 운전자 입장이다. 실선 구간에서 진로변경을 하면 예전처럼

24 대법원 2024. 6. 20. 선고 2022도12175 전원합의체 판결

25 「도로교통법」 제14조 제5항(진로 변경의 금지)

범칙금은 그대로 부과[26]된다. 하지만 만약 이로 인해 교통사고가 발생했을 경우, 과거에는 12대 중과실로 의율되어 형사처벌과 전과 기록이 남을 수 있었던 반면, 이제는 단순 진로변경 위반으로만 보아 형사처벌까지 이어지지 않는다. 즉, 같은 사고라 해도 운전자가 "전과자가 되느냐, 아니냐"라는 중대한 차이가 생긴 것이다.

둘째, 현장 경찰관 입장이다.

이제 사고 처리 과정에서 더 이상 "실선 침범 = 지시위반 = 12대 중과실"이라는 공식이 성립하지 않는다. 앞으로는 이를 단순 진로변경 위반으로 분류해야 하며, 교통사고가 발생하더라도 종합보험에 가입되어 있는 경우라면 형사처벌대상에서 제외되므로, 현장에서 곧바로 종결[27]이 가능한 것이다.

26 과거에는 해당 행위를 '신호위반'으로 보아 범칙금 6만 원과 벌점 15점이 부과(승용자동차 기준)되었으나, 현재는 '진로변경 위반'으로 판단하여 범칙금 3만 원과 벌점 10점(승용자동차 기준)이 부과된다.

27 설령 인적 피해가 있고 피해자가 사고 접수를 원하더라도, 종합보험 가입 여부만 확인되면 입건전내사종결이 가능하다.

제20장

과속

과속, 단속과 사고의 기준을 구분하라

과속은 모든 교통 위반 가운데 가장 흔하게 접할 수 있는 위반 행위 중 하나다. 그러나 실무에서 과속을 이야기할 때는 반드시 두 가지 시각을 구분해야 한다. 하나는 경찰관의 단속 기준으로서의 과속이고, 다른 하나는 교통사고 발생 시 12대 중과실로 평가되는 과속이다. 두 개념을 혼동하면 실제 사건 처리에서 큰 오류가 발생할 수 있다.

1 교통 단속에서의 과속

먼저 경찰의 단속 관점에서 보자. 제한속도가 시속 30km로 지정된 도로에서 운전자가 31km/h로 주행하다 적발되면, 이는 명백한 과속이다. 즉 제한속도를 단 1km/h라도 초과하면 단속의 대상이 된다.

그런데 일각에서는 "30km 도로에서는 40km까지 괜찮다"라는 식의 잘못된 인식이 퍼져 있다. 이는 실제 법규가 아니라, 무인 단속 카메라의 적용 기준에서 비롯된 오해일 뿐이다. 무인 장비의 경우 기술적 한계와 오차 범위를 감안해 일정 속도 초과부터 단속이 이루어지는 것[28]이고, 반대로 경찰이 직접 현장에서 단속할 경우에는 단 1km/h 초과라도 곧바로 과속으로 적발할 수 있다. 이 두 가지를 구분하지 못하면 현장에서 혼란이 생기기 쉽다. 이 경우 처벌은 통고처분(범칙금 부과)으로 이어진다. 예컨대 제한속도 20km/h 이하 초과의 경우, 승용차 기준 범칙금 3만 원과 벌점 없음이 적용된다. 다시 말해 단속은 31km/h부터 가능하지만, 처벌 수위는 초과 속도에 따라 달라[29]지는 것이다.

2 교통사고 12대 중과실로서의 과속

반면 교통사고가 발생한 경우에는 상황이 달라진다. 교특법은 과속으로 인적 피해를 발생시킨 경우를 12대 중과실에 포함한다고 규정하고 있다.

그렇다면 어떤 경우 과속이 12대 중과실로 평가될까? 핵심은 제한속도를 20km/h 이상 초과했는가이다. 예를 들어 제한속도 30km 도로에서, 가해 차량이 시속 31~50km로 주행한 경우에는 범칙금 부과 대상이 될 뿐, 설령 인적피해 교통사고가 발생하더라도

28 「교통단속처리지침」 제38조(무인 교통단속용 장비의 관리) 무인 교통단속용 장비의 촬영속도는 제한속도에서 10km/h를 초과한 차량을 적발할 수 있도록 조정한다.

29 과속 위반에 따른 행정처분

속도 초과 구간	범칙금(과태료)	벌점
20km/h 이하	3만 원(4만 원)	없음
20~40km/h	6만 원(7만 원)	15점
40~60km/h	9만 원(10만 원)	30점
60~80km/h	12만 원(13만 원)	60점
80~100km/h	-	80점
100km/h 초과(1~2회)	-	100점
100km/h 초과(3회 이상)	-	면허 취소 · 정지 가능

교특법상 12대 중과실에는 해당하지 않는다. 그러나 시속 51km 이상으로 달리다 인적피해 사고[30]를 냈다면 이는 명백히 12대 중과실에 해당한다.

이 차이는 단순히 행정벌과 형사벌의 차원으로 갈라진다. 단속은 1km 초과부터 가능하지만, 사고에서의 형사처벌은 20km 초과 시점부터 시작된다는 것이다.

3 혼동하기 쉬운 지점

실무자들이 자주 혼동하는 부분은 바로 이 지점이다. 교통 단속에서는 1km 초과라도 잡히지만, 사고의 경우는 20km 초과를 해야 중과실로 인정된다는 점을 구분하지 못하면 사건 처리가 엇갈리게 된다.

예를 들어 제한속도 30km/h 도로에서 40km/h로 달리다 사고가 난 경우, 단속 관점에서는 과속이 맞지만, 사고 관점에서는 12대 중과실 과속이 성립하지 않는다. 이 경우 가해자의 책임은 여전히 존재하지만, '중과실 사고'라는 딱지는 붙지 않는다. 여기서 중요한 차이가 발생한다. 12대 중과실이 성립하지 않는 교통사고라면, 가해자가 종합보험에 가입되어 있거나 피해자와 원만히 합의한 경우에는 교특법에 따라 형사처벌 대상에서 제외된다. 즉, 민사적으로는 손해배상 책임이 남더라도 형사절차는 면할 수 있는 것이다.

30 물적 피해만 발생한 교통사고의 경우, 가해 차량이 종합보험에 가입되어 있거나 피해자와 합의가 이루어진다면 형사처벌 대상이 되지 않는다. 따라서 설령 과속 사실이 있더라도 초과 속도에 따른 범칙금 부과에 그칠 뿐이다(「교통사고처리특례법」 제3조 제2항).

반대로 12대 중과실이 성립하는 경우에는 보험 가입 여부나 합의 여부와 상관없이 형사처벌이 뒤따른다. 따라서 같은 과속이라도 '20km 초과 여부'가 단순한 행정처분을 넘어 형사처벌 여부를 가르는 결정적 기준이 되는 셈이다.

제21장

무단횡단 교통사고

보행자 보호 원칙, 예외의 한계를 묻다

1 현장에서 자주 나오는 질문

교통사고 강의를 하다 보면 가장 많이 나오는 질문 중 하나가 바로 무단횡단 사고다.

"교수님, 보행자가 갑자기 뛰어들어도 차량 운전자가 가해자가 되나요?"

거의 매 기수마다 반복해서 받는 질문이다.

이 질문에 나는 늘 똑같이 답한다.

"차 대 보행자 사고에서는 원칙적으로 Always, 차량이 가해자다."

그만큼 보행자 보호 원칙이 교통사고 처리의 기본으로 자리 잡고 있기 때문이다.

2 원칙 - 차대 보행자, 차량이 가해자

「도로교통법」 제27조는 보행자 보호 의무를 명확히 규정하고 있다. 운전자는 횡단보도는 물론 도로의 모든 구간에서 보행자의 안전을 최우선으로 고려해야 한다.

따라서 무단횡단이라 하더라도 보행자가 차량에 의해 피해를 입은 경우, 형식적으로는 차량 운전자가 가해자로 분류된다.

이 원칙은 보험 실무에도 그대로 반영된다. 교통사고 분쟁심의회나 보험사 처리 기준 역시 차 대 보행자 사고에서는 기본적으로 차량 과실을 전제로 하고, 이후에 사고 경위에 따라 보행자의 과실을 일부 조정하는 방식으로 판단한다.

또한 이처럼 강한 보행자 보호 원칙에는 별도의 입법적 취지도 깔려 있다. 차량이 보행자를 향해 고의로 돌진한 경우라도 외형상 '교통사고'로 보이면 살인죄가 아닌 업무상과실치사로 처리될 여지가 있다. 이렇게 되면 명백한 고의적 인명 침해임에도 형이 지나치게 가벼워지는 문제가 발생할 수 있다. 입법자는 이러한 허점을 원천적으로 차단하고, 단 한 명의 보행자라도 부당하게 희생되는 일을 막기 위해 「도로교통법」 전반에서 보행자 보호 의무를 매우 강하게 설정해 두었다.

즉, 무단횡단이 있었더라도 운전자가 보행자의 안전을 최우선으로 고려할 것을 요구하는 구조 자체가, 보행자 생명 보호를 극대화하기 위한 입법적 장치로 기능하고 있는 것이다.

3 예외 - 보험사기와 정신질환

그러나 모든 상황이 동일하게 처리되는 것은 아니다. 분명한 예외가 존재한다.

첫째, 보험사기다. 일부 보행자가 고의로 차량 앞으로 뛰어들어 사고를 유발하는 경우가 있다. 이때 블랙박스 영상이나 CCTV를 통해 고의성이 입증되면, 이는 교통사고가 아니라 범죄 행위, 즉 이러한 경우는 보험사기로 처리된다. 따라서 운전자에게 가해 책임을 물을 수 없으며, 보험처리 역시 할 필요가 없다.

특히 보행자 보험사기 유형 중 하나가 사이드미러나 서행하는 차량 측면에 몸을 부딪히는 방식이다. 이때 경찰 · 지자체 · 소방 차량과 같은 공용차량이 표적이 되는 사례가 의외로 많다. "설마 경찰차에 그런 짓을 하겠어?" 싶지만, 현실은 다르다. 공무원들은 경미한 사고가 나면 사건화하는 걸 꺼리는 경향이 있다. 팀장에게 보고하면 지구대장에게까지 올라가고, 이는 성과지표에 불리하게 작용할 수 있기 때문이다. 그래서 현장에서 "죄송하다"며 5만 원, 10만 원을 건네고 마무리하는 식으로 넘어가는 경우를 현장에서 어렵지 않게 볼 수 있다.

그러나 이건 명백히 잘못된 대응이다. 보험사기는 개인 간 합의로 끝낼 수 있는 문제가 아니다. 이는 사회적 법익을 침해하는 범죄이며, 돈을 주고 그냥 넘어가면 '보험사기 방조'가 될 수 있다. 올바른 대응은 사건을 정식으로 접수하고 증거를 확보하는 것이다. 예를 들어 경찰차의 경우 2025년 기준 삼성화재에 가입돼 있으므로, 반드시 '대인 접수'를 해 두고 주변 CCTV 영상을 확보해야 한다. 한두 번은 실수로 부딪혔을 수 있지만, 같은 사람이 반복적으로 유사한 사고를 내면 고의성을 입증할 수 있고, 이는 곧 보험사기로 처벌이 가능해진다.

덧붙여, 공무원들이 이런 상황에서 사건화하는 걸 꺼리는 또 하나의 이유는 '징계'를 걱정해서다. "사고가 접수되면 책임이 내게 돌아오는 것 아닌가" 하는 두려움이 작동한다. 그러나 이는 기우에 불과하다. 공무 수행 중 과실로 발생한 사고는 징계 사유가 되지 않는다. 업무상 고의나 중대한 비위가 없는 한, 징계 절차로 이어질 가능성은 없으니 불필요한 두려움으로 사건 처리를 회피할 필요가 없다.

오히려 정당한 절차를 밟아야 반복 범행을 막고, 보험사기를 근절하는 토대가 된다.

둘째, 정신질환으로 인한 돌발 행동이다. 실제 사례로, 조현병 환자나 심각한 정신질환을 가진 사람이 “차량은 악마다”라는 망상에 사로잡혀 의도적으로 도로에 뛰어드는 경우가 있다. 이러한 사고는 교통사고가 아니라 안전사고로 보며 설령 사망사고가 발생하더라도 운전자에게 형사책임을 묻지 않는데, 이는 사회적·의학적 원인에 의한 특수 상황으로 보기 때문이다.

마지막으로 무단횡단과 관련된 보행자 사고를 살펴보자. 많은 운전자나 독자들이 “무단횡단을 했다면 보행자가 가해자가 아니냐”라고 생각할 수 있지만, 법적 판단은 그렇게 단순하지 않다. 원칙적으로 무단횡단을 한 보행자라 하더라도 교통사고에서는 피해자로 본다. 다만 사고가 불가항력적인 상황에서 발생했음이 블랙박스 영상 등으로 명백히 입증되는 경우에 한해 운전자에게 ‘위반사항 없음’으로 형사책임을 면제할 수 있다.

그러나 현실적으로 이러한 면책이 인정되는 사례는 매우 드물다. 대부분의 사고에서 운전자가 전방주시를 게을리하거나 제한속도를 초과하는 등 교통법규를 위반한 사실이 드러나기 때문이다. 또한 보행자의 책임이 상당히 크다고 판단되는 사고라 하더라도 자동차 측에 1%라도 과실이 인정된다면, 형사책임은 면할 수 있어도 민사책임에서는 보험을 통해 손해배상을 해야 한다.

즉, 영상 등을 통해 사고가 불가항력적이었다는 사실이 입증되면 운전자는 형사책임을 면할 수 있다. 그러나 1%라도 과실이 인정될 경우, 그에 따른 피해자의 치료비는 보험을 통해 민사적으로 보상해야 한다.

블랙박스가 없던 시절에는 '차 대 보행자 사고에서는 보행자가 항상 피해자'라는 인식이 지배적이었다. 사고 경위를 객관적으로 입증할 자료가 부족했기 때문에, 설령 보행자 측에 상당한 과실이 있어 보이더라도 운전자가 책임을 지는 경우가 대부분이었다. 하지만 최근에는 블랙박스 영상을 통해 사고의 구체적 경위가 명확히 드러나면서, 운전자의 억울함이 일정 부분 해소되는 추세다.

그럼에도 불구하고 법의 기본 원칙은 여전히 '보행자는 피해자'라는 점을 반드시 염두에 두어야 한다.

4 실무적 시사점 - 블랙박스의 필요성

결국 운전자 입장에서 중요한 것은 입증의 문제다. 보험사기나 질병으로 인한 돌발행동과 같은 예외 상황은 운전자가 적극적으로 무고를 입증하지 않으면 그대로 가해자로 몰릴 수 있다. 여기서 결정적 역할을 하는 것이 바로 블랙박스다.

블랙박스 영상은 단순 참고 자료를 넘어, 보험사기 입증의 핵심 증거이자 형사책임을 면할 수 있는 유일한 방패막이 된다. 실제로 갑자기 차도로 뛰어든 보행자와의 교통사고에서 운전자가 억울함을 해소할 수 있었던 사건들의 공통점은, 현장을 기록한 블랙박스나 CCTV 영상이 있었다는 점이다.

따라서 모든 운전자는 반드시 블랙박스를 장착해야 하며, 이는 단순한 안전장치가 아니라 법적 자기방어 수단이자 억울한 형사처벌을 막아주는 보험이 되는 셈이다.

제22장

픽시 자전거
브레이크 없는 바퀴, 자전거인가 아닌가

1 픽시 자전거란 무엇인가

픽시 자전거(Fixed Gear Bike, 일명 '픽시')는 일반 자전거와 달리 기어가 고정된 구조를 가지고 있다. 페달을 멈추면 바퀴도 함께 멈추고, 반대로 페달을 계속 돌려야만 주행이 가능한 방식이다. 이 때문에 보통의 자전거처럼 관성으로 굴러가는 주행이 어렵고, 속도를 줄일 때도 브레이크 대신 페달을 역방향으로 밟아야 한다.

문제는 많은 픽시 자전거가 제동장치가 아예 없는 상태로 판매되거나 운행된다는 점이다. 브레이크가 없는 만큼 급정지나 긴급 상황 대응이 불가능하고, 결국 안전성이 크게 떨어질 수밖에 없다.

그럼에도 불구하고 최근 청소년과 젊은 층 사이에서는 "디자인이 세련됐다" "힙하다"는 이유로 픽시 자전거가 유행하고 있다. 문제는 이 자전거가 기본적인 안전장치 없이 도로를 달린다는 점이다. 그 결과 교통사고로 이어지는 사례가 적지 않으며, 실제로 2025년 7월 서울의 한 이면도로에서는 브레이크가 없는 픽시 자전거를 타던 중학생이 내리막길에서 속도를 줄이지 못해 사망하는 안타까운 사고가 발생하였다.

아래 <그림 21-1>은 픽시 자전거와 로드 자전거의 예시 사진이다. 두 자전거를 비교하면서 브레이크 장치의 유무와 구조적 차이를 눈여겨보기 바란다. 이는 이후 단속이나 법 적용을 이해하는 데 중요한 단서가 된다.

그림 22 -1 픽시 자전거와 로드 자전거

픽시 자전거

로드 자전거

2 법적 성격 - 자전거인가, 아닌가

경찰청 지침에 따르면, 제동장치가 없는 픽시 자전거는 「도로교통법」상 '자전거'로 볼 수 없다. 자전거의 정의는 "사람의 힘으로 페달이나 손페달을 사용하여 움직이는 구동장치, 조향장치 및 '제동장치'가 갖추어진 두 바퀴 이상의 차로서, 행정안전부령으로 정하는 크기와 구조를 충족하는 것"[31]이다. 따라서 제동장치가 없는 픽시는

31 자전거 이용 활성화에 관한 법률 제2조 제1호

일반적인 자전거가 아니라, 넓은 의미의 '차'에 해당한다.

이 때문에 픽시 자전거는 자전거도로를 이용할 수 없으며, 일반 도로에서 운행할 경우 「도로교통법」 제48조(안전운전 의무) 위반으로 간주되어 단속 대상이 된다.

다만 이에 대해서는 법리적 논란이 존재한다. 쟁점은 크게 두 가지로 나눌 수 있다.

첫째, 도로 이용 시 「도로교통법」 제48조를 그대로 적용하여 운전자를 형사처벌할 수 있는지.

둘째, 범칙금 부과가 가능한지 여부다.

3 도로 이용 시 「도로교통법」 제48조 적용 여부

경찰청 지침은 제동장치가 없는 픽시 자전거가 도로에 나오면 「도로교통법」 제48조(안전운전 및 친환경 경제운전 의무) 위반으로 단속할 수 있다고 보고 있다. 제48조 제1항은 "모든 차의 운전자는 조향장치와 제동장치 등을 정확히 조작해야 하며, 도로 상황과 구조 및 성능에 따라 다른 사람에게 위험과 장해를 주는 속도나 방법으로 운전해서는 안 된다"고 규정한다.

경찰청 지침에 따라 실무에서는 "애초에 제동장치가 없는 픽시는 장치를 정확히 조작할 수 없는 구조이므로 도로 주행 자체가 곧 48조 위반"이라는 논리로 단속을 진행한다. 즉, 사전에 도로 진입을 차단하려는 예방적 성격으로 운용되는 것이다.

그러나 여기에는 비판도 있다. 제48조는 본래 사후적 상황 즉, 정상적으로 장치가 구비된 차량이 이를 잘못 조작하여 다른 차량에 위험을 일으킨 경우를 처벌하기 위한 규정이다. 그런데 이를 사전적 예방 논리로 확장하여 "제동장치 자체가 없는 경우 도로에 나오면 곧바로 위반"으로 해석하는 것은 법 취지를 지나치게 확대하는 셈이다.

만약 제동장치의 부재만으로 처벌한다면, 도로에 나오는 손수레, 원휠(One-Wheel) 같은 장치들도 동일하게 제48조 위반으로 단속해야 한다는 해석이 가능하다. 이는 법 적용의 명확성·형평성 측면에서 무리가 있다.

정리하면, 제48조는 본래 사후적 처벌 규정이지만, 실제 현장에서는 경찰청 지침에 따라 제동장치가 없는 '픽시 자전거'를 예방적 차원에서 제48조 위반으로 단속하고 있다. 다만 이러한 운용 방식은 법리적으로 논란의 여지가 있으며, 향후 입법적 보완이 필요한 과도기적 해석으로 이해해야 한다.

4 범칙금 발부 가능한가

픽시 자전거가 도로에서 운행되었을 때, 현장에서 제48조 위반으로 범칙금을 발부할 수 있는지에 대해서도 쟁점이 있다. 현행「도로교통법」상 범칙금 발부 대상은 명확히 규정되어 있다. 그 대상은 '승합자동차 등, 승용자동차 등, 이륜자동차 등, 자전거 등 및 손수레 등'으로 한정된다. 따라서 제동장치가 없는 픽시 자전거는 이들 범주 어디에도 포함되지 않으므로, 범칙금 발부 대상에서 제외된다.

즉, 제동장치가 없는 픽시 자전거는 자전거도로를 이용할 수도 없고, 도로에서 운행하다 적발될 경우에도 단순 범칙금 부과는 불가능하다. 법적으로는 두 가지 절차로 이어질 수 있다. 하나는 즉결심판 청구이고, 다른 하나는 형사입건 절차다. 후자의 경우에는 피의자신문조서를 작성한 뒤 사건을 검찰에 송치하게 되며, 최종적으로 벌금형이 선고되면 전과 기록으로 남게 된다. 이 때문에 현장 경찰관 입장에서는 "범칙금으로 간단히 처리하면 될 일을 왜 형사입건까지 해야 하느냐"는 불편함이 따르고, 실제로 단속 실무와 법 규정 사이의 괴리가 크다.

정리하면, 신임 경찰관들이 기억해야 할 포인트는 다음과 같다. 제동장치가 없는 픽시 자전거는 법적으로 '자전거'에 해당하지 않으며, 도로에서 운행할 수 없다. 도로에서 운행할 경우 「도로교통법」 제48조 위반으로 처벌할 수 있으나, 범칙금 부과 대상에는 해당하지 않는다. 따라서 단속 현장에서는 적발 시 범칙금 고지가 아니라 형사입건 또는 즉결심판 절차로 처리해야 한다.

제23장

자전거전용도로·자동차전용도로 진입 규정과 단속 요령

들어가도 되는 길, 들어가면 안 되는 길을 구분하라

1 자동차전용도로와 오토바이

경찰관들이 현장에서 자주 접하는 위반 사례 가운데 하나가 바로 원동기와 이륜자동차[32]의 자동차전용도로 진입이다. 특히 일부 이륜자동차 운전자들은 “이륜자동차도 「도로교통법」상 ‘차마’의 구분에서 자동차로 분류되므로, 자동차전용도로를 이용할 수 있지 않느냐”라는 논리를 들어 헌법소원을 제기하기도 한다. 그들의 주장은 이렇게 이어진다. “이륜자동차는 자동차보다 가볍고, 고속주행 성능 또한 뒤지지 않는다. 법에서도 명확히 자동차의 한 종류로 규정하고 있다. 해외 대부분의 국가에서는 오히려 이륜자동차의 고속도로 진입을 허용하고 있으며, 이를 제한하는 한국의 제도가 시대착오적이다”라는 것이다.

32 원동기와 이륜자동차의 구분 기준은 배기량과 출력에 있다. 즉, 배기량이 125cc를 초과하거나, 최고정격출력이 11kW를 초과하는 경우에는 ‘이륜자동차’로 분류된다. 반대로 이 기준 이내에 해당하면 ‘원동기’로 본다.

실제로 유럽 국가들의 사례를 보면 이러한 주장을 뒷받침한다. 유럽 다수의 국가는 이륜자동차를 자동차의 한 종류로 인정[33]하고 있으며, 원칙적으로 고속도로 통행이 허용된다. 독일의 경우에도 아우토반에 진입하기 위해 요구되는 조건은 단 하나, '차량의 최고 설계속도가 시속 60km를 초과할 것'이다.[34] 따라서 오늘날 대부분의 이륜자동차는 이 기준을 훨씬 웃돌기 때문에 법적으로 통행에 아무런 제약이 없다.

그러나 우리나라의 현실은 다르다. 「도로교통법」은 명확히 규정하고 있다. 이륜자동차의 자동차전용도로 통행은 '긴급자동차'에 한정되며, 그 외 일반 이륜자동차의 진입은 원칙적으로 금지된다. 이와 관련한 헌법소원도 여러 차례 제기되었지만, 헌법재판소는 "국민의 교통안전 확보와 사고 예방이라는 공익적 목적, 그리고 국민 정서 등을 고려한 입법재량의 범위"라는 이유로 모두 기각 결정을 내렸다.

결국 이륜자동차의 성능과 법적 지위가 아무리 발전하고 국제 기준이 달라졌다 하더라도, 현재의 한국 법체계는 여전히 '국민 정서'와 '교통안전 정책'이라는 가치에 무게를 두고 있다. 이러한 상황이 변화하기 위해서는 단순한 성능 논리가 아니라 사회적 인식과 정책 판단이 함께 바뀌어야 한다.

따라서 신임 경찰관들은 현장에서 단속할 때 '자동차'라는 표현만 보고 대상 범위를 좁게 해석해서는 안 된다. 이륜자동차 역시 법적으로 자동차에 포함되지만, 자동차전용도로의 진입은 명백히 금지되어 있다.

---

33 1968년 「비엔나 도로교통협약(Vienna Convention on Road Traffic)」 제25조 제1항.

34 독일 「Straßenverkehrs-Ordnung(StVO)」 §18 Abs. 1: "Autobahnen(표지 330.1) 및 Kraftfahrstraßen(표지 331.1)은 설계상 최고속도가 60km/h를 초과하는 자동차만 이용할 수 있으며, 트레일러를 견인하는 경우에도 동일하다."

2 건설기계의 진입 제한

자동차전용도로에 진입할 수 없는 것은 이륜자동차뿐만이 아니다. 건설 현장에서 흔히 볼 수 있는 포크레인, 불도저, 로더와 같은 건설기계도 진입할 수 없다.

다만, 예외적으로 '자동차에 해당하는 건설기계'는 자동차전용도로를 이용할 수 있다. 예를 들면 덤프트럭, 노상안정기, 콘크리트 믹서트럭, 콘크리트 펌프, 아스팔트 살포기, 천공기(트럭 적재식), 콘크리트 믹서트레일러, 아스팔트 콘크리트 재생기, 도로보수트럭, 트럭 지게차 등이 있다.

승진시험이나 경찰 채용시험에서 단골로 등장하는 문제 가운데 하나가 '자동차에 해당하는 건설기계는 무엇인가'를 고르는 유형이다. 굳이 모든 건설기계를 조문별로 외울 필요는 없다. 핵심은 키워드다. '트럭, 아스팔트, 콘크리트, 노상'와 같이 이름 속에 자동차전용도로와 직접적으로 연관된 키워드가 있으면 해당 건설기계는 자동차로 분류되어 자동차전용도로 진입이 가능하다.

3 처벌 요건 - '유효한 표지판'이 필요하다

그렇다면 자동차전용도로에 진입한 이륜자동차나 금지된 건설기계를 무조건 처벌할 수 있을까?

여기서 중요한 점은 '유효한 표지판의 존재'다.

자동차전용도로 입구에는 반드시 '진입금지' 표지판이 유효하게 설치되어 있어야 한다. 만약 공사 중이거나 강풍 등으로 표지판이 쓰러져서 제대로 보이지 않는다면, 해당 구간에서는 단속과 처벌이 불가능[35]하다.

따라서 단속하는 경찰관은 반드시 진입 지점이 어디인지 정확히 확인해야 한다. 그리고 해당 지점의 진입금지 표지판을 사진으로 촬영해 단속경위서와 함께 첨부해 교통조사계로 인계해야 한다. 만약 여의도에서 단속했는데 실제 진입 지점이 김포였다면, 김포경찰서 관할 지구대에 협조를 요청해 해당 지점 진입금지 표지판 사진을 받아 반드시 첨부해야 한다.

즉, 진입지점의 표지판 사진 첨부는 필수 요건이다. 이를 누락한다면 법정에서 증거 불충분으로 무죄가 선고되므로, 단속 경찰관은 반드시 이 절차를 철저히 지켜야 한다.

4 자전거전용도로와 오토바이 - 차이점

이제 반대로, 오토바이가 자전거전용도로에 진입하는 경우를 생각해 보자. 많은 사람들이 자동차전용도로 사례와 동일하게 "표지판이 있어야 처벌 가능하다"라고 생각하지만, 이 부분은 다르다. 「도로교통법」 제13조 제6항은 이렇게 규정하고 있다. "차마의 운전자는 안전표지로 통행이 허용된 장소를 제외하고는 자전거도로 또는 길가장자리구역으로 통행하여서는 아니 된다."

즉, 자전거전용도로는 원칙적으로 모든 차마의 진입이 금지되어 있고, 오직 표지판으로 허용된 경우에만 통행할 수 있다. 차도가 아닌 곳을 통행한 것으로 보아 통행구분위반이 성립한다. 왜냐하면 '원칙 금지' 구조이기 때문이다. 이는 자동차전용도로와 정반대 개

35 이는 법률에 직접 명시된 것은 아니지만, 형법의 일반원칙인 '책임주의'와 '고의의 인정 한계'에 따라 수사 단계에서 불기소로 종결하고 있다.

념이다. 자동차전용도로 위반은 진입금지 표지판이 반드시 필요하지만, 자전거전용도로는 애초에 차도가 아니므로 표지판이 없어도 통행구분위반이 성립한다.

5 벌칙조항 정리

1) 자동차전용도로에 이륜자동차가 진입

「도로교통법」 제63조(통행 등의 금지)를 위반한 행위로 본다. 이에 대한 처벌은 「도로교통법」 제154조(벌칙)에 따라 30만 원 이하의 벌금이나 구류에 해당한다. 따라서 현장에서 단순히 범칙금을 부과하는 사안이 아니라 형사입건 대상이 된다.

이는 범칙금 제도의 적용 범위와도 관련이 있다. 앞서 제2장에서 살펴본 것처럼, 범칙금은 법률상 20만 원 이하의 벌금·구류·과료에 해당하는 경미한 사안에만 부과할 수 있다. 그러나 자동차전용도로 위반의 법정형은 30만 원 이하의 벌금이나 구류로 규정되어 있으므로, 범칙금 부과가 불가능하고 형사절차에 따라 처리해야 한다.

2) 자전거전용도로에 이륜자동차가 진입

「도로교통법」 제13조 제6항에서 금지 규정을 두고 있다. 이에 따라 차도가 아닌 자전거전용도로를 통행한 경우에는 차도 통행 의무를 규정한 같은 법 제13조 제1항을 의율하여 20만 원 이하의 벌금, 구류 또는 과료에 해당하는 형사처벌 규정이 적용된다. 다만 현장 단속에서는 「도로교통법 시행령」 [별표 8]에 따라 통행구분위반으로 처리되어, 이륜자동차 기준 범칙금 4만 원을 부과하고 있다. 정리하면, 자동차전용도로 통행 위반은 형사입건 대상이며, 현장에 진입금지 표지판이 있어야만 단속이 가능하다. 반면, 자전거전용도로 진입금지 위반은 별도의 표지판이 없어도 통행구분위반으로 단속되며, 이륜자동차 기준 범칙금은 4만 원이다.

[추가 설명] 자전거도로 유형별 구분

자전거도로에 이륜자동차가 진입시 통행구분위반으로의 처벌은 자전거전용도로와 자전거전용차로[36]에 대한 내용임을 분명히 한다. 특히 자전거전용차로의 경우, 최근에 황색 실선으로 일반 차로와 구분해 놓은 구간도 존재한다. 이는 제19장에서 살펴본 바와 같이 실선 구간에 해당하나, 흰색 실선은 '지시위반 배제', 청색 버스전용차로 실선(운영시간 중)은 '지시위반 적용'의 대상이 된다. 그렇다면 황색 실선은 어떻게 볼 것인가?

이에 대한 명확한 대법원 판례나 공식 지침은 아직 없지만, 대법원은 버스전용차로의 운영시간 중 청색 실선을 '통행금지를 내용으로 하는 안전표지'로 판시하고 있으므로, 황색 실선 역시 버스전용차로와 마찬가지로 차로의 구분을 명확히 하기 위한 '안전표시'로 보아 지시위반이 성립한다는 것이 실무상 중론이다. 이러한 이유로 교차로 주변이 정체된 상황에서, 황색 실선을 넘어 우회전하는 차량을 실제 현장에서 자주 볼 수 있는데, 이는 명백한 불법행위에 해당하므로 각별한 주의가 필요하다.

그렇다면 자전거·보행자 겸용도로는 어떠할까? 이 도로는 보도 옆에 설치된 자전거도로로서, 차량이 진입할 경우 '보도침범'이 성립한다. 마지막으로 자전거우선도로의 경우에는, 이륜자동차가 진입하더라도 처벌되지 않는다는 점을 구분해야 한다.

---

36 제14장 <그림 14-1> '자전거도로의 유형' 참조

제24장

새치기 유턴
순간의 편법이 사고를 부른다

현장에서 경찰관들이 자주 마주하는 질문 중 하나가 바로 새치기 유턴이다.

예를 들어 유턴 대기 차량이 1번부터 5번까지 줄 서 있는데, 맨 뒤 5번 차량이 갑자기 먼저 유턴을 해버린다면 어떻게 될까? 이는 흔히 말하는 '새치기 유턴' 상황이다. 그렇다면 법적으로 이를 어떻게 단속해야 할까?

실제로 내 제자였던 부산북부경찰서 금곡파출소 이○○ 순경도 비슷한 질문을 해왔다.

"교수님, 5대 반칙운전 중 새치기 유턴 단속을 하다 보니 「도로교통법」 제18조 제1항에 '다른 차마의 정상적인 통행을 방해할 우려가 있는 경우'라고 되어 있는데, 이 '방해'라는 것을 어떻게 해석해야 합니까?

후행차량이 선행차량보다 먼저 유턴했지만 실제로 방해가 없었다면 단속이 안 되는 건지?

후행차량이 먼저 유턴해서 선행차량에 어느 정도 방해가 되어야 단속할 수 있는 건지?

저희 팀원 고참분들과도 논의해 봤지만 답이 명쾌하지 않아 교수님께 여쭤봅니다."

① 법적 근거 - 「도로교통법」 제18조 제1항

「도로교통법」 제18조 제1항은 이렇게 규정한다.

"차마의 운전자는 다른 차마의 정상적인 통행을 방해할 우려가 있는 경우에는 차마를 운전하여 도로를 횡단하거나 유턴 또는 후진하여서는 아니 된다."

여기서 핵심은 바로 "정상적인 통행을 방해할 우려"라는 문구다. 이 말은 곧, 반드시 사고가 발생하거나 상대방 차량이 완전히 멈춰서야만 위반이 되는 것이 아니라, 방해할 가능성 자체만으로도 위법이 될 수 있다는 뜻이다.

즉, 이 조항은 단순한 사후 처벌 규정이 아니라, 미연에 위험을 방지하려는 예방적 성격의 규정으로 이해해야 한다.

② 질문 사례별 해석

① 후행차량이 먼저 유턴했지만, 선행차량에 방해가 없었던 경우
이때는 단속이 어렵다.

왜냐하면 외부에서 본 경찰관 입장에서는 1번 차량이 실제로 브레이크를 밟았는지, 놀랐는지, 진로 변경을 했는지를 객관적으로 판단하기 쉽지 않기 때문이다.

법적으로는 '방해할 우려'만 있어도 단속은 가능하지만, 현장에서 무리하게 적용하면 민원과 다툼으로 이어질 수 있다. 따라서 이런

상황에서는 단속보다는 계도 위주로 접근하는 것이 현실적이다.

② 후행차량이 먼저 유턴해 선행차량의 주행에 실제 영향을 준 경우 단속이 가능하다.

예컨대 선행차량이 급제동을 하거나, 핸들을 꺾는 등 회피 동작을 했다면 이는 명백히 정상적인 통행을 방해한 것이다. 단속을 위해서는 단순히 "먼저 유턴했다"는 사실만으로는 부족하고, 선행 차량의 정상적인 통행을 방해했는지 여부를 확인해야 한다.

3 새치기 유턴과 앞지르기 금지 장소

이○○ 순경이 질문한 부분에서 한 가지 더 짚고 넘어가야 할 쟁점이 있다.

"새치기 유턴은 앞지르기 금지 장소 위반에도 해당할 수 있지 않습니까?"라는 의문이다.

유턴 구간은 본질적으로 교차로 범위에 해당한다. 「도로교통법」 제22조(앞지르기 금지의 시기 및 장소)는 교차로에서의 앞지르기를 금지하고 있다. 따라서 뒤차가 앞차보다 먼저 유턴하기 위해 앞으로 나서는 행위는 결국 앞지르기 금지 장소 위반에 해당할 여지가 있다. 즉, 선행 차량의 정상적인 진행을 방해하면서 선행하려는 의도가 있다는 점에서 앞지르기의 본질과 유사하다는 것이다.

다만 이에 대해서는 긍정하는 견해와 부정하는 견해가 병존한다.

① 긍정적 해석

새치기 유턴은 결국 "뒤차가 앞차를 제치고 먼저 가려는 행위"이므로 앞지르기와 유사하다. 따라서 교차로에서의 앞지르기 금지 장소위반으로 단속할 수 있고, 사고 발생 시에는 12대 중과실 교통사고로 처벌 가능하다.

② 부정적 해석

앞지르기는 본래 같은 방향으로 진행 중인 차량 간의 행위를 뜻한다. 유턴은 방향을 바꾸는 동작이지, 같은 방향으로 추월하는 것은 아니므로 앞지르기로 볼 수 없다.

실무적으로는 아직 논란이 있지만, 최근에는 '새치기 유턴'의 위험성과 교통질서 파괴성을 고려하여 이를 앞지르기의 확장 개념으로 보아야 한다는 견해가 점차 힘을 얻고 있다. 그러나 아직까지 이를 명확히 규율하는 지침이 내려온 바는 없다. 따라서 현장 단속과 사건 처리에서는 「도로교통법」 제18조 제1항 적용에 중점을 두어야 할 것이다.

제25장

난폭운전·보복운전·공동위험행위

도로 위 분노, 형사처벌로 끝난다

1 왜 이 주제가 중요한가?

현장에서 가장 자주 접하는 사건 중 하나가 난폭운전·보복운전·공동위험행위다. 모두 교통안전을 심각하게 위협하는 행위이지만, 개념이 명확히 정리되지 않아 현장에서 사건 성격을 판단하기가 쉽지 않다. 언론 보도에서도 용어가 뒤섞여 쓰이고, 민원인 역시 구분 없이 신고하는 경우가 많다. 심지어 수사 단계에서도 객관적 증거가 부족하거나 위험성 입증이 미흡해 불기소 처분으로 끝나는 사례가 적지 않다.

법적으로 보면 난폭운전은 「도로교통법」 제46조의3에서 금지하고 있으며, 반복적·지속적인 행위를 통해 교통에 구체적인 위험을 초래한 경우에 성립한다.

보복운전은 「도로교통법」에 명시된 용어는 아니지만 형법상 특수폭행·특수협박·특수손괴·특수상해로 처벌되며, 이때 차량은 '위험한 물건'으로 취급된다.

공동위험행위는 「도로교통법」 제46조에서 금지하는 집단적·공모적 위험 행위로, 다수인이 도로 전체를 위험에 빠뜨린 경우 적용된다.

따라서 현장 경찰관은 초동 단계에서 피해자가 특정되는지, 행위가 반복·지속적인지, 여럿이 공모했는지를 먼저 판단하고, 블랙박스·CCTV 영상과 목격자 진술을 신속히 확보해야 한다. 세 범죄의 성격과 요건을 정확히 구분하고 위험성을 정밀하게 평가할수록 입건과 기소의 성공률은 높아진다.

2 난폭운전의 개념과 실무 포인트

난폭운전은 쉽게 말해 도로 위에서 '차로 쇼를 하는 행위'다. 단순히 한 번 법규를 위반하는 것으로는 성립되지 않고, 두 가지 이상을 연속 위반하거나 동일 행위를 반복·지속하여 교통에 구체적이고 상당한 위험을 초래해야 한다. 예를 들어 신호위반과 중앙선 침범을 연달아 하거나, 반복적인 급차로 변경으로 주변 차량의 급제동을 유발한 경우다.

난폭운전의 핵심은 '반복성'과 '구체적 위험성' 입증이다. 현장에서 경찰관은 블랙박스나 CCTV를 통해 반복·지속적인 위반이 있었는지를 확인하고, 주변 차량의 급제동이나 회피 행동 등 파급효과를 분석해야 한다. 정지거리 계산 등 수치를 통해 위험 구간을 객관화하고, 시간대·차로 수·교통량 같은 상황 요소를 기록해 행위가 실제 교통에 어떤 영향을 주었는지 입증해야 한다.

교통량이 적고 주변 차량의 반응이 없다면 불기소 가능성이 높다. 단순한 위반행위만으로는 난폭운전이 성립하지 않기 때문에, 반드시 반복성과 구체적 위험성을 입증하는 증거를 확보해야 한다.

③ 보복운전의 개념과 입증 전략

보복운전은 특정 상대방을 겨냥해 차량이라는 '위험한 물건'을 이용하여 폭행·협박·손괴·상해를 가하는 행위다. 단 한 번의 급제동이라도 고의적이고 공포심을 유발할 정도였다면 성립할 수 있다. 중요한 것은 '대상이 특정되었는가'와 '공포심이 유발되었는가'다.

현장에서 가장 먼저 살펴야 할 것은 피해자 특정 여부다. 불특정 다수를 향한 위협이라면 난폭운전이지만, 특정 차량을 겨냥했다면 보복운전으로 판단한다. 급제동, 진로 차단, 측방 밀어붙이기 등의 행위는 시간순으로 정리하고, 피해자·동승자의 반응, 주변 차량의 회피 여부 등을 통해 공포심을 입증할 자료를 확보해야 한다. 피해자가 오히려 욕설을 하거나 추격한 경우라면 공포심 인정이 어려워질 수 있다. 또한 고의성 입증도 중요하다. 끼어든 직후 급제동했는지, 일정 거리를 유지하다가 제동했는지에 따라 의도가 달라진다. 정지거리 내에서 행위가 이루어졌는지를 계산을 통해 입증하면 설득력을 높일 수 있다. 또한 동승자의 진술, 보험사 조사 기록, 추가 영상 확보는 가해자의 고의성과 피해자의 공포심을 입증하는 데 중요한 단서가 된다. 보복운전 입건에서 반드시 충족되어야 할 요소는 '피해자 특정' '위험한 물건 사용' '공포심 유발'이다. 이 세 가지를 영상과 수치, 진술로 입증하면 기소 유지 가능성이 높아진다.

[실무 Q&A]

Q: 피해자가 보복운전 피해를 당한 직후 오히려 가해자를 추격하거나 욕설을 한 경우에도 보복운전이 성립하나요?

A: 성립 가능성은 있습니다. 선행된 보복 행위로 인해 피해자가

이미 공포심을 느꼈다면, 이후의 대응과 관계없이 보복운전은 성립할 수 있습니다. 다만 피해자의 대응은 가해자의 '고의성'이나 피해자가 느낀 '공포심'의 정도를 판단하는 데 영향을 줄 수 있으므로, 전체 상황을 종합적으로 조사할 필요가 있습니다.

[판례로 보는 보복운전 성립 여부]

① 보복운전이 인정된 사례

피고인이 피해 차량 때문에 사고가 날 뻔했다는 이유로 분노하여, 고속도로에서 수차례 피해 차량 앞으로 끼어들고 급제동을 반복한 행위를 '위험한 물건인 자동차를 이용한 협박'으로 보아 특수협박죄를 인정하였다. 비록 실제 충돌은 없었으나, 법원은 "피고인의 보복운전을 통한 이 사건 범행은 자칫 대형 교통사고를 유발할 수도 있었다는 점에서 죄질이 좋지 않다"고 판단하며 징역 4개월의 실형을 선고하였다.[37]

② 보복운전이 인정되지 않은 사례

대법원은 협박·특수협박의 성립 요건을 엄격히 해석하고 있다. 협박이 성립하기 위해서는 일반인의 관점에서 공포심을 일으킬 정도의 구체적인 해악의 고지가 있어야 하고, 그로 인해 피해자의 의사결정 자유가 제약될 정도여야 한다.[38]

이러한 법리에 따라, 단 한 차례의 급제동 등과 같이 피해자가 일시적으로 놀랐을 뿐 공포심이 의사결정에 실질적 영향을 미쳤다고 보기 어려운 경우에는 보복운전 또는 특수협박이 인정되지 않을 수 있다. 실제로 이 법리가 적용되어 무죄가 선고된 하급심 판결도 존재한다.

37 인천지방법원 2023. 7. 19. 선고 2023고단1139 판결

38 대법원 2012. 8. 17. 선고 2011도10451 판결

4 공동위험행위의 개념과 수사 요령

공동위험행위는 다수가 조직적으로 도로를 위험하게 만드는 행위를 말한다. 폭주족의 단체 주행, 반복적인 신호위반과 소음, 지그재그 질주 등이 대표적이다.

현장에서는 사전 SNS 모집, 동일 시간·노선 합류, 대열 유지 등의 정황을 통해 공모성을 입증해야 한다. 출발지부터 해산지까지 구간·시간·거리 데이터를 재구성하고, 반복 위반 행위와 교통 흐름 변화를 기록한다. 경우에 따라 일반교통방해죄(형법 제185조)나 교통방해치사상죄(형법 제188조) 병합 적용을 검토할 수 있다.

핵심은 '집단성'과 '공모성'이다. 영상, SNS 기록, 교통 파급효과 데이터를 종합적으로 확보해 도로 전체를 위험에 빠뜨렸다는 점을 입증해야 한다.

5 마무리

난폭운전, 보복운전, 공동위험행위는 모두 도로 위 안전을 위협하는 중대한 범죄다. 그러나 구성요건과 입증 포인트는 서로 다르며, 이를 구분하지 못하면 처벌 가능성은 크게 낮아진다. 난폭운전은 반복성과 구체적 위험, 보복운전은 피해자 특정과 공포심 유발, 공동위험행위는 집단성과 공모성 입증이 핵심이다.

초동 단계에서 영상을 확보하고, 정량 분석과 진술을 통해 증거를 구조적으로 모은다면 불기소 위험을 줄이고 법적 책임을 끝까지 물을 수 있다.

제4부

교통 수사의 과학적 접근

제26장

한국형 위드마크 공식의 필요성

1 문제 제기

우리나라에서 음주운전 단속과 처벌 기준을 정하는 데 널리 활용되는 것이 바로 위드마크(Widmark) 공식이다. 그러나 이 공식은 외국에서 개발된 것이며, 한국인의 체질·체형과 생활습관을 충분히 반영하지 못한다는 한계가 있다. 실무에서는 실제 음주량과 호기식 음주측정기 측정치가 일치하지 않는 사례가 반복적으로 나타난다. 그럼에도 불구하고 수사와 재판 현장에서는 위드마크 공식을 사실상 절대적 기준처럼 적용하는 경우가 많아, 형사처벌의 정당성 문제로 이어질 수 있다.

위드마크 공식은 1931년 스웨덴의 학자 위드마크가 제시한 공식이다. 그러나 이 연구 환경 자체를 오늘날 우리 상황에 그대로 적용하기에는 여러 가지 문제가 있다.

첫째, 약 100년 전에 개발된 것이라는 점이다. 한 세기 전 사람들의 신체 조건과 생활환경이 오늘날과 동일하다고 보기는 어렵다.

둘째, 피검사자의 대부분이 스웨덴인, 즉 대상이 서양인이었는데,

체질과 음주 습관이 다른 동양인에게 그대로 적용하기 어렵다.

셋째, 당시 실험은 공복 상태에서 진행하였으나, 우리나라는 식사 후 마시거나 반주 문화가 발달해 있다.

넷째, 실험에 제공된 술은 꼬냑, 데킬라 등 50도 이상의 고도주였으나, 한국에서 가장 흔히 소비되는 술은 소주 16도, 맥주 5도 전후로 알코올 도수가 낮다.

이런 차이들 때문에 위드마크 공식은 우리 현실과는 근본적인 오차를 가질 수밖에 없다.

중앙경찰학교 교수로 부임해 음주 측정 교육을 진행하면서 더욱 문제의식을 느끼게 된 계기가 있었다. 언론에서는 흔히 "소주 한 잔, 맥주 한 잔만 마셔도 곧바로 단속된다"라는 표현을 자주 사용한다. 그러나 실제로 교육생들과 함께 실습해 본 결과, 소주 한 잔이나 맥주 한 잔 정도로는 단속 기준치에 이르지 않았다.[1]

또한 위드마크 공식에 따르면 술을 마신 뒤 약 90분 후 혈중알코올농도가 최고치에 도달한다고 설명되어 있다. 하지만 실제 교육생 실습 자료를 살펴보면, 이와는 다른 양상이 드러나는 경우가 적지 않았다.

이러한 현장 경험과 문제의식이 맞물리면서 "위드마크 공식이 과연 한국인의 음주 문화와 신체 특성에 부합하는가"라는 의문이 생겼고, 이를 확인하기 위한 체계적인 연구를 시작하게 되었다.

1 부록으로 수록된 음주측정 자료를 보면 알 수 있듯이, 맥주 한 캔(350ml) 또는 소주 3잔(1잔 45ml)을 마신 뒤 90분이 지난 시점에서 측정했을 때, 처벌 기준인 혈중알코올농도 0.030%를 초과한 사례는 단 한 건도 확인되지 않았다.

2 연구 방법

중앙경찰학교 교육생을 대상으로 실제 음주 실습을 진행하였다. 이는 위드마크 공식에 따른 계산값과 호기식 음주측정기의 실제 측정값 사이에 어떤 차이가 나타나는지를 확인하기 위한 목적이었다.

대상은 제311기 신임 경찰 교육생 421명이었다.

이는 위드마크 공식의 실험군이 30명에 불과했다는 점에서 더욱 의미가 크다고 볼 수 있다. 이들은 모두 경찰 공무원 필기시험, 체력시험, 면접, 적성검사를 통과해 최종 합격한 인원으로, 신체적·정신적 평균치가 어느 정도 보장된 집단이라 연구의 신뢰도를 확보할 수 있었다.

실습은 수업 시간과 연계해 진행되었다. 오전반은 아침 식사 후, 오후반은 점심 식사 후 약 90분 뒤에 실습을 시작하였다.[2] 먼저 10분간 음주측정 실습 요령을 설명하고, 이어 20분 동안 일정량의 알코올을 섭취하도록 하였다. 이때 사용된 주류는 우리 생활에서 흔히 접하는 소주와 맥주였으며, 실습 환경은 실제 음주 상황과 유사하도록 구성였다. 참가자들은 과자나 마른안주 등 자유로운 안주를 가져와 술과 함께 섭취할 수 있도록 하였다. 측정에는 경찰이 현장에서 실제 사용하고 있는 호기식 측정기기 중 하나인 아세아통상사의 400plus[3] 제품을 사용하였다. 위드마크 제1공식에 따르면 음주 후 약 90분이 지나면 혈중알코올농도가 최고치에 도달한다고 알려져 있어, 알코올 섭취 후 정확히 90분 뒤 모든 교육생의 혈중알코올농

2 이는 위드마크 실험이 이루어졌던 당시의 공복 상태 조건보다, 식사 후 음주나 반주 문화가 발달한 한국의 현실을 더 잘 반영한 환경 조건이라 볼 수 있다.

3 해당 음주측정기는 모두 4개월마다 정기적으로 검·교정을 받은 장비들이다.

도를 측정하도록 하였다. 측정값은 교육생 스스로 기록지에 기재하도록 하여, 개별 데이터를 확보하였다. 이후 성별, 체중, 분배계수 등 개인적 특성을 기준으로 구분하여 분석함으로써, 위드마크 공식의 계산값과 실제 호기식 측정값 사이에 어떤 차이가 나타나는지를 세밀히 검토하였다.

3 연구 결과

이번 실습에 참여한 대상자는 총 421명(여성 233명, 남성 188명)으로, 평균 나이는 약 26세, 평균 키 168cm, 평균 체중 63.5kg, 평균 BMI는 22.8이었다. 참여자들이 섭취한 알코올의 평균량은 약 30g(소주 기준 3잔 내외) 수준이었다. 측정 결과를 요약하면 다음과 같다.

위드마크 계산 평균치: 0.050%

호기식 측정 평균치: 0.020%

즉, 평균값만 놓고 보면 위드마크 계산값과 실제 혈중농도는 유사했으나, 호기식 측정값은 현저히 낮게 나타났다. 이 차이는 개별 사례별로 편차가 크게 나타났다는 점에서 의미가 있다.

1) 측정 결과 분류의 차이

호기식 측정에 따른 분류 결과는

훈방: 304명(72.21%)

정지: 105명(24.94%)

취소: 12명(2.85%)

반면, 위드마크 공식에 따른 분류 결과는

훈방: 77명(18.29%)

정지: 219명(52.02%)

취소: 125명(29.69%)

으로 집계되었다. 동일한 집단을 놓고 볼 때, 위드마크 공식은 실제보다 훨씬 가혹하게 결과를 산출하고 있음을 알 수 있다. 특히 훈방으로 분류된 인원이 호기식 기준에서는 300명이 넘었지만, 위드마크 기준에서는 77명에 불과했다.

2) 위드마크와 호기식의 불일치

교차 분석을 실시한 결과, 두 방법은 상당한 불일치를 보였다. 예컨대 호기식 측정으로는 훈방 수준이었던 인원이, 위드마크 공식으로는 면허취소 수준으로 분류되는 사례가 다수 확인되었다. 이는 실무에서 동일한 사건이라도 어떤 기준을 적용하느냐에 따라 전혀 다른 법적 처분이 내려질 수 있음을 의미한다.

3) 성별·체중에 따른 차이

성별 분석에서는 남녀 모두 위드마크 계산치가 호기식 측정치보다 높게 나타났다. 특히 여성의 경우 편차가 더 크게 관찰되었다. 이는 분배계수 차이와 체지방률, 신체 대사 차이가 반영된 결과로 보인다.

체중·BMI를 고려한 다변량 회귀분석에서도, 알코올 섭취량 외에 성별·체질적 요인이 측정값에 유의미한 영향을 미쳤다.

4) 상관관계 분석

알코올 섭취량과 호기식 측정값 간에는 r=0.79의 강한 양의 상관관계가 확인되었다. 이는 섭취량 증가에 따라 측정값이 상승하는 경향을 의미한다. 반면 위드마크 공식으로 산출한 값은 실제 측정값과 편차가 컸으며, 특히 고농도 구간에서 체계적인 과대추정 경향이 관찰되었다.

4 결론 및 제언

이번 장에서 다룬 내용은 중앙경찰학교 교수로 재직하며 진행한 실습과, 이를 바탕으로 작성한 석사학위 논문(「실제음주량과 호기식 음주측정기 측정수치 간의 불일치에 대한 위드마크 공식과의 상관관계」, 경찰대학 치안대학원, 2024)의 연구 결과를 정리한 것이다.

연구는 한국인의 체형과 음주 습관을 반영하지 못하는 1930년대 위드마크 공식의 한계를 확인하고, 실제 교육생 421명을 대상으로 한 실습을 통해 공식값과 호기식 측정값 사이의 체계적 오차를 밝혀냈다. 이를 통해 한국인의 현실에 맞는 새로운 기준, 즉 한국형 위드마크 공식의 필요성을 제시하였다.

본 연구는 측정 시점, 측정 장비, 인지반응 여부와 측정수치의 상관관계 분석이라는 세 가지 측면에서 한계가 있다. 첫째, 음주 후 단일 시점(약 90분)에서만 측정이 이루어진 점이다. 개인별 흡수·분포 속도 차이를 충분히 반영하지 못해 시간대별 변화를 분석하는 데 제약이 있었다. 둘째, 경찰이 실제로 사용하는 세 종류의 음주측정기 중 아세아통상 장비 한 종류만 사용한 점이다. 장비 간 센서 특성 차이를 비교하지 못해 연구결과의 일반화에 한계가 생겼다. 셋째, 인지반응 저하 여부와 측정수치 간의 상관관계를 충분히 검증하지 못한 점이다. 단순 측정값과 인지능력 저하를 직접 연결하기 위해서는 더 큰 표본과 다양한 실험 설계가 필요하지만, 이번 연구에서는 깊이 있게 다루기 어려웠다.

이에 후속 연구로 2024년에 음주 후 30분, 60분, 90분 단위로 단계적 측정을 실시하는 실습을 직접 진행하였다. 이 연구는 시간 경과에 따른 혈중알코올농도의 변화를 한국인의 체질과 음주 습관에 맞춰 실제로 확인한 최초의 시도 중 하나였으며, 이를 통해 기존 위드마크 공식이 전제하는 90분 최고치 개념을 실제 데이터로 검증할 수 있었다. 나아가 보다 현실적인 기준 마련 가능성을 확인하는 계기가 되었다.

또한 동일한 실습 과정에서 두 단계의 인지검사 실험을 실시하여 음주 상태에서의 인지능력 변화를 함께 분석하였다. 1차 검사는 참여자 210명을 대상으로 기본형 스트룹(CW interference)을 적용하여 선택반응 속도와 인지 간섭 정도를 확인하였고, 2차 검사는 149명을 대상으로 난이도가 상대적으로 높은 색상 선택형 스트룹(Choice Stroop + No-Go)을 실시하여 선택반응, 억제반응, 주의집중 등 종합적인 인지기능 저하를 측정하였다. 이러한 일련의 실험을 통해 인지반응 능력과 음주측정 수치 간의 상관관계를 규명하고자 하였다.

아울러 경찰 현장에서 사용 중인 세 종류의 호기식 음주측정기를 모두 활용하여 동일 시점의 수치를 비교함으로써 장비 간 편차가 실제 측정값에 미치는 영향을 확인하였다.

이를 통해 90분 최고치라는 기존 이론을 실증적으로 검토하고, 동시에 음주 시 인지반응 저하가 실제 수치 변화와 어떤 상관성을 보이는지 확인함으로써 현장에서 적용 가능한 보다 현실적 기준을 제시할 수 있었다. 향후 후판에서 정리 중인 추가 자료가 완성되면 이를 보완 연구로 포함하여 더 종합적인 결과를 제시하고자 한다.

또한 이번 연구는 위드마크 공식의 시간적 전제뿐 아니라, 우리나라가 채택하고 있는 호기식 측정 방식 자체에 내재된 구조적 한계까지 함께 보여주었다. 특히 혈중알코올농도와 호기식 측정수치 간의 괴리 문제는 현장에서 꾸준히 제기되는 쟁점으로, 이에 대한 보다 구체적인 논의는 다음 장에서 다루겠다.

제27장

혈중알코올농도와 호기식 측정수치 간의 괴리

1 문제 제기

우리나라 「도로교통법」은 음주운전 처벌 기준을 명확히 '혈중알코올농도(BAC)'라고 규정하고 있다. 문언 그대로 해석한다면, 피의자의 혈액을 채취해 분석한 결과치만이 처벌의 근거가 되어야 한다. 그러나 현실은 전혀 다르다. 실제 음주운전 단속 현장에서 이루어지는 대부분의 처분은 혈액 검사보다 호기식 측정수치(BRAC)에 의해 결정된다.

이 지점에서 근본적인 문제가 발생한다. 법률상 기준은 분명히 '혈중알코올농도'임에도 불구하고, 실무에서는 '호기식 측정수치'를 그대로 BAC로 둔갑시켜 처벌하고 있는 것이다. 이는 법률 문언과 실무 적용 사이의 괴리를 드러내며, 나아가 법치주의의 핵심인 명확성의 원칙에 정면으로 배치될 수 있다. 국민의 자유를 제한하고 전과를 남기는 형사처벌은 법률에 규정된 문구와 절차에 정확히 따를 때만 정당성을 갖는다.

더 큰 문제는 이 괴리에서 파생된 수많은 불확실성이다. 음주 측정은 단순히 "술을 얼마나 마셨는가"에 그치지 않고, 법률 용어의 혼용 문제, 과학적 계산의 불일치, 기기별 편차, 심지어 계절적 변동성까지 영향을 받는다. 그럼에도 불구하고 현행 제도는 이 모든 요인을 무시한 채 호기식 측정치를 절대적 기준으로 삼아 처벌하고 있다.

따라서 이 장에서는 법률상 '혈중알코올농도(BAC)'와 실무상 '호기식 측정치(BRAC)' 사이의 괴리가 실제로 어떻게 나타나는지를 구체적으로 살펴보고자 하며, 그 과정에서 드러나는 핵심 쟁점은 다음 네 가지다.

① BAC와 BRAC의 혼용 문제
- 법률 용어와 실무 적용의 불일치

② 분배계수(BBPR) 적용의 문제
- 과학적 근거와 현실 운용의 간극

③ 측정기별 호흡 조건의 불균형 문제
- 제조사별 기술 차이에 따른 결과 편차

④ 계절적 변동성의 문제
- 온도 · 환경 변화가 측정값에 미치는 영향

이 네 가지 쟁점을 중심으로, 현행 음주단속 제도의 과학적 · 법적 구조가 어디에서 균열을 일으키고 있는지를 단계적으로 검토하고자 한다.

2 BAC와 BRAC의 혼용 문제

현재 우리나라는 혈중알코올농도 0.030% 이상인 경우 음주운전으로 처벌한다. 여기서 중요한 문제가 발생한다. 문언 그대로 해석하면 '혈중알코올농도'를 확인하기 위해서는 반드시 혈액을 채취하여 검사해야 한다. 그러나 실제 운용은 다르다. 우리나라 대부분의 음주운전 사건은 혈액 검사 대신 호기식 측정수치에 의해 판단되고 있다. 채혈은 피의자가 호기 측정 결과에 불복하거나, 교통사고로 불대를 불 수 없는 등 예외적인 경우에만 이루어질 뿐이다. 원칙은 어디까지나 호기식 측정값을 처벌 기준으로 삼고 있다. 그렇다면 법치주의와 명확성의 원칙을 표방하는 현행 법제에서, 법률에는 '혈중알코올농도'라고 적어 놓고 실제로는 호기식 측정값으로 처벌하는 것이 과연 타당한가? 내가 처음 품었던 의문은 바로 이 지점에 있었다.

이 질문의 단서를 찾는 과정에서, 국제표준 TC 272(법과학) 전략협의체 전문위원 자격으로 회의에 참석하던 중 서울고등검찰청 형사부의 안성수 검사를 만난 적이 있다. 마침 그분이 집필한 책 『음주단속, 과속측정의 허상』(19~26쪽)을 읽으며 여러 가지 흥미로운 사실을 확인할 수 있었다.

책에서 설명하는 바에 따르면, 사람이 산소를 들이마시면 기도를 통해 폐포에 도달하고, 폐포 벽에 인접한 모세혈관을 통해 혈액에 전달된다. 동시에 혈액 속 이산화탄소는 폐포로 배출되고, 알코올 역시 같은 경로로 호기 중으로 나온다. 이 과정만 놓고 본다면, 심폐호흡 속 알코올 농도와 혈액 속 알코올 농도는 동일하다고 설명할 수 있다. 하지만 여기서 간과해서는 안 될 부분이 있다. 바로 헨리의 법칙(Henry's Law)이다. 이 과정만 놓고 본다면, 심폐호흡 속 알코올

농도와 혈액 속 알코올 농도가 동일하게 보일 수 있다.

그러나 실제로 두 농도는 완전히 같지 않으며, 헨리의 법칙(Henry's Law) 에 따라 일정한 비례관계를 이루며 평형 상태에서 서로 상관관계를 유지한다.

헨리의 법칙은 밀폐된 용기 안에서 액체 속 용질이 증발할 때, 용액 속 농도와 기체 속 농도가 일정한 비율을 유지한다는 원리다. 문제는 인간의 신체는 병 속 액체처럼 밀폐된 구조가 아니라는 점이다. 폐포와 입 사이에는 물리적 거리가 있고, 호흡 과정에서 외부 공기와의 혼합이 끊임없이 일어난다. 따라서 호기 속 알코올 농도를 곧장 혈중알코올농도로 환산하여 동일시하는 것은 과학적으로 설득력이 떨어진다.

결국, 법률상 용어는 BAC(혈중알코올농도)임에도 불구하고, 현실적으로는 BRAC(호기 알코올농도)를 그대로 BAC라 부르며 처벌하는 구조적 모순이 드러난다. 이는 단순한 용어상의 문제를 넘어, 법적 안정성과 국민 기본권 보장과도 직접적으로 연결되는 중대한 쟁점이라 할 수 있다.

3 분배계수의 문제

두 번째로 짚어야 할 핵심은 바로 혈액-호흡 분배계수(Blood-Breath Partition Ratio, 이하 BBPR)이다. 호기식 음주측정기는 혈중에 존재하는 알코올 농도를 일정한 비율로 환산하여 수치화하는 장비다. 이때 측정된 호기 내 알코올 농도를 혈중알코올농도(BAC)로 환산하기 위해 적용하는 비율을 분배계수(BBPR, Blood Breath Partition Ratio)라 한다. 현재 우리나라에서는 호기 중 알코올 2100ml가 혈액 1ml와 동일한 농도를 갖는다고 전제하는 '2100:1' 비율을 채택하고 있다. 현재 우리나라에서는 호기 중 알코올 농도와 혈액 중 알코올 농도가 평형 상태일 때 약 2100:1의 비례관계를 갖는 것으로 보고 있으며, 이는 혈액 1mL의 알코올 농도와 동일한 분압을 얻기 위해 약 2100mL의 호기가 필요하다는 뜻이다. 이 기준은 미국에서 개발된 수치를 그대로 차용한 것으로, 법률 · 판례 · 지침 등에서도 공식적으로 2100:1을 기준으로 삼고 있다.[4] 그러나 이 수치는 절대적인 고정값이라기보다, 인종 · 체질 · 기후 · 음주 습관 등 다양한 요인에 따라 달라지는 경험적 값이다. 실제로 각국이 채택한 BBPR도 다르다. 벨기에 · 영국 · 네덜란드는 2300:1, 프랑스와 호주는 2000:1, 미국은 2100:1을 사용[5]한다. 이는 곧 혈액과 호기 사이 알코올 분포가 사람과 환경에 따라 달라진다는 것을 의미한다. 우리나라 역시 법적으로는 2100:1을 기준으로 삼고 있지만, 현장에서 사용되는 측정기는 이를 그대로 적용하지 않는다. 기기의 측정 오차(±5%)를 고려해 과대측정을 방지하기 위해 2100의 95%에 해당하는 '1995:1'이 실제 환산치로 설정[6]되어 있다. 즉, 법률상 기준은 여전히 2100:1이지만, 기기 설계 단계에서는 보정치를 적용해 실무적 안전장치를 두고 있는 것이다. 국내 연구 결과[7]에서도 이러한 편차는 명확히 확인된다. 음주 후 30분 뒤 평균 BBPR은 2184, 240분 뒤에는 2509까지 상승하였고, 개인별 범

4 2025년 제2기 지능형 음주범죄수사실무과정, 국립과학수사연구원 교육자료, p.5.

5 Jan Semenoff, "Blood Breath Ratios in Breath Alcohol Testing: A Top Ten List of Need to Know Information," Counterpoint: The Journal of Science and the Law, Vol. 2, No. 1, 2016., p. 145. 재인용: 『음주단속, 과속측정의 허상』.

6 박희경 · 한성주, 「호흡 음주측정의 오차 범위에 대한 연구 - 구강내 잔류알코올 문제를 중심으로 -」, 『치안정책연구』 제26권 제2호, 2012.

7 이원영 · 고명수의 "음주측정의 신뢰도에 대한 분석"(대한교통학회지, 2008)

위는 1489에서 3101까지 넓게 분포했다. 이는 사람마다 생리적 차이가 크며, 어떤 BBPR을 적용하느냐에 따라 측정 결과가 크게 달라질 수 있음을 보여준다. 예컨대 동일한 조건에서 혈중알코올농도가 실제 0.050%인 경우라도, 기기 설정 BBPR이 1500:1이면 측정치는 0.036%, 2700:1이면 0.064%로 나타난다. 단순히 BBPR 설정만으로도 ±30% 이상의 차이가 발생하는 셈이다. 문제는 이러한 차이를 충분히 인지하고 있음에도, 현행 제도가 여전히 '2100:1'이라는 단일 기준만을 형식적으로 적용하고 있다는 점이다. 이는 형사법의 대원칙인 "의심스러울 때는 피고인에게 유리하게(in dubio pro reo)" 원칙과도 충돌한다. 개인의 신체 조건이나 상황에 따라 BBPR이 달라질 수 있다는 사실을 알면서도, 현행 제도는 이를 고려하지 않은 단일 기준만을 적용하고 있다. 물론 개별 사건마다 BBPR을 달리 산정하는 것은 현실적으로 쉽지 않지만, 그 가능성을 전혀 인정하지 않는 현재 구조는 과학적·법적 정당성 모두에서 한계를 지닌다. 따라서 BBPR은 더 이상 "기술적 전제"로만 다룰 문제가 아니다. 현행 「도로교통법」이 혈중알코올농도 수치를 명문화하고 있듯이, BBPR 또한 법률에 명시하여 객관적인 기준과 적용 범위를 설정할 필요가 있다. 이를 입법적으로 규정하면 피측정자에게 유리한 BBPR을 적용할 수 있는 법적 근거가 마련되고, 측정치에 대한 불필요한 다툼과 논란도 줄일 수 있다. 더 나아가 장기적으로는 한국인의 체질과 음주 습관을 반영한 '국가 고유의 BBPR'을 과학적으로 산출하여 법제화하는 방안도 검토할 필요가 있다.

이러한 논의는 단순히 형사처벌의 형평성을 확보하는 차원을 넘어, 과학기술의 발전과 국민 신체 특성 데이터 축적을 반영한 보다 합리적이고 정교한 입법으로 이어질 수 있다.

4 측정기의 불균형 문제

또 하나 간과해서는 안 될 쟁점은, 음주측정기 제조사마다 요구하는 측정 조건의 기준이 서로 다르다는 사실이다. 이는 단순히 기기마다 사용법이 조금씩 다른 수준이 아니라, 측정 결과의 과학적 신뢰성과 법 집행의 공정성을 근본적으로 흔들 수 있는 문제다. 아래 표는 현재 경찰청에 납품 중인 주요 3개 제조사의 음주측정기를 대상으로, 각 사의 공식 사용설명서 및 기술지원 회신 내용을 확인하여 직접 정리한 비교 자료이다.

표 27-1 제조사별 음주측정기 측정 조건 비교표

구분	A사	B사	C사
측정 방식	압력 중심	유량·시간 중심	압력+유량 병행
요구 조건	40mmHg (&5.3hPa), 1~2초	25L/min, 3초 이상	5.0hPa, 1.5L, 2~3초
호흡량	약 0.9L[8]	약 1.25L	약 1.5L
측정완료	게이지 충족·음 출력	Flow 표시 사라짐	도레미 중 미
실패 조건	압력·시간 부족	유량·3초 미만	압력·호흡량 부족
특징	가장 완화 폐활량 적어도 용이	중간 수준 유량 유지 필요	가장 까다로움 압력·유량 동시 충족

8 해당 기종은 초기 사양에서 약 1.5리터의 호흡량을 요구하였으나, 실무 현장에서 피측정자들의 기준 충족이 어렵다는 의견이 다수 제기되었다. 이에 관하여 본사 기술 담당자와 통화한 결과, 경찰청 요청에 따라 호흡 요구량이 약 0.9리터 수준으로 조정된 것으로 안내받았다.

<표 27-1>에서 보듯, 현재 경찰청에 납품되는 주요 음주측정기 3종은 서로 다른 측정 원리와 호흡 조건을 적용하고 있다. A 기종은 압력 중심형으로, 사용자가 최소 40mmHg(약 5.3hPa)의 압력을 1~2초간 유지하면 측정이 완료된다. 이 방식은 호흡량보다 압력 유지가 핵심이므로 비교적 짧게 불어도 측정이 가능한 편이다.

B 기종은 유량(flow rate) 중심형으로, 분당 25L 이상의 유량을 3초 이상 유지해야 'Flow' 표시가 사라지며 측정이 완료된다. 실질적으로는 약 1.25L의 호흡량이 필요해 A 기종보다 긴 호흡과 일정한 유량 유지가 요구된다.

C 기종은 압력과 유량을 동시에 요구하는 복합형으로, 5.0hPa 이상의 압력을 유지하면서 약 1.5L(1,500cc) 이상을 2~3초간 지속해야 측정이 이루어진다.

결국 같은 상황에서도 어떤 기기를 사용하느냐에 따라 운전자가 불어야 하는 조건이 달라지고, 그만큼 측정 결과 또한 달라질 수 있다. 이처럼 동일한 단속 현장이라도 측정 장비별로 요구되는 호흡 조건이 다르다면, 단속의 일관성과 공정성은 근본적으로 흔들릴 수 있다. 이는 각 장비의 구조적 차이가 단순한 '사용 편의성의 문제'를 넘어, 측정 결과의 신뢰성 자체에 영향을 미칠 수 있음을 보여준다.

특히 중앙경찰학교에서 5년간 교육생들과 함께 음주측정 실습을 진행하며 반복적으로 관찰된 몇 가지 특징이 있었다.

첫째, A 기종(압력 중심형)은 교육생들이 실습 중 약하게 불면 측정 수치가 낮게, 세게 불면 수치가 높게 나타나는 현상을 보였는데 이제 그 이유가 명확해졌다.

이 장비는 최소40 mmHg(약 5.3hPa)의 압력을 1~2초간 유지해야 측정이 완료되는 구조로, 호흡량보다는 압력 유지가 핵심이다. 실습 과정에서 피측정자가 기준 압력에 미달하면 폐 깊은 공기(end-expiratory air)가 아닌, 입안이나 기도에 남아 있던 '희석 공기'가 채취되어 상대적으로 낮은 수치가 나타났다. 반대로 압력을 충분히 높여 불면, 폐포 깊은 공기가 포집되어 실제 혈중알코올농도에 가까운 수치가 측정되었다.

결국 이 기종은 호흡 압력이 기준 이하이면 희석 공기, 기준 이상이면 폐포 공기가 채취되는 구조로, 압력의 미세한 차이만으로도 측정값이 달라질 수 있는 기기적 특성을 가지고 있었던 것이다.

둘째, C 기종은 세 기종 중 동일한 양의 술을 마셔도 대부분 상대적으로 낮은 음주측정 수치를 보였는데, 이제 그 이유를 명확히 설명할 수 있다. 이 장비는 세 기종 가운데에서도 가장 까다로운 측정조건을 가진 장비로, 5.0(hPa) 이상의 압력을 유지하면서 약 1.5L의 호흡을 2~3초간 지속해야 한다. 이로 인해 샘플링 지점의 민감도가 높아, 실제로는 폐포의 마지막 공기를 완전히 포집하지 못하고 중간단계의 공기(상대적으로 알코올 농도가 낮은 구간) 이 채취되는 경향이 있었던 것으로 보인다. 그 결과, 이론적으로는 가장 정밀한 설계를 가진 장비임에도 불구하고, 실제 측정에서는 오히려 수치가 낮게 나타나는 역설적인 현상이 반복적으로 관찰되었던 것이다.

마지막으로 B 기종(유량 중심형)은 실습 과정에서 유난히 사람마다 측정 편차가 심하게 나타났다. 같은 양의 술을 마셨는데도 어떤 교육생은 A 기종보다 높은 수치가, 또 다른 사람은 훨씬 낮은 수치가 나왔는데, 이제 그 이유를 명확히 설명할 수 있다.

이 장비는 '유량 감지형(flow-trigger type)' 구조로, 분당 25(L/min) 이상의 유량이 감지되면 측정이 자동으로 개시되며, 그 유량이 최소 3초 이상 꾸준히 유지되는 동안에만 유효 샘플로 인식된다.

즉, A나 C처럼 일정 압력에 한 번 도달하면 채취가 완료되는 방식이 아니라, 유량이 안정적으로 지속되는 동안만 샘플링이 계속되는 구조다. 결국 호흡이 강하고 일정한 사람은 측정 구간 대부분에서 순수한 폐포 공기가 포집되어 수치가 높게 나타나는 반면, 호흡이 약하거나 유량이 불안정한 사람은 초기 희석 공기가 함께 섞여 실제보다 낮은 결과가 나온다.

즉, B 기종은 '얼마나 세게'보다 '얼마나 꾸준히' 숨을 내쉬는가에 따라 측정값이 달라지는 구조적 특성을 가진 장비였던 셈이다.

결국 세 기종을 한마디로 정리하면, A 기종은 '순발력'을, B 기종은 '지구력'을, C 기종은 '완벽한 균형감각'을 요구한다. 즉, 각 장비는 호흡의 힘·지속성·안정성을 저마다의 기준으로 평가하며, 피측정자가 이 조건을 어떻게 충족하느냐에 따라 결과가 달라지는 구조적 특성을 지니고 있는 것이다.

결론적으로, 현재 음주단속 현장에서 사용되는 측정기들의 구조적 차이는 단순한 기술적 편차를 넘어 법집행의 공정성과 과학적 신뢰성에 직결되는 문제이다. 같은 운전자, 같은 음주 상태라 하더라도 어떤 기기를 만나느냐에 따라 측정값이 달라질 수 있는 상황은, 법 앞의 평등이라는 원칙에도 위배될 소지가 있다. 따라서 경찰청 차원에서 측정기별 호흡 조건을 명확히 표준화하고, 그에 따른 측정 가이드라인을 제도화할 필요가 있다.

5 계절적 변동성 문제

호기식 측정기의 또 다른 한계는 계절에 따른 측정값의 변동성이다. 교통조사계 근무 시절부터 "왜 여름보다 겨울에 측정치가 낮게 나오는가?"라는 의문을 품고 있었다. 같은 양의 술을 마셨다고 진술하는 사람도 계절에 따라 결과값이 다르게 나오는 경우가 적지 않았기 때문[9]이다.

이 궁금증은 2025년 국립과학수사연구원에서 열린 제2기 지능형 음주범죄 수사실무 과정에서 풀리게 되었다. 당시 한 연구원의 설명에 따르면, 호기식 측정기는 폐포(alveoli)에 남아 있는 알코올 분자가 기도를 통해 입으로 배출되는 양을 포착한다. 그런데 여름철에는 신진대사와 호흡 활동이 활발해 알코올 분자가 더 많이 방출되지만, 겨울철에는 신체 활동과 호흡 순환이 느려져 같은 음주 상태에서도 호기 중 알코올 분자가 덜 배출될 수 있다는 것이다.

즉, 여름에는 상대적으로 수치가 높게, 겨울에는 낮게 측정될 가능성이 구조적으로 존재한다. 이는 곧 호기식 측정기가 음주량과 시간뿐 아니라 외부 온도·계절적 환경에도 민감하게 반응한다는 사실을 보여준다. 그럼에도 불구하고 현재 법제는 이러한 계절적 편차를 전혀 고려하지 않은 채, 호기식 측정치를 절대적 기준으로 삼고 있다. 이는 과학적 신뢰성과 법적 정당성 모두에서 다시 점검이 필요한 부분이다.

6 정리 및 개선 방향

앞서 살펴본 여러 쟁점은 모두 하나의 공통된 뿌리를 가진다. 바로 법률이 규정한 '혈중알코올농도(BAC)'와, 실무에서 실제로 활용되는 '호기식 측정치(BRAC)' 사이의 괴리다.

첫째, BAC와 BRAC을 동일시하는 용어상의 허구이다. 법률은 BAC를 기준으로 처벌한다고 명시하지만, 현실은 BRAC을 곧장

9 영등포경찰서 교통조사계 근무시절 여름철에 측정한 사람과의 형평성을 고려해 겨울철 음주측정시 가급적 교통조사계 사무실과 같은 따뜻한 실내에서 측정하려고 노력하였다.

BAC로 둔갑시켜 적용하고 있다. 이는 법치주의와 명확성의 원칙에 정면으로 어긋난다.

둘째, 분배계수를 일률적으로 2100:1로 적용하는 과학적·법적 한계. 상황에 따라 1810:1, 2000:1, 2300:1 등 다양한 값이 가능함에도 불구하고, 미국식 2100:1만을 기계적으로 적용한다. 이는 "의심스러울 때는 피고인에게 유리하게"라는 형사법의 대원칙과도 충돌한다.

셋째, 음주측정기 제조사별로 적용되는 측정 방식과 조건이 서로 다른 구조적 불균형 문제다. 현재 경찰청에 납품되는 세 기종은 모두 동일한 원리를 기반으로 하지만, 측정 성공을 위해 요구하는 핵심 조건에는 근본적인 차이가 존재한다. 예를 들어 A 기종은 '순간적인 압력'을 기준으로 1~2초의 짧은 호흡만으로도 측정이 완료되는 반면, B 기종은 '일정한 유량과 시간'을 중시하여, 약 1.25리터에 해당하는 꾸준한 호흡을 유지해야 한다. 여기에 C 기종은 1.5리터의 호흡량에 더해 일정한 압력까지 동시에 충족해야 하는, 가장 까다로운 구조를 가지고 있다. 결국 동일한 단속 현장이라도 어떤 기기를 만나느냐에 따라 운전자는 전혀 다른 방식의 호흡을 요구받게 되며, 이러한 측정 방식의 차이는 측정 결과의 편차로 이어질 가능성을 내포한다. 이는 단순한 사용 편의성의 차원을 넘어, 법 집행의 공정성과 과학적 신뢰성에 직접적인 영향을 미치는 구조적 문제로 볼 수 있다.

넷째, 계절적 변동성 문제다. 여름철에는 대사와 호흡이 활발해 알코올 분자가 더 많이 배출되지만, 겨울철에는 활동이 둔화되어 같은 음주 상태에서도 낮은 수치가 나올 수 있다. 그럼에도 제도는 이러한 계절적 편차를 전혀 반영하지 않고 있다.

이 네 가지 문제는 결국 음주단속 제도의 과학적 신뢰성, 법 집행의 공정성, 그리고 국민의 기본권 보장이라는 세 축을 동시에 흔들고 있다.

따라서 이제는 한국인의 체질, 음주 문화, 그리고 법제 환경에 부합하는 '한국형 BAC · BRAC 체계'를 새롭게 정립해야 하며, 그 방향은 명확하다.

① BAC와 BRAC의 혼용 문제
② 분배계수(BBPR) 적용의 문제
③ 측정기별 호흡 조건의 불균형 문제
④ 계절적 변동성의 문제

이 네 가지 과제가 해결되지 않는 한, 현행 음주단속 제도가 지닌 구조적 한계는 앞으로도 되풀이될 것이다.

제28장

국과수가 제시한 한국형 위드마크

1 연구의 배경과 특징

국립과학수사연구원이 제시한 한국형 위드마크 공식[10]의 가장 큰 특징은 '생체이용률(bioavailability)'이라는 개념을 도입했다는 점이다. 기존 위드마크 공식은 단순히 섭취한 알코올 총량과 분배계수를 기초로 혈중알코올농도를 추정했으나, 실제 인체에서는 알코올이 100% 혈중에 흡수되지 않는다. 흡수율은 개인의 체질, 성별, 체수분량, 음식물 섭취 여부에 따라 달라지며, 이 차이를 반영하지 못하면 현실과 괴리된 결과가 도출될 수밖에 없다.

국과수 연구진은 이를 보완하기 위해 체수분량(total body water)과 생체이용률을 동시에 고려하는 모델을 설계했다. 알코올은 수분에 용해되는 성질을 가지므로, 개인별 체수분량은 혈중알코올농도의 결정적 요인이다. 단순 체중뿐 아니라 키, 성별, 나이 등을 반영한

10 국립과학수사연구원, 「혈중알코올농도 계산 지침」(행정안전부예규 제562호, 2025. 4. 1. 제정·시행)

수식을 통해 체수분량을 산정하고, 여기에 실제 혈액으로 흡수되는 비율인 생체이용률을 곱하여 계산식을 정교화했다.

특히 주목할 점은 연구 환경이다. 국과수는 실험 대상 50명을 선정하여 연구를 진행했는데, 기존 위드마크 실험처럼 공복 상태에서 고도주를 제공한 것이 아니라 바나나·견과류 등 간단한 음식을 섭취한 뒤 음주 실험을 진행하였다. 이는 한국인의 현실적인 음주 문화(식사나 간단한 안주와 함께 술을 마시는 습관)를 반영하려는 의도였다. 즉, 실제 생활환경과 유사한 조건에서 알코올의 흡수와 분포를 관찰함으로써, 연구 결과가 현장 수사와 재판에서 더 실질적인 의미를 가질 수 있도록 한 것이다.

결국 한국형 위드마크 공식은 단순히 알코올 섭취량을 체중으로 나누는 기존 방식에서 벗어나,

개인별 체수분량의 정확한 산정,

생체이용률 보정,

한국인의 음주 습관 반영,

이라는 세 가지 요소를 반영한 점에서 기존 공식과 차별성을 갖는다. 이는 수사기관이 보다 합리적이고 과학적인 기준을 바탕으로 음주운전 사건을 처리할 수 있는 토대를 마련했다는 점에서 큰 의의가 있다.

2 연구 방법

국과수의 한국형 위드마크 공식 연구는 다음과 같은 세 가지 과정을 거쳐 완성되었다.

① 체수분량 산정

알코올은 수용성 물질이므로, 인체에서 알코올이 분포하는 공간은 체지방이 아닌 체수분량(total body water)이다. 따라서 체수분량을 정확히 추정하는 것이 혈중알코올농도를 산출하는 핵심이 된다. 국과수는 이를 위해 Watson 공식을 기반으로 한 체수분량 계산식을 도입했다.

남성: 2.447 - 0.09516 × 나이 + 0.1074 × 키(cm) + 0.3362 × 체중(kg)

여성: -2.097 + 0.1069 × 키(cm) + 0.2466 × 체중(kg)

이 산출식은 단순 체중이 아니라 키와 성별, 나이를 반영함으로써 개인별 체수분량을 보다 현실적으로 추정할 수 있게 했다.

② 생체이용률(Bioavailability) 적용

마신 술이 100% 혈중에 흡수되는 것은 아니다. 알코올은 위와 소장에서 흡수되지만, 음식물 섭취 여부나 개인 대사 특성에 따라 흡수율이 달라진다. 국과수는 평균적으로 남성은 약 0.7, 여성은 약 0.6 수준의 생체이용률 계수를 적용하였다. 이는 알코올 섭취량을 보정하여 실제 혈액 내로 흡수되는 양을 계산하기 위함이다.

③ 한국형 위드마크 공식 산출

최종적으로 국과수는 기존 위드마크 공식에서 사용된 분배계수를 그대로 적용하지 않고, 체수분량과 생체이용률을 곱하여 한국형 위드마크 공식을 재정립하였다.

공식은 다음과 같이 단순화된다.

BAC = (음주량 × 알코올 농도 × 0.789 × 생체이용률) ÷ (체수분량 × 10)

여기서 0.789는 에탄올의 밀도(g/ml)를 의미하며, 체수분량은 앞서 설명한 Watson 공식을 통해 산출된다.

3 주요 변화내용

국립과학수사연구원이 제시한 한국형 위드마크 공식은 기존 위드마크 공식과 비교했을 때 세 가지 중요한 변화가 있다.

1) 체수분량을 반영한 개인별 위드마크 상수

기존에는 위드마크 상수(r)를 모든 사람에게 일률적으로 적용했다. 그러나 이번 한국형 위드마크 공식에서는 개인별 체수분량(total body water)을 구해 위드마크 상수를 산출한다. 체수분량은 단순 체중만으로는 알 수 없고, 키, 나이, 성별[11]을 함께 고려해 계산해야 한다. 대표적인 방법이 바로 왓슨식(Watson formula)이다. 또한 의료기관에서 체성분 분석기를 통해 직접 측정할 수도 있다. 즉, 이제는 사람마다 다른 체수분량을 반영해, 개인별 위드마크 상수를 적용할 수 있게 되었다는 점이 큰 의의다.

2) 생체이용률(Bioavailability) 상수의 조정

기존에는 실무적으로 0.7을 고정적으로 적용해 왔다. 그러나 한국형 위드마크에서는 이를 0.8~0.9 범위로 상향 조정하였다. 이는

11 특히 나이와 키를 이번에 새롭게 추가했다.

알코올이 실제로 몸에 더 잘 흡수된다는 연구 결과를 반영한 것이다. 흥미로운 점은, 해외 여러 나라에서는 오히려 피의자에게 유리하다는 이유로 생체이용률 자체를 적용하지 않는다는 것이다. 반면 우리나라는 이번 기회를 통해 생체이용률을 현실적으로 조정하여, 한국인의 체질과 음주 습관에 맞는 상수값을 마련한 셈이다.

3) 시간당 알코올 감소량의 조정

기존 위드마크 공식에서는 시간당 감소량을 0.008~0.030%로 보았다. 그러나 이번 연구에서는 이를 0.010~0.025%로 조정하였다. 즉, 너무 낮거나 높은 수치는 배제하고, 현실적인 범위로 좁혀서 반영한 것이다. 이는 실제 음주 실험 데이터를 토대로 한 개선으로, 보다 합리적인 수치라 할 수 있다.

4) 정리 및 향후 과제

국립과학수사연구원이 제시한 한국형 위드마크 공식은, 기존의 외국 학자 이론을 그대로 적용해 오던 관행에서 벗어나 한국인의 체질과 음주 문화를 반영한 첫 번째 공식이라는 점에서 큰 의의를 가진다. 특히 체수분량과 생체이용률을 동시에 반영한 계산식은 현실성을 높였다고 볼 수 있다. 다만 이번 연구는 표본 수가 50명에 그쳤다는 한계가 있으며, 향후 더 많은 인원을 대상으로 한 대규모 임상연구가 병행되어야 한다.

또한 이 공식은 어디까지나 채혈을 통한 혈중알코올농도(BAC)를 기준으로 한 것이다. 그러나 현장의 실제 단속은 대부분 호기식 측정수치(BRAC)에 의존하고 있다. 따라서 앞으로는 단순히 BAC에 머무를 것이 아니라, BRAC와 BAC의 상관관계를 규명하고 한국형 BRAC-BAC 변환계수를 마련하는 단계로 확장될 필요가 있다. 이 과제가 해결되어야만 음주단속의 과학적 신뢰성과 법적 정당성이 강화될 수 있다. 더 나아가 한국인의 음주 환경에 맞춘 호기식 측정기 표준화, 분배계수 재정립, 한국형 BRAC-BAC 변환계수 확립을 통해 현장의 혼란을 줄이고 국민의 기본권을 확실히 보장할 수 있을 것이다.

필자 역시 중앙경찰학교에서 5년간 교통과목을 강의하며 수많은 음주실습을 진행한 경험 속에서, 현실과 제도 사이의 괴리를 절감했기에 이러한 연구를 시작하게 되었다. 결국 이번 한국형 위드마크 공식은 기존 위드마크 공식과 채혈 방식 간의 괴리를 일정 부분 해소한 성과라 할 수 있다. 앞으로는 호기식 측정 수치와 위드마크 공식 간의 간극을 더욱 정밀하게 좁히는 것이 남은 과제다.

그러나 이 글을 읽는 신임 순경이나 초임 교통조사계 동료, 후배들에게 꼭 전하고 싶은 말은 이것이다.

현실과 제도의 간극이 존재하는 것은 사실이지만, 우리는 어디까지나 현장에서 법을 집행해야 하는 경찰관이다. 따라서 현행 법률과 판례, 그리고 경찰청 지침을 기준으로 국민 앞에서 명확하고 일관된 법 집행을 실현해야 한다는 점을 잊지 말아야 한다.

맺음말

이 책을 읽은 모든 경찰관과 교통조사관에게

나는 교통사고를 수없이 다루며 한 가지 분명히 깨달았다. 모든 교통사고의 핵심은 현장에 있다.

블랙박스가 널리 보급되면서 많은 이들이 '영상만 있으면 다 해결된다'라고 생각한다. 그러나 그것은 절반의 진실일 뿐이다. 블랙박스의 화각과 실제 운전자가 바라본 시야는 다르다. 영상으로는 단순해 보이는 장면도, 운전자의 위치에서 보면 전혀 다른 양상으로 보일 수 있다. 나아가 영상의 시야각 차이 문제를 넘어, 블랙박스나 CCTV조차 없는 현장에서는 수사기관이 직접 실체적 진실을 찾아내야 한다. 결국 억울한 피해자가 생기지 않도록 하려면 반드시 현장에 임장해 눈으로 확인하고 발로 뛰는 노력이 뒤따라야 한다.

현장에는 언제나 또 다른 단서가 숨어 있다. 파손 부분의 각도, 노면의 흔적, 주변 CCTV, 목격자의 진술… 그 하나하나가 모여 진실을 밝히는 실마리가 된다. 초임 시절부터 이러한 습관을 몸에 배게 해야 한다.

"책상 위에서 해결하려 하지 말고, 현장에 답이 있다"는 자세를 가져야 한다는 것이다.

교통조사는 단순히 법조문을 기계적으로 적용하는 일이 아니다. 그것은 사람의 억울함을 풀고, 공정한 책임을 묻는 과정이다. 교통조사관의 펜 끝 하나가 한 사람을 전과자로 만들 수도, 무고한 이의 삶을 지켜줄 수도 있다. 그렇기에 정확성과 공정성, 그리고 무엇보다 성실한 현장 확인이 기본이 되어야 한다.

이 책을 덮는 순간에도 기억하길 바란다.

"현장이 곧 답이다."

그리고 여러분의 눈과 발이 바로 그 답을 찾아내는 가장 확실한 도구라는 사실을.

별첨

1 of 14, 22년 8월 22일, 여학급

BMI	음주량	측정수치
19.1	맥주 700ml	0.031%
21.6	맥주 700ml	0.005%
19.6	소주 360ml	0.090%
24.0	맥주 700ml	0.010%
18.2	맥주 700ml	0.025%
19.6	맥주 350ml	0.004%
23.4	맥주 700ml	0.013%
19.4	맥주 350ml	0.000%
20.3	맥주 700ml	0.021%
19.2	맥주 700ml	0.015%
18.9	맥주 700ml	0.018%
18.6	맥주 700ml	0.026%
20.4	맥주 700ml	0.032%
22.4	맥주 700ml	0.011%
19.1	맥주 700ml	0.000%
20.1	맥주 350ml	0.000%
25.7	맥주 525ml	0.038%
23.2	맥주 525ml	0.014%
26.3	소주 360ml, 맥주 350ml	0.067%

19.4	맥주 700ml	0.022%
23.1	맥주 350ml	0.028%
19.5	맥주 700ml	0.025%
23.5	소주 360ml	0.077%
20.3	맥주 350ml	0.000%
24.7	맥주 350ml	0.000%
25.6	맥주 700ml	0.018%
21.3	맥주 700ml	0.037%
24.4	맥주 875ml	0.044%
25.4	맥주 350ml	0.000%
19.4	맥주 875ml	0.070%
20.0	맥주 350ml	0.000%
24.9	맥주 1050ml	0.057%

※ 소주는 1잔은 45ml

2 of 14, 22년 9월 8일, 남학급

BMI	평소 주량	음주량	측정수치
25.8	소주 180ml	맥주 700ml	0.010%
21.6	소주 180ml	맥주 700ml	0.021%
22.4	소주 360ml	소주 225ml, 맥주700ml	0.066%
23.4	소주 720ml	소주 180ml, 맥주700ml	0.008%
24.8	소주 360ml	소주 180ml, 맥주700ml	0.047%
23.4	소주 360ml	소주 180ml, 맥주700ml	0.014%
23.8	소주 180ml	맥주 700ml	0.026%
22.3	소주 720ml	소맥 1600ml	0.101%
26.4	소주 720ml	소맥 1320ml	0.134%
22.6	소주 540ml	소주 540ml	0.068%
23.0	소주 540ml	맥주 1050ml	0.048%
24.5	소주 360ml	맥주 350ml	0.000%
23.3	소주 180ml	소주 135ml, 맥주700ml	0.023%
22.5	소주 720ml	소주 180ml, 맥주350ml	0.035%
22.0	소주 540ml	맥주 700ml	0.013%
23.8	소주 360ml	맥주 350ml	0.000%
24.8	소주 720ml	맥주 700ml, 소주 180ml	0.021%
21.3	소주 360ml	맥주 350ml, 소주 90ml	0.009%
23.1	소주 360ml	맥주 350ml, 소주 135ml	0.006%

29.1	소주 360ml	맥주 350ml, 소주 180ml	0.014%
26.7	소주 360ml	맥주 700ml	0.011%
21.0	소주 360ml	맥주 350ml	0.000%
24.5	소주 360ml	맥주 350ml	0.000%
24.7	소주 720ml	소맥 1320ml	0.155%

3 of 14, 22년 8월 22일, 여학급

<table>
<tr><th>BMI</th><th>음주량</th><th>측정수치</th></tr>
<tr><td>26.8</td><td rowspan="19">맥주 350ml</td><td rowspan="19">0.000%</td></tr>
<tr><td>22.1</td></tr>
<tr><td>24.4</td></tr>
<tr><td>21.1</td></tr>
<tr><td>21.2</td></tr>
<tr><td>24.1</td></tr>
<tr><td>21.6</td></tr>
<tr><td>24.7</td></tr>
<tr><td>20.6</td></tr>
<tr><td>25.1</td></tr>
<tr><td>22.6</td></tr>
<tr><td>23.1</td></tr>
<tr><td>20.8</td></tr>
<tr><td>22.3</td></tr>
<tr><td>23.4</td></tr>
<tr><td>25.2</td></tr>
<tr><td>26.2</td></tr>
<tr><td>24.7</td></tr>
<tr><td>22.2</td></tr>
</table>

23.9		
24.4		
23.6		
22.9		
27.1		
22.2		
24.5		
21.8		
24.8		
23.2		
24.6		
22.3		
21.5		
26.0		
25.6		

4 of 14, 22년 8월 22일, 여학급

<table>
<tr><th>BMI</th><th>음주량</th><th>측정수치</th></tr>
<tr><td>25.2</td><td rowspan="19">맥주 350ml</td><td rowspan="19">0.000%</td></tr>
<tr><td>24.5</td></tr>
<tr><td>19.1</td></tr>
<tr><td>22.7</td></tr>
<tr><td>22.7</td></tr>
<tr><td>21.7</td></tr>
<tr><td>19.3</td></tr>
<tr><td>21.9</td></tr>
<tr><td>18.1</td></tr>
<tr><td>22.9</td></tr>
<tr><td>17.4</td></tr>
<tr><td>18.4</td></tr>
<tr><td>25.0</td></tr>
<tr><td>20.4</td></tr>
<tr><td>20.8</td></tr>
<tr><td>20.6</td></tr>
<tr><td>20.6</td></tr>
<tr><td>21.7</td></tr>
<tr><td>20.8</td></tr>
</table>

24.2		0.000%
19.6		
17.8		
23.2		
21.1		
20.4		
22.1		
17.3		
17.5		
18.8		
22.3		0.008%
22.1		0.000%
23.4		
20.7		0.006%

5 of 14, 22년 8월 22일, 여학급

BMI	평소 주량	음주량	측정수치
24.6	소주 180ml	소맥 320ml	0.000%
22.5	소주 360ml	맥주 350ml	0.000%
25.7	-	소주 135ml	0.000%
22.2	소주 360ml	소맥 320ml	0.009%
23.0	소주 360ml	맥주 350ml	0.000%
24.8	소주 360ml	맥주 350ml	0.018%
21.4	소주 360ml	맥주 350ml	0.000%
22.2	소주 45ml	맥주 350ml	0.000%
23.2	소주 540ml	맥주 700ml	0.028%
22.6	소주 360ml	소주 225ml, 맥주 700ml	0.040%
22.5	소주 360ml	소주 135ml, 맥주 525ml	0.020%
25.4	소주 360ml	소주 700ml, 맥주 180ml	0.016%
22.1	소주 180ml	맥주 350ml	0.021%
22.0	소주 360ml	맥주 700ml	0.020%
23.2	소주 180ml	맥주 525ml	0.012%
22.3	소주 360ml	맥주 350ml	0.000%
24.5	소주 360ml	소주 350ml, 맥주 180ml	0.024%
23.0	소주 180ml	맥주 45ml	0.000%

6 of 14, 22년 9월 8일, 남학급

BMI	평소 주량	음주량	측정수치
22.6	소주 180ml	맥주 350ml	0.000%
24.9	소주 180ml	소주 45ml, 맥주 350ml	0.000%
23.9	소주 180ml	맥주 700ml	0.015%
22.6	소주 720ml	소주 180ml, 맥주 525ml	0.043%
22.8	소주 180ml	소주 90ml, 맥주 700ml	0.032%
22.6	소주 540ml	소주 270ml, 맥주 700ml	0.054%
26.5	-	소주 180ml	0.009%
24.0	소주 360ml	소주 315ml, 맥주350ml	0.036%
26.3	소주 90ml	소주 45ml, 맥주 350ml	0.002%
25.6	소주 720ml	소주 180ml, 맥주 700ml	0.047%
24.8	소주 360ml	소주 180ml, 맥주 700ml	0.000%
25.1	소주 180ml	소주 135ml, 맥주 350ml	0.018%
20.5	소주 360ml	소주 90ml, 맥주 700ml	0.033%
23.7	소주 180ml	소주 180ml, 맥주 525ml	0.012%
24.7	소주 360ml	소주 90ml, 맥주 700ml	0.027%
22.7	소주 360ml	소맥 160ml, 맥주 525ml	0.009%
25.8	소주 180ml	소맥 160ml, 맥주 700ml	0.003%
22.3	소주 180ml	맥주 350ml	0.000%
25.6	소주 360ml	소주 225ml	0.000%

20.9	소주 720ml	소주 360ml, 소맥 160ml, 맥주 350ml	0.047%
23.2	소주 180ml	맥주 700ml	0.010%
21.1	소주 180ml	소주 45ml, 맥주 700ml	0.037%
23.6	소주 540ml	소주 315ml, 맥주 700ml	0.042%
22.4	소주 720ml	소주 315ml, 맥주 350ml	0.033%
23.5	소주 360ml	소주 225ml, 맥주 700ml	0.073%

7 of 14, 22년 8월 22일, 여학급

BMI	평소 주량	음주량	측정수치
23.4	소주 360ml	맥주 700ml	0.023%
23.9	소주 1440ml	맥주 1750ml	0.067%
27.4	소주 720ml	맥주 1050ml	0.025%
23.6	소주 1080ml	소주 315ml, 맥주 350ml	0.040%
21.6	소주 720ml	소주 315ml	0.025%
21.8	소주 720ml	소주 360ml	0.029%
21.5	소주 720ml	맥주 700ml	0.019%
24.8	소주 1080ml	소주 90ml, 맥주 350ml	0.000%
22.6	소주 360ml	소주 45ml, 맥주 700ml	0.024%
24.6	소주 720ml	맥주 350ml	0.000%
23.5	소주 720ml	맥주 700ml	0.018%
24.8	소주 900ml	맥주 700ml	0.016%
22.3	-	맥주 350ml	0.000%
23.7	소주 360ml	맥주 350ml	0.000%
24.5	소주 720ml	소주 315ml	0.014%
23.1	소주 720ml	소주 180ml, 맥주 175ml	0.007%
22.1	소주 180ml	맥주 350ml	0.000%
26.1	소주 360ml	소주 180ml, 맥주 350ml	0.019%
24.9	소주 1080ml	소주 45ml, 맥주 1400ml	0.057%

22.3	소주 360ml	소주 315ml, 맥주 350ml	0.043%
22.4	소주 360ml	소주 225ml, 맥주 1050ml	0.067%
22.2	소주 360ml	맥주 700ml	0.016%
24.3	소주 180ml	맥주 700ml	0.021%
22.5	-	맥주 350ml	0.000%

8 of 14, 22년 8월 22일, 여학급

BMI	평소 주량	음주량	측정수치
26.5	소주 360ml	소주 360ml, 맥주 700ml	0.071%
23.7	소주 720ml	소주 360ml	0.030%
22.1	소주 720ml	소주 360ml, 맥주 700ml	0.027%
24.1	소주 360ml	소주 135ml, 맥주 350ml	0.034%
21.9	소주 720ml	소주 360ml, 맥주 175ml	0.044%
22.5	소주 360ml	소주 180ml, 맥주 700ml	0.022%
22.7	소주 360ml	소주 90ml, 맥주 350ml	0.000%
21.4	소주 180ml	소주 45ml, 맥주 350ml	0.000%
23.7	소주 360ml	소주 180ml, 맥주 700ml	0.031%
23.4	소주 720ml	소주 180ml, 맥주 700ml	0.031%
22.2	소주 360ml	맥주 700ml	0.008%
26.1	소주 720ml	소주 180ml	0.012%
21.1	소주 45ml	맥주 700ml	0.019%
22.9	소주 45ml	소주 45ml, 맥주 350ml	0.000%
24.8	소주 720ml	소주 1320ml, 맥주 700ml	0.096%
23.5	소주 720ml	소주 405ml, 맥주 700ml	0.085%
21.8	소주 360ml	소주 270ml, 맥주 350ml	0.039%
23.5	소주 720ml	소맥 6.80ml	0.057%
22.9	소주 180ml	소주 135ml	0.000%

27.9	소주 180ml	맥주 175ml	0.000%
25.5	소주 360ml	소주 180ml, 맥주 700ml	0.031%
24.1	소주 720ml	소주 360ml, 맥주 700ml	0.073%
27.5	소주 720ml	소주 360ml, 맥주 700ml	0,050%
26.2	소주 360ml	소주 360ml	0.009%
28.7	소주 720ml	소주 360ml, 맥주 350ml	0.027%
23.4	소주 720ml	소주 450ml	0,013%
23.7	소주 1080ml	소주 360ml, 맥주 700ml	0.036%
21.2	소주 360ml	소주 225ml	0.030%
26.9	소주 360ml	소주 315ml	0.017%

9 of 14, 22년 8월 22일, 여학급

BMI	평소 주량	음주량	측정수치
21.4	소주 720ml	소주 360ml, 맥주 350ml	0.043%
24.3	소주 720ml	소주 360ml, 맥주 350ml	0.035%
22.4	소주 720ml	소주 360ml, 맥주 350ml	0.046%
24.2	소주 540ml	소주 360ml, 맥주 700ml	0.048%
20.1	소주 360ml	소주 135ml, 맥주 350ml	0.022%
22.2	소주 360ml	소주 180ml, 맥주 350ml	0.000%
24.4	소주 720ml	소주 180ml, 맥주 350ml	0.022%
23.4	소주 720ml	소주 135ml, 맥주 350ml	0.000%
23.3	소주 720ml	소주 90ml, 맥주 350ml	0.018%
24.9	소주 720ml	소주 135ml, 맥주 350ml	0.018%
22.4	소주 720ml	소주 45ml, 맥주 350ml	0.000%
23.5	소주 720ml	소주 180ml, 맥주 350ml	0.034%
24.2	소주 720ml	소주 540ml	0.121%
22.9	소주 360ml	소주 45ml, 맥주 700ml	0.027%
23.0	소주 720ml	소주 360ml	0.040%
24.6	소주 1080ml	소주 360ml, 맥주 700ml	0.117%
23.5	소주 540ml	소맥 1600ml	0.049%
23.1	소주 540ml	소맥 1600ml	0.068%
28.7	소주 720ml	소맥 1600ml	0.046%

23.3	소주 1080ml	소맥 1600ml	0.051%
26.2	소주 720ml	소주 135ml, 소맥 480ml	0.069%
23.5	소주 1080ml	소주 360ml, 맥주 1050ml	0.074%
24.1	소주 540ml	소주 360ml, 맥주 700ml	0.045%
24.9	소주 360ml	소주 225ml	0.013%
25.4	소주 540ml	소맥 1280ml	0.028%
22.5	소주 360ml	소주 360ml, 맥주 700ml	0.058%
27.7	소주 360ml	소주 225ml	0.006%
23.9	소주 360ml	소주 225ml, 맥주 700ml	0.053%
25.3	소주 360ml	소주 360ml, 맥주 700ml	0.036%
24.2	소주 720ml	소주 360ml, 맥주 700ml	0.068%
23.0	소주 720ml	소주 360ml, 맥주 700ml	0.062%
25.7	소주 720ml	소주 360ml, 맥주 350ml	0.034%
22.6	소주 360ml	소주 90ml, 맥주 350ml	0.000%
21.2	소주 720ml	소주 360ml, 맥주 350ml	0.061%

10 of 14, 22년 8월 22일, 여학급

BMI	평소 주량	음주량	측정수치
20.1	소주 540ml	소주 135ml, 맥주 175ml	0.010%
20.7	소주 360ml	소주 90ml, 맥주 350ml	0.013%
19.9	소주 360ml	소주 90ml, 맥주 350ml	0.016%
23.2	소주 225ml	소주 45ml, 맥주 700ml	0.000%
21.3	소주 360ml	소주 135ml, 맥주 280ml	0.021%
23.8	소주 1080ml	소주 135ml, 맥주 175ml	0.019%
18.4	소주 540ml	맥주 280ml	0.000%
21.8	소주 540ml	소주 135ml, 맥주 175ml	0.009%
20.4	소주 360ml	맥주 350ml	0.009%
20.7	소주 180ml	소맥 480ml	0.003%
20.4	소주 540ml	소주 135ml, 맥주 350ml	0.016%
20.2	소주 360ml	소주 135ml	0.000%
20.2	소주 360ml	소주 45ml, 맥주 350ml	0.007%
22.6	소주 360ml	소주 135ml, 맥주 350ml	0.000%
20.2	소주 360ml	소주 135ml, 맥주 350ml	0.023%
25.0	소주 720ml	소주 135ml, 맥주 350ml	0.023%
19.8	소주 270ml	소주 135ml, 맥주 350ml	0.019%
19.8	소주 360ml	소주 90ml, 맥주 350ml	0.007%
21.4	소주 360ml	소주 135ml	0.000%

23.2	소주 720ml	소주 90ml, 맥주 175ml	0.000%
20.8	소주 180ml	소주 90ml, 맥주 175ml	0.000%
18.1	소주 180ml	소주 90ml, 맥주 0.1050ml	0.000%
21.4	소주 360ml	소맥 320ml	0.000%
24.5	소주 360ml	소맥 640ml	0.047%
19.7	소주 360ml	소주 135ml, 맥주 350ml	0.023%
26.4	소주 90ml	맥주 175ml	0.000%
21.0	소주 360ml	소주 45ml, 맥주 0.1050ml	0.000%
19.1	소주 90ml	맥주 175ml	0.000%
19.9	소주 720ml	소주 360ml	0.057%
20.5	소주 360ml	소주 90ml, 맥주 175ml	0,000%
20.3	소주 180ml	소주 90ml, 맥주 175ml	0.000%
22.3	소주 360ml	소주 135ml, 맥주 350ml	0.001%
20.7	소주 360ml	소맥 640ml	0.013%

11 of 14, 22년 8월 22일, 여학급

BMI	평소 주량	음주량	측정수치
20.2	소주 360ml	소주 135ml, 맥주 350ml	0.039%
18.0	소주 360ml	소주 90ml, 맥주 350ml	0.023%
20.4	소주 360ml	소주 135ml, 맥주 350ml	0.020%
23.5	소주 360ml	소주 90ml, 맥주 350ml	0.024%
24.1	소주 180ml	소주 45ml, 맥주 233ml	0.000%
18.4	소주 720ml	소주 90ml, 맥주 350ml	0.017%
18.8	소주 90ml	맥주 350ml	0.000%
21.5	소주 720ml	소주 135ml, 맥주 350ml	0.013%
22.3	소주 360ml	소주 135ml, 맥주 175ml	0.008%
20.8	소주 360ml	소주 90ml, 맥주 175ml	0.015%
21.0	소주 360ml	소주 90ml, 맥주 175ml	0.008%
19.4	소주 900ml	소주 135ml, 맥주 175ml	0.021%
21.5	소주 540ml	소주 135ml, 맥주 350ml	0.030%
17.2	소주 360ml	소주 90ml, 맥주 350ml	0.028%
19.7	소주 360ml	소주 135ml, 맥주 350ml	0.000%
21.6	소주 135ml	맥주 175ml	0.000%
19.9	소주 360ml	소주 90ml, 맥주 350ml	0.001%
23.0	소주 360ml	소주 225ml, 맥주 350ml	0.034%
19.9	소주 360ml	소주 45ml, 맥주 350ml	0.000%

21.3	소주 360ml	소주 45ml, 맥주 350ml	0.000%
150.0	소주 360ml	맥주 350ml	0.000%
18.5	소주 360ml	맥주 233ml	0.000%
20.2	맥주 350ml	맥주 350ml	0.000%
20.7	소주 360ml	맥주 350ml	0.000%
24.0	소주 540ml	소주 180ml, 맥주 350ml	0.036%
20.7	맥주 350ml	소주 45ml, 맥주 350ml	0.000%
23.0	소주 720ml	소주 360ml, 맥주 350ml	0.089%
19.6	소주 360ml	맥주 350ml	0.000%
18.7	소주 720ml	소주 90ml, 맥주 175ml	0.000%
19.1	소주 360ml	소주 90ml, 맥주 350ml	0.013%
23.5	소주 180ml	맥주 350ml	0.007%
22.4	소주 720ml	소주 180ml, 맥주 350ml	0.008%

12 of 14, 22년 8월 22일, 여학급

BMI	음주량	측정수치
24.6	맥주 525ml	0.013%
19.7	맥주 525ml	0.032%
16.9	맥주 700ml	0.015%
20.6	맥주 700ml	0.013%
22.2	소주 360ml	0.062%
18.4	맥주 700ml	0.043%
19.5	맥주 700ml	0.036%
18.8	맥주 350ml	0.000%
20.4	맥주 350ml	0.000%
25.1	맥주 700ml	0.016%
22.5	맥주 700ml	0.020%
20.8	맥주 700ml	0.000%
21.9	맥주 700ml	0.015%
20.8	맥주 700ml	0.014%
21.5	맥주 700ml	0.011%
22.1	맥주 700ml	0.013%
21.2	맥주 350ml	0.000%
18.7	맥주 350ml	0.000%
21.2	맥주 700ml	0.015%

21.3	맥주 350ml	0.012%
20.4	맥주 700ml	0.018%
23.1	맥주 700ml	0.021%
18.8	맥주 700ml	0.038%
17.8	맥주 350ml	0.000%
19.6	맥주 233ml	0.005%
21.2	맥주 700ml	0.006%
22.9	맥주 700ml	0.023%
18.5	맥주 700ml	0.015%
20.2	맥주 700ml	0.012%
19.9	맥주 700ml	0.021%
19.6	소주 360ml	0.069%
19.3	맥주 350ml	0.000%
22.1	맥주 350ml	0.000%
22.3	맥주 700ml	0.009%
17.3	맥주 700ml	0.021%

13 of 14, 22년 8월 22일, 여학급

BMI	평소 주량	음주량	측정수치
20.2	소주 180ml	소주 45ml, 맥주 350ml	0.000%
18.4	소주 360ml	소주 90ml, 맥주 350ml	0.011%
19.5	-	맥주 175ml	0.000%
19.5	소주 180ml	맥주 175ml	0.000%
19.6	소주 360ml	소주 45ml, 맥주 350ml	0.005%
18.7	소주 180ml	맥주 175ml	0.000%
21.2	소주 180ml	소주 270ml, 맥주 350ml	0.055%
23.9	소주 360ml	소주 45ml, 맥주 350ml	0.000%
21.3	소주 360ml	소주 45ml, 맥주 350ml	0.000%
17.8	소주 360ml	소주 315ml	0.042%
19.5	소주 180ml	맥주 175ml	0.000%
18.0	소주 360ml	소주 225ml, 맥주 700ml	0.044%
17.0	소주 180ml	소주 225ml	0.016%
19.3	소주 360ml	소주 225ml, 맥주 700ml	0.073%
20.7	소주 360ml	맥주 525ml	0.003%
20.7	소주 360ml	소주 90ml, 맥주 350ml	0.013%
23.3	소주 360ml	맥주 700ml	0.013%
23.9	소주 180ml	맥주 350ml	0.000%
19.4	소주 180ml	맥주 700ml	0.032%

19.7	소주 360ml	소주 90ml, 맥주 630ml	0.005%
17.0	소주 180ml	소주 45ml, 맥주 350ml	0.000%
22.0	소주 180ml	소주 45ml, 맥주 525ml	0.031%
21.5	소주 540ml	소맥 800ml	0.058%
178.4	소주 360ml	소주 90ml, 맥주 525ml	0.072%
20.2	소주 360ml	맥주 350ml	0.006%
21.3	소주 180ml	맥주 175ml	0.000%
21.1	소주 180ml	소주 225ml, 맥주 700ml	0.056%
19.4	소주 180ml	소주 90ml, 맥주 700ml	0.049%
22.3	소주 360ml	소주 225ml, 맥주 350ml	0.043%
19.2	소주 360ml	소주 225ml, 맥주 700ml	0.088%
23.4	소주 540ml	소주 225ml, 맥주 700ml	0.047%
20.5	소주 360ml	소주 225ml, 맥주 700ml	0.050%
23.8	소주 360ml	맥주 700ml	0.022%
22.1	소주 180ml	소주 225ml	0.008%
19.9	소주 180ml	소주 157.5ml, 맥주 350ml	0.043%

14 of 14, 22년 8월 22일, 여학금

BMI	평소 주량	음주량	측정수치
20.6	소주 360ml	소주 225ml, 맥주 175ml	0.060%
13.5	소주 180ml	소맥 320ml	0.010%
21.5	소주 360ml	소맥 960ml	0.060%
22.5	소주 360ml	소맥 1120ml	0.092%
19.4	소주 180ml	소맥 640ml	0.037%
22.9	소주 720ml	소주 90ml, 맥주 700ml	0.021%
18.5	소주 180ml	맥주 233ml	0.000%
22.7	소주 360ml	소주 225ml, 맥주 700ml	0.042%
20.6	소주 360ml	소주 135ml, 맥주 350ml	0.018%
21.9	소주 540ml	소주 45ml, 맥주 350ml	0.000%
21.8	소주 360ml	소주 135ml, 맥주 700ml	0.050%
21.7	소주 540ml	맥주 700ml	0.019%
18.5	소주 180ml	소맥 320ml	0.000%
22.6	소주 540ml	소맥 480ml	0.030%
22.5	소맥 160ml	맥주 175ml	0.000%
21.4	소맥 640ml	소맥 320ml	0.000%
18.2	소주 180ml	맥주 700ml	0.010%
23.0	소주 360ml	소주 225ml, 맥주 175ml	0.008%
20.0	소주 180ml	소맥 160ml, 맥주 350ml	0.001%

19.8	소주 540ml	소맥 960ml	0.100%
20.2	소주 360ml	소맥 960ml	0.069%
20.8	소주 360ml	소맥 1120ml	0.074%
19.5	소주 180ml	소주 270ml	0.043%
23.4	소주 360ml	소주 225ml, 맥주 700ml	0.070%
22.6	소주 360ml	소주 270ml, 맥주 350ml	0.064%
19.6	소주 180ml	소주 315ml, 맥주 350ml	0.079%
23.8	소주 180ml	맥주 350ml	0.000%
20.3	소주 180ml	맥주 700ml	0.035%
26.0	소주 540ml	소주 270ml, 맥주 350ml	0.077%
23.7	소주 540ml	소주 270ml, 맥주 350ml	0.042%
20.1	소주 180ml	맥주 350ml	0.000%
20.3	소주 360ml	소주 180ml, 맥주 525ml	0.018%
22.0	소주 135ml	소주 45ml, 맥주 700ml	0.020%

책 후기

♦ 실무자 후기

이주현 경사 (경찰대학 교무처 국제협력계)

한 분야의 전문가가 실무와 이론을 함께 다루는 책은 드뭅니다. 교수님은 학생들이 어려워하는 부분, 초임 시절의 시행착오, 선배로서 전하고 싶었던 조언까지 모두 녹여내셨습니다. 교통에 문외한인 저도 흥미롭게 읽었고, 현장 복귀 시 큰 도움이 될 것 같습니다. 방대한 지식과 경험을 논리적으로 정리하는 것이 얼마나 어려운 일인지 알기에, 이 책에 담긴 고민과 노고가 느껴졌습니다. 이런 귀한 책을 읽을 기회를 주셔서 감사합니다.

방도원 경장 (303기 서울 12기동대)

교수님 책을 읽으며 정말 멋진 분이라는 걸 다시 느꼈습니다. 다양한 분야에서 쌓아오신 노력이 책 한 권에 녹아 있습니다. 이 책 한 권만 있어도 지파·교통·마고반 어디서든 실무 가이드라인처럼 활용할 수 있을 것 같습니다. 교통을 깊게 접해보지 못한 저로서도 이해가 잘 되었고, 실무에서 의견이 나뉘던 부분들도 명확히 정리되었습니다. 교수님은 정말 '교통의 왕'이십니다. 책의 완성도와 내용 모두 최고입니다.

김희현 경장 (310기 태백경찰서 교통조사계)

이 책은 딱딱한 전문서가 아니라 실제 사례를 바탕으로 이야기하듯 써 내려가신 점이 인상적이었습니다. 책이라기보다 옆에서 선배가 경험담을 들려주는 듯해 술술 읽혔습니다. 특히 '직진금지' 실사례는 "이렇게도 되는구나!" 싶은 장면이었습니다. 현장 경찰관 입장에서 바로 와닿는 내용이 많았고, 한마디로 '실무의 정석'이라 할 만합니다.

구대현 순경 (315기 경북 영주서 교통관리계)

교통관리계 근무를 시작하며 낯선 업무에 혼란을 겪었지만, 이 책을 통해 나아갈 방향을 분명히 할 수 있었습니다. 중앙경찰학교에서 교수님의 강의를 들었던 기억이 다시 떠올랐습니다. 교통 전문가로 첫발을 내딛는 신임 순경들에게 훌륭한 길잡이가 될 것입니다. 책 곳곳에서 교수님의 강의가 그대로 느껴집니다.

허세윤 순경 (317기 서울 은평서 불광지구대)

수업 중에도 교수님께서 이해하기 쉽게 가르쳐주신다는 인상이 있었는데, 이 책을 통해 그 수업을 다시 복습하는 기분이었습니다. 혼자 공부하기 어려운 교통 내용을 교수님 설명처럼 풀어주셔서 이해가 잘 됐습니다. 다만 각주 일부가 형식적으로 보이는 부분은 향후 개정 시 보충하셔도 좋을 것 같습니다. 디자인적 완성도 또한 기대됩니다. 교통 공부를 다시 시작할 좋은 계기가 되었습니다. 감사합니다.

✦ 교육생 후기

신임 김지연 (319기 55학급장)

교통 관련 내용은 자칫 어렵게 느껴질 수 있는데, 교수님은 이해하기 쉽게 풀어주시려고 세심히 구성하신 게 느껴졌습니다. 문장이 간결하고 구조가 명확해 읽기 편했습니다. 특히 중요한 내용은 먼저 설명하고 마지막에 한 번 더 정리해주셔서 이해가 잘 되었고, 책을 읽다 보면 교수님 목소리가 들리는 듯했습니다.

수업 후기

뼛속까지 교통! 교통 경과에 대해서 다시 한번 생각해보는 계기가 되었습니다. 항상 수업 준비 열심히 해주시고 다양한 수업을 병행해 주셔서 좋았습니다.

교수님 수업 방식도 너무 흥미롭고 현장감 넘쳤고 무엇보다 일선에서 당장 써먹을 수 있는 내용을 가르쳐 주셔서 정말 많은 도움이 됐습니다. 경찰학을 배우지 않아 처음에 교통 수업을 들을 때 막막했는데 일타강사 교수님의 가르침으로 객관식 평가도 아쉽게 한 문제 틀리고 다 맞았습니다. 누가 물어본다면 중앙경찰학교 최고의 교수님이라고 주저 없이 말할 수 있습니다.

교수님의 전문성을 많이 느꼈습니다. 저 또한 실무에 나가 어떤 전문가가 되어야겠다는 목표가 생겼습니다. 교통이 어려운 부분임에도 불구하고 교수님의 훌륭한 강의 덕분에 쉽게 학습했습니다. 전문가가 되기 위해 늘 노력하겠습니다. 인연이 닿아 다시 뵙게 된다면 지금보다 멋있는 모습으로 뵙겠습니다. 감사합니다.

305기

딱딱한 수업이 아닌 다 같이 생각해보고 토론해보는 시간이 많아서 좋았던 것 같습니다. 교통이라는 부서에 관심을 가질 수 있게 도와주셔서 감사합니다!

교수님은 제가 본 경찰 선배님 중에서 가장 스마트하고 프라우드가 있고 멋있는 교수님이세요! 특히 교통이라는 분야에 있어 정말로 많은 지식을 배워갈 수 있었고 저희에게 실제로 도움이 되는 정보들을 가르쳐 주시려고 하신 게 느껴져서 인상 깊고 감사했습니다. 강의력도(감히 제가 평가할 수 없지만) 중경 밖에 전문 강사들과 견주어도 손색없을 만큼 최고로 멋있으셨습니다.

교통에 대해서 다 알고 있다고 생각하지만 교통 수업을 들으니 제가 몰랐던 부분이 많았던 거 같습니다. 교수님을 통해서 교통에 대해서 전문적인 지식을 습득하고 우리가 실무에 나가서 어떻게 적용해야 할지 등을 알게 되어서 기초를 배워나가 좋은 거 같습니다. 김재량 교수님을 들을 수 있어서 정말 영광이었습니다. 감사합니다. 좋은 경찰이 되겠습니다.

312기

교수님 교통 수업뿐만 아니라 사회초년생으로서 유용한 정보 정말 많이 배워갑니다! 잠 많은 제가 단 1분도 졸지 않을 정도로 너무 유익하고 재미있는 시간이었습니다. 감사합니다. 첫차를 이용하는 저로서는 배우는 것도 많았고 나중에 사고가 나더라도 교수님께 도움을 받을 수 있단 생각에 든든합니다ㅎㅎ

항상 교수님 수업이 기다려지는 만큼 너무 재미있고 알찬 수업이었습니다! 수업시간에 배운 내용 현장에서도 잘 활용하겠습니다. 감사합니다!

교수님, 한 기수 동안 수고 많으셨습니다. 알찬 강의 자료로 어떻게든 교육생들이 이해하고 배워갈 수 있도록 노력해 주셔서 감사합니다. 교수님 덕분에 교통 조사에 관해 많이 배우고 나갑니다. 감사합니다. ^^

313기

좋은 강의를 통해 신임경찰이 진정한 경찰이 되어가는 과정이 되는 것 같습니다. 항상 감사드립니다. 현장에서 국가와 국민을 위해 노력하고 희생하는 경찰이 되겠습니다.

김재량 교수님의 수업은 마치 대치동 1타강사의 수업을 듣는 느낌입니다. 핵심을 정확하게 짚어서 알려주시고 외우기 어려운 교통법에 대해서 쉽게 알려주셔서 교통이 고통이 되지 않는 수업이 되었다고 생각합니다. 항상 감사합니다.

현장에서 많이 느끼고 얻은 노하우를 절 전파해주시고 항상 교육생들 입장을 생각해 주셔서 감사합니다. 수업을 재미있게 해주셔서 더 잘 듣게 되는 것 같습니다. 열정적으로 가르쳐 주셔서 감사합니다. 열심히 하겠습니다.

314기

시험을 위한 수업이 아닌 실제 학생들이 실무에서 사용할 수 있는 것들을 알려주는 수업이라 집중도가 높았고 도움이 많이 되었습니다. 감사합니다. 존경합니다.

교수님의 강의 능력이 굉장히 훌륭하다고 생각합니다. 그보다도 항상 사례를 통해 새로운 지식과 실생활에 도움이 되는 많은 내용을 알려주셔서 당장 내일부터 적용 가능한 수업을 통해 개인적으로 가장 도움을 많이 받는 수업입니다. 항상 감사드립니다, 교수님.

수업이 정말 재미있고 실무에서 사용하는 팁들, 현장에서 신임 순경이 해야 할 조치들 위주로 가르쳐 주십니다. 현재도, 졸업 후에도 가장 많이 써먹을 수 있는 과목인 것 같습니다. 감사합니다.

315기

그 어떤 교수님보다도 재미있게 강의를 해주시는데 그 어떤 교수님보다도 학습효과가 뛰어났습니다. 덕분에 어려운 교통이라는 과목을 정말 재미있게 들을 수 있었습니다.

교통은 경찰학 공부를 할 때부터 막연히 어렵고 복잡한 과목이라 생각했는데 교수님의 수업 방식 덕분에 교통사고나 음주운전 사건을 꼼꼼하게 분석할 수 있게 되었고, 상황에 따라 처분이나 벌점이 어떻게 바뀌게 되는지 등 전체적인 흐름을 인지할 수 있게 되었습니다. 감사합니다, 교수님!

일상생활에서 교통은 빠질 수 없고, 그에 따른 사건 사고는 상당히 많습니다. 그에 따른 경찰관에게 문의도 많은데 김재량 교수님의 강의를 들으면, 주변 지인에게 도움을 줄 수 있는 경찰관, 업무역량을 가질 수 있게 됩니다. 다시 중앙경찰학교에 들어오더라도 김재량 교수님께 수업을 듣고 싶습니다.

317기

저자소개

김재량

現 중앙경찰학교 교통학과 교수요원(경위)

제303기~제319기 신임경찰관 교통사고 · 교통안전 교육

경찰대학교 치안대학원 법학석사(수사법제 전공)

도로교통사고 감정사, 보험조사분석사, 공인중개사

법과학융합연구센터 전문위원

TC272(국제법과학표준화위원회) 전문위원

前 서울 영등포경찰서 교통조사계, 교통기동대, 관광경찰대

논문

「실제음주량과 호기식 음주측정기 측정수치간의 불일치에 대한 위드마크 공식과의 상관관계」 (경찰대학교 치안대학원, 2023)

인스타그램 @ryang2u

교통사고 관련 상담 및 현장 의견 교류